U0541402

CENTRAL EUROPE AND THE VISEGRAD COOPERATION:

HISTORICAL AND POLICY PERSPECTIVES

中欧与维谢格拉德合作：
历史和政策的视角

[匈牙利] 彼得·斯坦普 主编

宋黎磊 译

中国社会科学出版社

图字：01-2020-3449 号
图书在版编目（CIP）数据

中欧与维谢格拉德合作：历史和政策的视角 /（匈牙利）彼得·斯坦普主编；宋黎磊译. —北京：中国社会科学出版社，2020.6
书名原文：Central Europe and the Visegrad Cooperation: Historical and Policy Perspectives
ISBN 978-7-5203-6592-5

Ⅰ.①中… Ⅱ.①彼…②宋… Ⅲ.①国际合作—区域经济合作—研究—中国、欧洲联盟 Ⅳ.①F125.55

中国版本图书馆 CIP 数据核字（2020）第 093130 号

This translation published by arrangement with the Antall József Knowledge Centre. All rights reserved.
该译本由安塔尔·约瑟夫知识中心授权出版。
版权所有，侵权必究。

出 版 人	赵剑英
责任编辑	范晨星
责任校对	沈丁晨
责任印制	王　超

出　　版	中国社会科学出版社
社　　址	北京鼓楼西大街甲 158 号
邮　　编	100720
网　　址	http://www.csspw.cn
发 行 部	010-84083685
门 市 部	010-84029450
经　　销	新华书店及其他书店
印　　刷	北京明恒达印务有限公司
装　　订	廊坊市广阳区广增装订厂
版　　次	2020 年 6 月第 1 版
印　　次	2020 年 6 月第 1 次印刷
开　　本	710×1000　1/16
印　　张	21
字　　数	309 千字
定　　价	118.00 元

凡购买中国社会科学出版社图书，如有质量问题请与本社营销中心联系调换
电话：010-84083683
版权所有　侵权必究

亲爱的读者：

作为致力于促进中欧和维谢格拉德合作理念的出版商，几乎没有什么事情能比了解到第一本关于维谢格拉德合作的综合教科书即将出版更令人高兴。

维谢格拉德在我们心中有一个特殊的位置，作为我们机制的代名词，我父亲安塔尔·约瑟夫（Antall József）于1992年在维谢格拉德三国首脑会议上发表了讲话：

"到底是什么把我们联系在一起？首先把我们联系在一起的是历史传统和记忆，无论好坏。当然，地理位置的接近也使我们紧密相连，为经济合作提供了机会。把我们紧紧联系在一起的第三件事是欧洲—大西洋安全体系，这对我们来说是绝对必要的。第四个联系的纽带是实际情况，我们都在等待加入欧洲共同体。"

这本书强调了20世纪90年代的主要挑战，并为21世纪头10年保持中欧和维谢格拉德的相关性提出了切实可行的建议。

我非常感谢维谢格拉德集团的合作伙伴，斯洛伐克外交政策协会、欧洲布拉格（Europeum Prague）和卡西米尔·普瓦斯基（Casimir Pulaski）基金会的支持。我感谢国际维谢格拉德基金会通过安塔尔·约瑟夫知识中心的战略拨款为该项目提供全力支持，这使得该教科书的出版成为可能。我还感谢匈牙利外交和贸易部为出版这本教科书提供的财政支持，以尽可能扩大受众范围。

在学术界，书面文字是我们领域的核心。毫不奇怪，为本书做出贡献的最佳作者们也能够在政策制定领域提供切实可行的东西，而不是停留在象牙塔中模糊的概念和想法。

安塔尔·约瑟夫知识中心是一家领先的中欧机构，一直致力于成为一个有实际能力的团体（do-tank）而不仅仅是一个智囊团（think-tank），努力将学术界和实际决策人员的聪明才智联系在一起。我相信这本书是实现这一目标的最好例子，它帮助人们理解维谢格拉德合作的核心问题，不仅在教育领域，而且在政策层面。

布达佩斯，2018 年
安塔尔·彼得
Antall Péter

前　　言

作为一名讲师和研究人员，我非常确信，在维谢格拉德集团国家内部和外部有一个机会，可以出版一本由具有不同学术和政策背景的学者撰写的经过编辑的政策论文集。

本书包含来自决策者、学者和记者的大量思考，作为一名编辑将所有这些不同的想法综合起来并不容易。尽管如此，从捷克、匈牙利、斯洛伐克和波兰作家看待维谢格拉德本质的不同观点来看，它从未被视为有趣的事。

我非常感谢 AJKC 主任安塔尔·彼得承诺出版这本关于中欧和维谢格拉德合作的书。如果没有多米尼克·扬科夫斯基（Dominik Jankowski）、马丁·米歇洛特（Martin Michelot）和托马斯·斯特雷（Tomáš Strážay）的帮助，这本书就不会出现，安塔尔·彼得号召许多伟大的专家和作家为这个项目做出贡献。

我特别感谢 AJKC 的同事，研究负责人托马斯·鲍劳尼（Tamás Baranyi）、欧盟—V4 办公室负责人彼得·多巴罗维奇（Peter Dobrowiecki）和国际关系协调员佐尔特·塞普雷吉（Zsolt Csepregi）为中欧政治和 V4 合作创造了一个支持性的知识环境。

最后，我要感谢匈牙利外交和贸易部的什德姆·谢斯泰（Ádám Szesztay）、马尔顿·富洛普（Márton Fülöp）、佐尔坦·卡波尔奈（Zoltán Kápolnai）、佐博尔·泽尔德（Zsombor Zeöld）等众多官员为 V4 内部政治和维谢格拉德合作提供了深入的见解。

彼得·斯坦普（Péter Stepper）

目　录

第一部分　导论

第一章　在历史和地理之间：关于中东欧的一些看法 …………（3）
第二章　中东欧区域合作模式和维谢格拉德集团（V4）的
　　　　关系 ………………………………………………………（15）

第二部分　维谢格拉德集团国家的欧洲大西洋一体化

第三章　维谢格拉德集团的欧洲大西洋一体化 ………………（33）
第四章　北约一体化进程中的维谢格拉德集团国家 …………（48）
第五章　V4内部关于维谢格拉德合作以及其他问题的公众
　　　　舆论 ………………………………………………………（65）
第六章　国际维谢格拉德基金——将我们联系起来的组织 …（92）

第三部分　V4在十字路口：2004年后的维谢格拉德合作

第七章　欧洲的未来与维谢格拉德集团的地位 ………………（101）
第八章　欧盟中V4的声音 ………………………………………（118）
第九章　维谢格拉德集团关于欧盟事务的政策制定 …………（134）
第十章　实践中的维谢格拉德合作：机制、成果和外部
　　　　政治背景 …………………………………………………（147）
第十一章　V4国家在2004—2017年面临的能源政策挑战 ……（173）
第十二章　1999—2017年维谢格拉德集团的防务合作 ………（190）

第十三章　V4国家工业数字化 …………………………………（209）
第十四章　数字革命的历史背景与维谢格拉德集团 ……………（230）

第四部分　维谢格拉德集团的对外关系

第十五章　维谢格拉德集团对欧盟东部伙伴关系计划的
　　　　　政策 ………………………………………………（245）
第十六章　从历史视角看法国和中欧的关系 ……………………（259）
第十七章　维谢格拉德集团对西巴尔干地区的定位 ……………（274）
第十八章　V4国家与美国的关系以及美国对中东欧的
　　　　　外交政策 …………………………………………（289）
第十九章　能源多元化：V4与美国的能源关系 …………………（303）

作者简介 …………………………………………………………（324）

第一部分

导　论

第一章　在历史和地理之间：关于中东欧的一些看法

托马斯·奥索夫斯基（Tomasz Otłowski）

维谢格拉德集团（又称"维谢格拉德四国"，简称"V4"）成立于1991年，最初是中欧的三个国家——后来是四个国家——之间进行对话和密切合作的论坛。[①] 这些国家在回顾了他们之间类似的历史进程（特别是最近几十年）后，对该区域以及整个欧洲的政治局势产生了非常相似的看法。V4的合作框架在其成员国努力加入欧洲共同市场和跨大西洋合作的时候非常有用，同时中欧四国还可以借助西方的体制模式改革其自身的经济和政治制度。不过，自从V4合作的原始目标[②]（成为北约和欧盟成员国）实现以来，V4国家之间采取共同行动的动机也相应地减弱了。

然而，2015年波兰和2017年捷克的政局动荡为V4的再一次合作提供了机会。毫无疑问，V4可以在欧洲尤其是中欧地区的政治中发挥重要作用。为了实现这一目标，使其成为欧盟内部"权力博弈"的参与者，中东欧地区必须建立有利的合作框架，在各领域制定联合政策。因为仅仅通过不时地建立一些非正式联盟只能取得有限的政治成果。与许多怀疑论者和"现实主义者"的观点相反，中东欧国家

---

① 1993年捷克斯洛伐克解体后，捷克共和国和斯洛伐克共和国继续参与从V3"扩大"到V4的合作。

② 有关进一步资料，请参见本书第二部分相关章节内容。

即使受到V4合作框架的制约①，也将有机会争取到更多的合作。鉴于当前国际化进程挑战与威胁并存的局面，这种合作将变得至关重要。考虑到V4组建的原因，V4目前面临的地缘政治挑战是双重的。其中一些是由欧盟内部进程导致的（比如移民危机、恐怖主义威胁、欧元区的经济不稳定、西欧某些社会群体的政治激进化等），而另一些则是根植于欧盟以外快速变化的国际环境（特别是在东欧、中东和北非）和大国地缘政治竞争的加剧。

中东欧独特的历史文化和地理位置结合在一起，创造出独一无二的地域风情。"中东欧"不同于"西欧"，甚至不同于单纯意义上的"东欧"，很难从地理或地缘政治术语上对中东欧进行准确定义，尽管其所处的地理位置在很长一段时间内决定着该地区的命运。然而，"中东欧"这一概念的边界并不是按照自然地理来划分的，而是根据不同时期下的地缘政治关系不断发生变化的。中东欧——作为一个单独的实体——在历史上的不同时刻有着不同的定义：有时是广义的地理概念，有时是狭义的地理概念。一切都取决于是谁下的定义以及代表的是谁的利益（或谁在关注）。

例如，在20世纪初，中东欧最开始被简单地定义为位于西欧和东欧之间的一片区域。鉴于当时的地缘政治现实，这意味着中东欧是指夹在德国和俄罗斯两大帝国之间的那一片地区。与其他许多定义一样，这一有关中东欧的定义不是非常明确的。为了避免含糊不清，我们现在把中东欧定义为一个位于西部的奥得河、东部的布格尔河、北部的波罗的海和南部的巴尔干之间的区域。这片面积巨大的地区包括V4国家、罗马尼亚、斯洛文尼亚、克罗地亚和保加利亚。他们都是前共产主义国家，现在属于北约和欧盟。②

---

① 这一点在"三海倡议"和中欧防务合作（CEEDC）等倡议中得到了明确体现，有关进一步信息，请参见"中东欧区域合作模式和维谢格拉德集团（V4）的关系"一章。

② Robin Okey, "Central Europe/Eastern Europe: Behind the Definitions", *Past & Present*, The Cultural and Political Construction of Europe, Oxford University Press on behalf of The Past and Present Society Stable. No. 137. 1992, pp. 102–133, No. 137, 1992. https://www.gla.ac.uk/0t4/crcees/files/summerschool/readings/school10/reading_list/okey.pdf.

纵观历史，中东欧的命运深受地理因素的影响。在发展前景、政治和军事安全、战略稳定和经济增长方面，中东欧国家的影响力都并不如意。中欧平原处在一个巨大的低地带上，从法国西部一直延伸到远东的乌拉尔山脉，中欧平原占据了中东欧的大部分面积。这片平原由于平坦的地形缺乏重要的自然屏障阻拦，形成了一道可以允许无数军队穿越的通道，并成为这些军队向东或向西穿越中东欧的天然"高速公路（highway）"。尤其在过去的三个世纪中，波兰人在各国的军事行动中损失最为严重。值得注意的是，现代波兰占据着中欧平原通道中最窄的一部分。这片区域只有500—600千米宽，位于北部格但斯克地区的波罗的海和南部的塔特拉山脉之间。几个世纪以来，这里一直是德国和俄罗斯虎视眈眈的地方。原因在于这块地区的地缘政治优势：地处大海与群山之间的"波兰鸿沟（polish gap）"是组织防御工事的最佳地点：可以利用天然边界来达到这一目的，比如，利用奥得河或维斯图拉河来抵御外敌，可以以较低的成本来保障其防御的有效性和安全性。从历史上看，俄罗斯就一直有战略目标性地占据这片狭窄地带。从俄罗斯政府的角度来看，比起俄罗斯本土的核心地带，在这片区域进行领土防卫以便应对来自西方的威胁要容易得多，因为潜在的防御前线只有500—600千米，比起那道作为俄罗斯门户的北起芬兰一直延伸到南部乌克兰的2500千米长的防卫线，这里要容易防守许多。潜在的地缘特征对波兰来说是一种诅咒，由于一部分来自俄罗斯的影响，在19世纪的很长一段时间中，波兰都处于亡国状态。

捷克和斯洛伐克的地缘政治环境则要有利得多。这两个国家地处欧洲平原中部，领土与中欧平原隔绝——即那条"高速公路"，北边是苏台德山脉、塔特拉山脉和贝斯基德山脉，东边是喀尔巴阡山脉，这些天堑能够帮助两国避免很多悲剧和伤害，而这类创伤是他们的邻居波兰历史中的一部分。

在中东欧国家中，匈牙利千百年来都享有最佳地理优势。直到1920年的《特里亚农和约》签订之前，匈牙利人都一直生活在一个被大山（阿尔卑斯山脉、喀尔巴阡山脉和巴尔干山脉）完全包围的区域中。

尽管这四个国家的历史有着相似之处也有着不同之处，地理位置却始终是中东欧国家生活中的一个重要因素，影响着他们独特文化的演变进程。地理位置的重要性不断被提起的原因在于，在长达一个世纪的区域间争端中，地理位置都起着不可或缺的重要作用。同时，这些争端不时在长期、血腥和破坏性的战争中达到高潮。例如，在11世纪初期，当时波兰的统治者波列斯瓦夫一世公爵（Duke Bolesław，即之后波兰的第一位国王，被称作勇敢者波列斯瓦夫一世，Bolesław Ⅰ Chrobry-the Courageous）征服了整个捷克公国，包括捷克首都布拉格，并将其纳入波兰的统治之下，使其在波兰与亨利二世时期的神圣罗马帝国的旷日持久的战争中起到了作用。不到40年后的1039年，也就是波列斯瓦夫一世去世后的第10年，捷克在布热津斯基公爵（Duke Brzetyslaw）的带领下成功入侵了大波兰和小波兰（波兰的核心腹地），还占领了波兹南和格涅兹诺（当时波兰王国的首都）。在返途中，捷克人还征服了西里西亚的部分地区，包括弗罗茨瓦夫。

在整个中东欧的历史中都发生过类似的小规模冲突。然而，这一片地区的国际关系动态往往取决于沿着西—东轴线发挥作用的各种强大驱动力和因素。正是在西方，源自拉丁文化的基督教（天主教）在10—11世纪传入中欧和东欧，并在随后的几个世纪中发挥了至关重要的作用。随着基督教的发展，新的政治、经济和司法制度也相继出现，并按照传统西方的模式塑造这一地区。然而，西方的影响并不总是具有建设性的，正如德国扩张主义的例子所清楚表明的那样：神圣罗马帝国、条顿骑士团和普鲁士王国，以及后来的德意志帝国和纳粹第三帝国都把该地区视为要征服的领土。

相比之下，自中世纪早期以来，东方文明则为这片区域提供了大量的经济和商业机会。众多例子之一便是他们与当时的经济超级大国拜占庭及其东欧势力范围（尤其是基辅罗斯）的贸易往来。但同时也有许多来自东方的挑战和威胁。我们可以想想蒙古人和鞑靼人的恐怖入侵，这些袭击摧毁了东欧和中欧的大片地区，也曾征服奥斯曼土耳其帝国和俄罗斯帝国，带来了戏剧性的结果。

关于中东欧地区地缘政治边界的定义存在严重分歧的原因之一在

于即便是今天，许多西欧人以及大多数美国人对该地区的看法仍是扭曲的。他们认为所有位于奥德河以东的地区都属于东欧。根据这种理解，中欧作为一个独立的战略和地缘政治实体，只限于德国、奥地利区域，有时也限于历史上的波西米亚地区（即捷克和摩拉维亚）。①

奥斯卡·哈勒兹（Oskar Halecki）还有另外一种解释，根据欧洲著名的四个区域（西欧、中西欧、中东欧和东欧）进行划分，对中东欧地区的定义是指从芬兰到希腊，处在两片区域之间，一边是瑞典、德国和意大利，另一边是土耳其和俄罗斯的中欧的东部地区。②

一　德国与中东欧之间的关系

另一些地缘政治观点，如起源于19世纪末的中欧的概念，加剧了该片地区的混乱局势。1915年，德国政治学家、哲学家弗里德里希·诺曼（Friedrich Naumann）在其著作《中欧》（*Mitteleuropa*）③中，将这一概念置于政治和意识形态的背景下。按照他的说法，欧洲的"中心"部分将成为一个受到德国统治和保护的政治和经济一体化的集团。当时的德国政治建制派在第一次世界大战期间借鉴了诺曼的思想，制定了德国的战争目标和关于欧洲战后新秩序的计划。这些在所谓的"9月计划"中得到了总结，并且在1915年几近实施。当时德国军队站在巴黎的面前，并通过中东欧通道走向东方。如果当时德国实现了这一计划，"中欧"将由中东欧的半独立国家组成，其政治、经济和军事将处于德国的控制或影响之下。根据这一计划，整个中东欧地区将成为德意志帝国经济和地缘政治上的后院。对"中欧"的开发将使德国得以加强其战略地位，并与当时的主要政治对手英

---

① Robin Okey, "Central Europe/Eastern Europe: Behind the Definitions", pp. 102 – 133.
② Oskar Halecki, *Borderlands of Western Civilization: A History of East Central Europe*, Ronald Press Company, New York, 1952.
③ Bo Stråth, "Mitteleuropa, From List to Naumann", Sage Publications, *European Journal of Social Theory*, 2008/2, pp. 171 – 183, http://www.helsinki.fi/strath/strath/archive/pastseminars/07constitutions_geopolitics/article_strath.pdf.

国、美国和日本展开竞争。中东欧的那些德国掌控下的"傀儡国家"（puppet states）的政治、军事和经济组织将以德国的统治为基础，并为德国本土的公司和托拉斯提供特殊的商业和经济特权。可以预见的还有德国本土居民密集而有计划的殖民。因此，"中欧"概念的最终目标是将中东欧国家完全德国化，并废除他们作为独立或自治政治实体的地位。尽管德意志帝国在第一次世界大战中战败，但这个概念并未消失。它的许多细节和方面后来被纳粹用在"生存空间（Lebensraum）"理论中。在这两种情况下，中东欧地区注定要成为强大德国的经济和农业"供应基地（supply base）"。中东欧国家将沦为事实上的殖民地，其所有经济和自然资源以及人力都将服务于德国的利益。

1990年两德统一以后，德国的地缘政治也十分重视利用其在"中欧"的政治、经济和文化影响力。柏林方面认为，这允许其以保护主义的方式对待中东欧国家和民族，利用他们的能力、资源和人力作为德国经济的自然储备，并且使他们成为消纳德国商品和服务的市场。自20世纪90年代初以来，德国成为大多数中东欧国家的主要经贸伙伴已经成为不争的事实。这意味着德国市场的状况会自动决定波兰、捷克、斯洛伐克和匈牙利的经济状况。然而，德国人是否想一直与中东欧国家保持这样的关系却并不为人所知。一些学者甚至倾向于将这种在中东欧的影响力投射困境称为"不确定的权力范式"（uncertain power paradigm）。[1]

二　俄罗斯与中东欧

从俄罗斯的角度来看，所有位于其历史疆域西部的地区都属于"中东欧"的概念范围。这一地缘政治划分一直是俄罗斯地缘政治策略的一部分。由此看来，俄罗斯的西部外围地区代表着其特殊的战略

---

[1] Klaus Brummer and Kai Oppermann, *Germany's Foreign Policy after the End of the Cold War*: "*Becoming Normal?*", Oxford Handbooks Online: Political Science, 2016, pp. 1–30, http://www.oxfordhandbooks.com/view/10.1093/oxfordhb/9780199935307.001.0001/oxfordhb-9780199935307-e-1.

利益，并且天然地受到来自俄罗斯政府的影响。然而，按照同样的思路，这些地区同时又不断地被"西方（the West）"占领。而这个"西方"，几个世纪以来一直都被视为俄罗斯的主要敌人。

从俄罗斯政府的角度来看，为了保证俄罗斯的地缘安全，中东欧这片区域一定要在俄罗斯的掌控之下。这种掌控必须在实际意义上加以实施，这意味着需要直接占领或至少在该地区驻有俄罗斯军事人员的情况下进行严格的政治控制。因此，俄罗斯的终极战略目标与德国有很大不同。克里姆林宫的唯一目标是在中东欧建立一个巨大的缓冲区，这是一个巨大的区域性屏障，将俄罗斯与西方的敌人分隔开来。总的来说，俄罗斯与德国不同，俄罗斯不希望将中东欧国家转变为一个战略和经济中心。确实，他们的资源和潜力可以用来加强俄罗斯的实力，但这不是俄罗斯政府的主要战略目标。俄罗斯的地缘政治思想是将该地区设计为上述所讲的战略缓冲区，这是非常古老的思想，其思想根源要追溯到16世纪初。而过去400年的历史证明这一想法是正确的：广阔而容易到达的中欧平原曾多次招致西方的敌人。在16—17世纪，波兰人和立陶宛人多次入侵俄罗斯，其中最重要的一次发生在1610—1612年，当时波兰士兵甚至占领了莫斯科和克里姆林宫。俄罗斯与瑞典的战争则发生在17—18世纪。1812年拿破仑也曾入侵过俄罗斯。最后，德国在20世纪两次侵略过俄罗斯（第一次世界大战和第二次世界大战时期）。因此，并不奇怪这一次次遭受入侵的经历会对俄罗斯人思考其民族和国家安全的方式产生严重影响。在俄罗斯人看来，西方多年来一直是俄罗斯的敌人。然而，与德国人相反，俄罗斯人并没有创造出一种复杂的政治和哲学理论，来证明他们对中东欧地区进行地缘政治统治的必要性。对他们来说，这完全是出于客观安全标准的需要。如果有可加以利用的意识形态"在手边（at hand）"，俄罗斯政府则渴望利用其来支撑自己的战略抱负。

早在19世纪，俄罗斯就开始偶尔将"泛斯拉夫主义"的概念作为一种意识形态或哲学的"黏合剂（binder）"用于其势力范围内的中欧和东南欧大部分地区。这一理论假设所有斯拉夫国家都要服从于俄罗斯这么一个斯拉夫"超级大国"，并成为克里姆林宫在欧洲外围国家推行咄咄逼人、带有军国主义色彩政策的主要论据。然而，事实很快证明，泛斯拉夫哲学得不到足够的支持和理解，尤其是在中东欧国家之间：例如，大多数波兰人就强烈地反对这种哲学。最近，一些俄罗斯思想家和理论家试图复兴泛斯拉夫主义，作为向中东欧国家提出的"新俄罗斯"意识形态建议，但在克里米亚事件（2014年）和乌克兰战争（2014年至今）发生后，这种努力注定要失败。亚历山大·杜金（Aleksandr Dugin）是俄罗斯的哲学家和思想家之一，他打着俄罗斯的旗帜宣传所有斯拉夫民族的统一。他有时也被称为"克里姆林宫的思想家"，因为他是俄罗斯联邦总统的顾问。除了新泛斯拉夫主义，他还设想让俄罗斯政府与东正教主导的国家和地区进行密切合作，这将为俄罗斯加强其在西方外围地区的地位提供有效帮助。然而，在杜金的理论中，一个中东欧国家——即波兰——不应享有与俄罗斯保持密切友好关系的"特权"。杜金认为，波兰是一个人造的地缘政治实体，其持续干扰着俄罗斯和德国之间的"天然"友好关系。他认为，波兰的存在仅仅是由于大国在界定相互之间的"势力范围"方面达成了协议。因此，并不奇怪杜金的理论让大多数波兰人怀疑俄罗斯政府对中东欧地区的真实意图。①

上述在确定中东欧边界的问题上缺乏精确性，以及在基本地理和地缘战略标准方面出现一种多维混乱现象的情况并非是偶然出现的。几个世纪以来（这一时期是欧洲和世界历史上的关键时期：现代国家和民族以及现代国际关系和现代国际法诞生了），该地区一直是战略要地，是外部帝国和强国之间的冲突地带，其中大多数国家与该地区接壤。在这之中又有两个国家——历史上以各种政治和体制形式存在的德国和俄罗斯——不仅致力于使中东欧参与其各自的利益领域，而且更渴望使中东欧成为自身的一个组成部分。从地缘政治的角度看，中东欧不仅在严格的地理意义上，而且在安全以及各种体制、文化、

---

① Aleksandr Dugin, "Na eurazjatyckim kontynencie dla Polski miejsca nie ma"（Aleksandr Dugin: There is no place for Poland on the EuroAsian Continent）, Jagiellonia. org, 2016. http：//jagiellonia. org/zlote-mysli-kremlowskiego-szamana.

种族和经济方面都一直是西欧和东欧之间的缓冲地带。即使是在第一次世界大战之后，当中东欧国家重生或以新的形态诞生时，他们也无法在国际舞台上发挥应有的作用。这些国家也无法相互合作，尽管当时他们各自的地缘政治局势十分相似。在第二次世界大战之后，合作方面没有多大进展，因为所有的中东欧国家都发现自己处于苏联赞助和保护下的"共产主义集团"内，这使他们无法作为独立的实体行事。

在"共产主义集团"解体（1989—1990年）和苏联垮台（1991年）之后不久，中东欧国家才有机会改变这一无法自主进行合作的战略缺陷导致的恶性循环。解体事件对致力于恢复充分自由和主权的中东欧国家也具有象征意义和关键意义。同时，也为中东欧地区开启历史新篇章创造了独特的机遇。中东欧国家的新领导人认识到，他们迫切需要深化合作，在转型进程中相互支持，加强地区地位，参与正在加快的欧洲一体化进程。这是史无前例的大好机会——在该区域的历史上，从来没有出现过所有国家都处于如此类似状况的情况，回顾过去，他们还拥有如此相似的历史经验。由于他们的利益和战略目标是相同的，合作似乎成为一个显而易见的选择。这就是创建维谢格拉德集团的背景，该集团成为中东欧国家合作中最重要、最知名的合作形式。但是，还有其他合作的例子和领域，其中大多数是最近出现的。首先，我们必须提及"三海倡议"（也称为BABS——即波罗的海、亚得里亚海、黑海倡议）。这是一个全新的地缘政治概念（于2016年正式确立），但其意识形态、哲学和地缘战略根源可以追溯到第二次世界大战前，当时波兰提出了中间国（Intermarium）的概念。这一概念设想中东欧几乎所有国家能统一于一个联盟的保护伞下。

相比之下，如今的"三海倡议"并没有预示任何正式的统一。其主要目的只是在总体战略（政治）一级以及在许多具体方面（如能源安全、贸易和运输）建立会员国之间的密切合作。为了更好地了解这项倡议的背景，必须指出，除了一个国家（奥地利）外，其他"三海倡议"成员国过去都是由共产主义政权统治的，因此他们的经验与V4成员国的经验十分相似。这一因素决定了这些国家的地缘政治敏感性，以及他们看待欧洲和国际关系的方式。此外，许多"三海倡议"成员国（主要来自巴尔干和东欧）也在多方面扩大的V4框架（称为"V4+"）内积极开展各种倡议和特别项目。这种区域活动是有前景的，因为它们可以加强和深化中欧、波罗的海和巴尔干各国之间的合作。这类活动还巩固了V4在更广泛的中东欧地区作为主要力量和区域合作动力核心的地位。关于内部关系方面，V4参与的中东欧（CEE）倡议也很重要，因为它有助于维护V4的团结和凝聚力，减少V4成员国之间过去经常发生的误解和不当行为。

过去几年的经验清楚地表明，为了换取一些（主要是妄想出来的）政治或经济"利益"而忘记原有的合作精神是多么容易，而被欧洲参与者玩弄于股掌之中又是多么容易。因此，在V4范围内（从更广泛的意义上说，在中东欧和南欧的后共产主义国家组成的整个共同体内）保持凝聚力和适当程度的合作似乎是有效影响欧盟内部政治和经济进程的必要条件。为了一个目的和共同利益而共同行动，中东欧和南欧国家可以做得更多。这不仅指在欧盟内部，还指在许多其他国际关系论坛上，比如在联合国，甚至在欧安组织（OSCE）之中。

由于中东欧国家（尤其是V4）面临的挑战日益增多，上述所有提到的合作都变得更加重要。其中之一是能源安全，其重要性不断增强，尤其是在欧盟内部。为在这一方面取得进展，欧盟不应该支持其成员国单独推动的项目和倡议，因为这些项目和倡议违背了欧盟能源联合的想法，并使中东欧国家的能源安全处于危险之中。"三海倡议"也有类似的目标，2018年计划在罗马尼亚举行的峰会肯定会解决这个问题。更广泛的中东欧地区面临的主要威胁是俄罗斯对天然气市场的垄断。如果中东欧地区不努力实现能源来源多元化，就会完全依赖单一供应商并受限于其给定的价格。如果我们考虑上述俄罗斯的地缘政治思维方式，这一状况就显得更加糟糕。另一个严峻的挑战是缺乏国际运输的基础设施（影响公路、铁路以及空中交通）。中欧、东欧和南欧仍未充分利用其在这一领域的潜力，这就是为什么人们对"三海倡议"抱有如此高期望的原因。然而，由于这片区域历史、地理和地缘政治的影响，这一努力也将面临挑战。在过去的几个世纪里，根本不可能在亚得里亚海和波罗的海地区之间建立和维持任何稳定的交通走廊。因为欧洲这一地区的战略和地缘政治范式是由东西轴心的作用来确定的（反之亦然）。目前看来，以中东欧为核心的南北轴心深化合作是有可能的，V4 与南欧伙伴可以实现这一目标。这些计划令人印象深刻：例如，修建一条穿越喀尔巴阡山脉的国际高速公路，将北部的立陶宛和南部的希腊连接起来。许多其他本地计划也在等待实现，这些计划主要是在"三海倡议"框架中，但也在"V4 +"模式中。

与 1989 年前后该地区普遍存在的殷切希望相反，中东欧国家——特别是 V4 成员国——在过去近 25 年的时间里，GDP 方面并没有成功赶上西欧。因此，他们的国际经济影响力仍然很低。这在一定程度上是近代史上的不幸事件（主要是 20 世纪的事件）导致的结果，尽管后共产主义时代的政治（自 1989 年、1990 年以来）也要对当前不完全有利的局面负责。通过该地区各国的共同努力，从现在开始可以缩短历史上形成的东欧和西欧之间的距离。维谢格拉德集团以及"三海倡议"计划内的活动有望改变不幸的现状。但 V4 还面临许多其他挑战——移民危机、英国脱欧及其战略后果，以及乌克兰战争等。与这些问题有关的还有其他问题，例如，布鲁塞尔和柏林对中东欧日益增长的自信和自决的消极态度。关键问题是，中东欧国家是否汲取了他们过去的教训，并能在现如今应对上述存在的问题。

参考文献：

Brummer, Klaus & Oppermann, Kai, *Germany's Foreign Policy after the End of the Cold War: "Becoming Normal?"*, Oxford Handbooks Online: Political Science, 2016, http://www.oxfordhandbooks.com/view/10.1093/oxfordhb/9780199935307.001.0001/oxfordhb-9780199935307-e-1.

Dugin, Aleksandr, *Na eurazjatyckim kontynencie dla Polski miejsca nie ma* [Aleksandr Dugin, *There is no place for Poland on EuroAsian Continent*], Jagiellonia. org, 2016, http://jagiellonia.org/zlote-mysli-kremlowskiego-szamana.

Halecki, Oskar, *Borderlands of Western Civilization: A History of East Central Eu-*

rope, Ronald Press Company, New York, 1952.

Okey, Robin, Central Europe /Eastern Europe: Behind the Definitions, *Past & Present*, The Cultural and Political Construction of Europe, Oxford University Press on behalf of The Past and Present Society Stable. No. 137. 1992, pp. 102 – 133, https: // www. gla. ac. uk/0t4/crcees/files/summerschool/readings/school10/reading_ list/okey. pdf.

Stråth, Bo: Mitteleuropa, From List to Naumann, Sage Publications, *European Journal of Social Theory*, 2008/2, pp. 171 – 183, http: //www. helsinki. fi/strath/ strath/archive/pastseminars/07constitutions_ geopolitics/article_ strath. pdf.

第二章 中东欧区域合作模式和维谢格拉德集团（V4）的关系

托马·斯特罗萨伊（Tomáš Strážay）

中欧的广阔区域以不同的区域倡议和区域合作机制为特征。1989年之后"铁幕"的垮台和新的政治经济现实的出现，加上边界的逐步开放，为发展区域合作创造了一个非常基本的先决条件。一些区域倡议的创建可以追溯到1990年年初，其他区域倡议是后来开始出现的，有些还是最近才出现的。在这些机制中，除了加入年限不同外，参与国的数量、机构背景、主题侧重点也不同。

本章的目的是集中讨论中欧最明显和最重要的区域合作形式。本章涉及的不仅有维谢格拉德合作本身，也包括其他或多或少互补的模式。维谢格拉德集团不仅是该地区最古老，也是最有效的倡议之一，因此本章也分析了维谢格拉德集团与其他合作形式之间的关系。这也是由于V4国家在本章提到的大多数区域倡议案例中发挥了重要作用，而这当然不仅仅是出于地理的视角。

本章仅关注该地区各国制定的区域倡议。从这个意义上说，它不包括欧盟或其他组织有关中欧的计划，包括宏观区域倡议。本章首先简要介绍影响区域合作运作的一般因素。接下来，讨论与V4关系最紧密的模式——"V4+"模式。然后，重点是过去那些要么现在已不复存在（区域伙伴关系）、要么被转变为某种不同的东西（CEFTA）的倡议。之后将简要介绍中欧倡议，它甚至比V4还要古老。本章还特别关注了最近创立的模式，如"三海倡议""布加勒斯特九国集团（The Bucharest Nine）""16＋1"以及中欧防务合作（the Central European Defence Cooperation）。最后，讨论了几种不包括所有四个维谢格拉德集团国家的还原主义模式——斯拉夫科夫/奥斯特里茨三角和魏玛三角。

一 什么导致了区域合作的成功？

区域合作可以看作是利益相近、地理位置相近的国家加强多边合作的一种手段。因此，一项运作良好的区域倡议的重要先决条件是适当地确定参与各方的利益和目标。区域合作有助于区域的多层面联系，因此它是宏观区域（经济、社会、环境、文化等）发展的关键先决条件之一。

一个同样重要的因素应该是参与特定区域倡议的所有国家享有共同的价值观。对民主原则的认同、尊重人权以及接受团结原则被认为是在欧洲发展任何类型区域合作的基础。

制度化水平在区域合作中也发挥着作用，并可能影响区域合作的有效性。制度化的强弱各有利弊。前者的特点是更强的中央集权和官僚主义，而后者更灵活，但缺乏相应的协调性。

可以认为，由来自同一区域的少量国家组成的集团最具有凝聚力。这些国家地理位置相近，在利益和优先事项方面通常没重大差异，因此有资格进行紧密合作。而由大量参与国组成的区域倡议的特点是更容易出现离心趋势。这是由于来自不同地理区域的国家在社会经济发展水平和偏好方面也往往不同。

将参与国纳入同样的一体化结构很可能会影响区域倡议的执行情况。在这方面，纳入与欧盟具有不同类型关系的国家——成员国、申请加入欧盟的国家，以及没有明确界定可以分享一体化利益的伙伴——可以被视为一个巨大挑战。

最后，与邻国的合作为增加参与区域合作的国家在更大的一体化结构中的影响力创造了有利条件（如欧盟、北约）。

二 超越维谢格拉德集团——"V4＋"模式

尽管维谢格拉德集团国家之间已就不扩大V4达成共识，但扩大该集团的建议还是经常出现在桌面上。最近的一项建议来自前匈牙利外交部长蒂博尔·纳夫拉奇奇斯（Tibor Navracsics），他建议邀请克罗地亚和斯洛文尼亚加入V4。[1] 类似的建议在20世纪90年代后期出现，而最常被提到的"成员"候选人是奥地利和斯洛文尼亚。前波兰总统亚历山大·克瓦希涅夫斯基（Aleksander Kwaśniewski）甚至提出要邀请乌克兰加入。[2]

维谢格拉德集团的扩大可能需要改变其工作方式，并降低其在通过联合决定和声明方面的效率。扩大集团还可能限制参与国可以合作并达成共识的领域数量。因此，关键在于V4的扩大对于创始成员是否有利可图，以及是否会带来预期的结果。

"V4＋"模式似乎就是能够同时满足维谢格拉德集团成员的需求和集团以外国家的愿望的更合适的方法。"V4＋"机制使V4以外的国家能够在特定时期内与V4建立关联，并使双方在有利于V4国家和集团外国家的领域中进行紧密合作。这种模式有助于V4国家与V4以外的国家和集团进行更好的交流。这一机制内的合作是多变的，例如，重点可放在经济问题或研究问题上，其目标也可能是加入欧盟的议程，就像西巴尔干国家一样。这仅取决于外部合作伙伴的需求以及V4国家对接受此类合作提议的兴趣，因此合作的空间非常广泛。[3]

"V4＋"模式已经包含了各种各样的合作伙伴。他们中的大多数

---

[1] 参见"Foreign policy unchanged after ministry expansion", Good News on Hungary-Newsletter of the Embassy of Hungary in Finland, 2014 August 29, http://www.mfa.gov.hu/NR/rdonlyres/77D7D0A7-ED14-4A3A-9943-90B81F83FCC9/0/h％ C3％ ADrlev％ C3％ A91_140829.pdf.

[2] 参见Pavol Lukáč, "Má Slovinsko rozšírit' rady Visegrádu?", *Eurasijsky Expres* 2001/4, http://euroasia.euweb.cz/4-2001_ba_lukac.htm.

[3] 参见Tomáš Strážay, "Neither beautiful nor ugly, but functional: a pragmatic view on the Visegrad Group", *Contemporary European Studies*, 2014/2.

是来自欧盟（北欧国家、比利时、荷兰、卢森堡、波罗的海国家、奥地利、斯洛文尼亚、保加利亚、罗马尼亚等）或欧盟成员国之外的欧洲国家（西巴尔干和东部伙伴关系国家），但非欧洲国家参与联合倡议的情况也不少见。例如，日本已经成为V4的传统伙伴，而其他一些国家也在寻求与V4加强合作的可能性（最近的一个例子是韩国）。合作领域包括优势产业，如运输、能源、国防、数字化等，也包括转型和一体化过程中的技术转让。然而，重要的任务是在维谢格拉德集团的内部凝聚力和与越来越多的外部合作伙伴的合作之间保持适当的平衡。[①]

V4还在其他欧盟成员国参与的更广泛的区域倡议中发挥了基础或核心作用。最近的例子包括气候和能源一揽子计划的谈判，以及采纳2014—2020年财政计划。在这两种情况下，V4国家都设法与志同道合的国家结成更广泛的联盟。在未来几年内，建立联盟的重要性甚至还会增加。与《里斯本条约》的实施有关的欧盟理事会投票程序的改变迫使V4国家寻找联盟伙伴，以便在欧盟层面上实现其共同议程。[②] 因此，"V4+"机制可以成为加强V4与其他志同道合国家合作的重要工具，成为欧盟内不同类型联盟的基础。

三 回顾过去：中欧自由贸易协定与区域伙伴关系

（一）中欧自由贸易协定（CEFTA）

由于中东欧地区的贸易自由化，中欧自由贸易协定为V4国家成功加入欧盟单一市场做好了准备。1993年生效的协议最初由4个V4国家签署。1994—1998年，该地区的政治合作严重放缓，但V4国家积极开放贸易关系，中欧自贸协定甚至吸引了新的国家加入。斯洛文尼亚于

---

① 参见Tomáš Strážay，"Neither beautiful nor ugly, but functional: a pragmatic view on the Visegrad Group"，*Contemporary European Studies*，2014/2.

② 直到最近，V4国家都一直被保证拥有和法国和德国一样多的选票。

1996 年加入中欧自由贸易区，罗马尼亚（1997 年）、保加利亚（1999 年）和克罗地亚（2003 年）紧随其后。所有协定签署国加入欧盟后都退出了中欧自贸协定。然而，这并不意味着中欧自贸协定的终结。这一协定在实践过程中向南移动，2006 年，西巴尔干国家——阿尔巴尼亚、波斯尼亚和黑塞哥维那、黑山、克罗地亚、北马其顿、摩尔多瓦、塞尔维亚和联合国科索沃临时行政当局特派团（科索沃特派团）签署了一项新的协议，即《中欧自由贸易协定（2006）》。[1] 事实上，该协定最初创建于 V4 框架内，并成为了 V4 分享的最重要的知识财富之一。

（二）区域伙伴关系（Regional Partnership）

区域伙伴关系倡议是由奥地利发起的，这片区域包括捷克、匈牙利、波兰、斯洛伐克和斯洛文尼亚。第一次参与国外长会议于 2001 年举行。这项倡议的目的是加强所谓的欧盟老成员国（奥地利）和新成员国（V4 国家 + 斯洛文尼亚）之间的合作。通过建立区域伙伴关系，奥地利还试图在扩大后的欧盟中扮演区域领导人的角色。虽然区域伙伴关系可以发挥一些相关的作用，特别是在欧盟和西巴尔干半岛的关系上，但它的作用随着时间的推移而减少。[2] 这主要是由于参与国采取了其他合作措施——"V4 +"机制就是一个例子。其他导致这一倡议重要性下降的原因是其没有一个明确界定的议程以及某种程度上的冗余。

四 比维谢格拉德集团更早的联盟：中欧倡议组织（CEI）

中欧倡议是中欧历史最悠久、规模最大，也最具多样性的区域倡

---

[1] 参见 Martin Dangerfield, *Subregional Economic Cooperation in Central and Eastern Europe*, Edward Elgar, Chelthenham, U. K., Northampton, M. A., U. S. A., 2000. For more information about CEFTA 2006 see the official website: *Central European Free Trade Agreement*, www. cefta. int.

[2] 参见 Paul Luif, "Austria and Central Europe", In: *Regional and International Relations of Central Europe*, Eds: Zlatko Šabič, Petr Drulák, Palgrave Macmillan, 2012.

议。该倡议于1989年由奥地利、意大利、匈牙利和南斯拉夫四方合作建立，后来逐渐增至五国、六国……至今已有17个成员国。[①]它包括欧盟成员国、有入盟意愿的国家以及其他与欧盟接壤的东欧国家。

除了加强成员国、欧盟以及非政府利益攸关方之间的合作外，中欧倡议还将自己定位为欧洲一体化的坚定支持者。为了实现其目标，中欧倡议结合了多边外交和项目管理，既作为捐助者，也作为受援者。[②]与V4不同，中欧倡议组织的秘书处设在意大利的里雅斯特，由秘书长领导（到目前为止，只有奥地利和意大利的外交官担任这个职务）。合作的主要领域十分广泛，包括更好的治理方式、经济合作、环境合作、跨文化合作以及教育和研究领域的合作。[③]

一般来说，中欧倡议更应该被视为定期举行政府间会议和交流意见的论坛，而不是在任何一级形成决策的工具。换句话说，中欧倡议组织太大、太多样化，无法取得显著、切实的成果。因此，其重点在于执行中小型项目。

从V4的角度看，两个倡议之间确实存在一些协同作用，例如在支持西巴尔干半岛国家加入欧盟方面。从这方面来看，中欧倡议组织最大的一个附加价值在于实施针对非欧盟国家的能力建设项目。中欧倡议的另一个附加价值是其商业能力，能够通过指导商务交流来促进增长，同时兼顾中小企业和大型企业的需求。

五　最近的一些倡议：布加勒斯特九国集团、"三海倡议"、中欧防务合作和"16+1"合作

（一）布加勒斯特九国集团（The Bucharest Nine）

布加勒斯特九国集团成员包括波兰、罗马尼亚、爱沙尼亚、立陶

[①]　中欧倡议的成员国包括阿尔巴尼亚、奥地利、白俄罗斯、波斯尼亚-黑塞哥维那、保加利亚、克罗地亚、捷克、匈牙利、意大利、马其顿、摩尔多瓦、黑山、波兰、罗马尼亚、塞尔维亚、斯洛伐克、斯洛文尼亚和乌克兰。
[②]　参见中欧倡议官方网站，http://www.cei.int/content/mission-objectives。
[③]　同上。

宛、拉脱维亚、斯洛伐克、捷克、匈牙利和保加利亚，于 2015 年 11 月在布加勒斯特举行的国家元首和政府首脑高级别会议上成立的。该集团的主要发起者是罗马尼亚总统克劳斯·约哈尼斯和波兰总统安杰伊·杜达。罗马尼亚不仅以其首都的名字给这个倡议命名，还同波兰一起被认为是布加勒斯特九国集团的领导者。

该集团的核心要素限于安全问题，主要目标是支持北约的各项目标以及从波罗的海到黑海地区的同盟间的协商。合作的基础是基于这样一种假设，即参与国的目标是在东面和南面两侧安全发展的情况下确保该区域的安全、稳定和繁荣。正如最近一次在华沙举行的布加勒斯特九国集团峰会所肯定的，北约的未来、北约与欧盟的关系以及支持北约对俄罗斯的态度是讨论最多的话题。[①]

布加勒斯特九国集团峰会可以被认为是 V4 在安全和防务领域活动的补充。尽管其重心与 V4 相比几乎完全放在北约议程上，但该集团的附加价值在于其包括了所有北约东扩后新加入的东部国家。

（二）"三海倡议"（Three Seas Initiative，TSI）

"三海倡议"最初是 2014 年在纽约举行的联合国大会会议间隙由波兰和克罗地亚发起的，共有 12 个欧盟成员国参加。[②] 它被认为是各国元首的一项非正式倡议。主要目标是加强交通基础设施、能源和数字议程三个领域的合作。[③] 同样放在优先层面的是加强欧盟内部市场，同时避免欧盟内部进一步分化。

[①] Joint Statement by the Ministers of Foreign Affairs of Bucharest 9 Format (B9), 2017 November 10, Ministry of Foreign Affairs of Romania, https://www.mae.ro/en/node/43579.

[②] 参与国包括奥地利、保加利亚、克罗地亚、捷克、爱沙尼亚、匈牙利、拉脱维亚、立陶宛、波兰、罗马尼亚、斯洛伐克和斯洛文尼亚。

[③] The Joins Statement on the Three Seas Initiative (The Dubrovnik Statement), 2016 August 25, President of Croatia Kolinda Grabar-Kitarović, http://predsjednica.hr/files/The%20Joint%20Statement%20on%20The%20Three%20Seas%20Initiative（1）.pdf. 在华沙发表的第二份宣言确认了这些目标，参见 The Second Summit of the 3 Seas Initiative-Joint Declaration, Central European Energy Partners, https://www.ceep.be/www/wp-content/uploads/2017/07/THE-SECOND-SUMMIT-OF-THE-3-SEAS-INITIATIVE-joint-declaration-2017.pdf.

"三海倡议"一词与两次世界大战期间的"国际海洋倡议"① 有关联，这引发了人们对这一倡议背后意图的一些担忧。② 一些观察员还提到"三海倡议"的反欧盟性质。然而，2015 年在杜布罗夫尼克举行的第一次"三海倡议"峰会已经加强了"三海倡议"的亲欧盟性质，该倡议的这一性质除了通过明确界定了其优先事项外，还通过广泛的国家参与得到了体现。然而，与欧盟更紧密的联系需要得到反复确认，以避免对"三海倡议"未来角色的任何政治猜测。

"三海倡议"的参与国有些相似之处，但在结构特点和他们的优先事项上则大有不同。事实上，"三海倡议"自其存在之初就是一种多重速度的倡议：一些参与国是欧盟成员国，一些成员国不是欧盟成员国。③ 整个倡议只有少数几个共同的优先事项，仅有的共同特征似乎是对当前国际挑战的适当反应。

如上所述，"三海倡议"被认为是各国元首之间的非正式倡议。总统们可以给一些项目增加额外的政治影响力，然而，他们的能力是有限的，他们的权力也因国家的大小而异。因此，执行较大的区域项目需要包括各国政府在内的其他利益攸关方的共同参与。

参加国对"三海倡议"的未来有不同的看法——其中一些国家，包括捷克、匈牙利和斯洛伐克，认为"三海倡议"更多的是一个非正式的讨论平台，用于国家间交换意见，而波兰、克罗地亚以及罗马尼亚则更加重视这一倡议。

V4 应该与"三海倡议"寻求可能的协同合作，以便加强具体项目之间的合作。V4 国家也可以考虑利用现有的 V4 和"V4＋"机制（如 V4 高级别能源工作组或 V4 高级别交通工作组）开展联合项目。对于中国或美国等一些全球参与者来说，V4 太小，因此他们寻求更

---

① 国际海洋倡议是一项由波兰总统约瑟夫·毕苏斯基（Józef Piłsudski）于第一次世界大战期间提出的计划，旨在建立一个中欧和东欧国家之间的联盟。邀请波罗的海国家、芬兰、白俄罗斯、乌克兰、匈牙利、罗马尼亚、南斯拉夫和捷克斯洛伐克加入拟议的联邦。

② Daria Nałęcz, "Intermarium vs the Three Seas Initiative", *New Eastern Europe*, 2017 July 6, http://neweasterneurope.eu/2017/07/06/intermarium-vs-the-three-seas-initiative/.

③ 参见 Michal Kořan, Bartosz Wiśniewski, Tomáš Strážay, "Das Trimarium Format ist im Interesse der EU!", *Welt Trends*, 2017/September 131.

大的合作模式。在这种特殊情况下,"三海倡议"可以为自己加分。

(三) 中欧防务合作(Central European Defence Cooperation)

加强安全与防务领域的合作是另一项区域倡议——中欧防务合作的目标,该倡议于2010—2012年建立。除了主要发起国奥地利之外,所有其他参与国(斯洛伐克、捷克、匈牙利、斯洛文尼亚和克罗地亚)都是北约成员(波兰只有观察员地位)。

在最初的几年里,合作的重点是在广泛的安全和防务政策领域确定一个更具体的议程,因为移民危机的爆发,保护边界和打击非法移民成为人们关注的焦点。在2017年6月于布拉格举行的会议上,中欧防务合作参与国的国防部部长评估了在移民管理方面的合作,并宣布各国将在欧盟层面共同努力,以确保有效保护欧盟的外部边界。[①] 其他合作领域包括不同能力的集中和分享,以及联合训练和演习。

虽然V4国家都是北约成员国,中欧防务合作的附加价值有限。但由于移民危机,在某些地区仍然可以找到合作基础。

(四) "16+1"合作

"16+1"合作是中国—中东欧国家合作的缩写。[②] 2012年,中国与16个中东欧国家的总理在华沙举行首次会晤,一致同意深化经贸、投资、财政、金融等领域务实合作。[③] 此后,各国政府首脑会议每年举行一次,并伴有高级别学术论坛、高级别智库论坛等活动。中方与中东欧国家合作有12项举措支持,重点加强投资、金融等领域合作,

---

① Joint Declaration of the Ministers of Defence of the Central European Defence Cooperation, 2017 June 19, Ministry of Defence of the Czech Republic, http://www.army.cz/assets/en/ministry-of-defence/newsroom/news/cedc-declaration-june-2017.pdf.

② 这些国家是:阿尔巴尼亚、波斯尼亚-黑塞哥维那、保加利亚、克罗地亚、捷克、爱沙尼亚、匈牙利、拉脱维亚、立陶宛、北马其顿、黑山、波兰、罗马尼亚、塞尔维亚、斯洛伐克、斯洛文尼亚。

③ 2012年4月26日,中国与中东欧国家的合作标志着中国与中东欧的关系日益紧密,http://www.china-ceec.org/eng/ldrhw_1/2012hs/hdxw/t1410543.htm。

重点加强交通基础设施建设。① 在这方面，"16+1"合作能够为中国"一带一路"倡议的实施创造有利条件。"一带一路"②旨在建设中国与欧洲之间的交通基础设施。

"16+1"合作这种模式的主要缺陷不仅在于参与国数量众多，还在于各国在融入欧盟方面的程度不同。其中 12 个国家是欧盟成员国，4 个来自西巴尔干半岛。这给联合项目的实施带来了问题，例如欧盟国家的采购规定与非欧盟国家的采购规定不同。很明显，中国喜欢那种与区域国家共同合作的大格局（V4 在这个层面上太小），但这种模式没有充分反映参与国的具体情况，包括与中国的不同经济关系。另一个差异与中国对中东欧投资的预期和现实有关。在 2017 年布达佩斯"16+1"峰会上宣布的投资额仍然相当有限，尤其是考虑到这一区域合作的参与国数量众多。③

六　还原主义模式的例子——斯拉夫科夫/奥斯特里茨三角和魏玛三角

（一）斯拉夫科夫/奥斯特利茨三角（The Slavkov/Austerlitz Triangle）

奥地利虽然是中欧地区的一分子，但他并不属于中欧合作的核心部分（以维谢格拉德合作的方式来理解）。奥地利为在更广泛的中欧区域中发挥更积极的作用做出了若干努力，如可追溯至 20 世纪 90 年代末的中欧国家和平资助合作或 21 世纪初的区域伙伴关系。以及奥地利同意大利一起发挥主导作用的中欧倡议。其他倡议——例如包括

---

① 《中国促进与中东欧国家友好合作的十二项措施》，2015 年 1 月 26 日，中国—中东欧国家合作，http：//www.china-ceec. org/eng/ldrhw_ 1/2012hs/hdxw/t1410546. htm。

② 《推动共建丝绸之路经济带和 21 世纪海上丝绸之路的愿景与行动》，2015 年 3 月 28 日，国家发展和改革委员会，http：//en. ndrc. gov. cn/newsrelease/201503/t20150330_ 669367. html。

③ "Chinese premier announces financing support for 16+1 cooperation", 2017 November 27, Cooperation between China and Cen-tral and Eastern European Countries, http：//www.china-ceec. org/eng/zyxw_ 4/t1514491. htm。

奥地利、捷克、匈牙利和斯洛伐克各区域的"欧洲中心计划"或欧盟的多瑙河区域战略也可以算入其中，尽管这些倡议并不总是特别有效，或只集中于部门合作的某些方面。奥地利在中欧合作国家网络中缺乏更深层次融合的原因既有历史性的，也有政治性的——其中一个原因就是奥地利是一个中立国家而不是北约成员国。

对于V4国家与奥地利更广泛的区域政治合作而言，"V4＋"模式是最可行的，但合作模式的选择上还有更多的潜力等待被激发。奥地利是捷克和斯洛伐克的重要贸易和经济伙伴，这三个国家具有许多共同的文化和社会联系。为了给双边（捷克—奥地利和斯洛伐克—奥地利）以及三边合作提供新的推动力，捷克发起建立了一个以著名的战场斯拉夫科夫/奥斯特里茨命名的区域集团。

这一倡议的主要目的是加强参与国之间的跨境合作，并支持共同的基础设施和能源项目。受到特别关注的是跨境合作，还有关于欧元区的合作。① 奥地利对这一建议的反应是积极的。奥地利的时任总理成为这一倡议的热心拥护者，而斯洛伐克主要是出于务实的理由与这两个邻国合作。早在2015年斯拉夫科夫三角建立时，这三个国家都是社会民主党执政，这也被认为是亲密关系的另一个来源。然而，从一开始，斯拉夫科夫三角关系就受到匈牙利和波兰的排斥（尤其是与奥地利接壤的匈牙利）和不信任。两国的一些分析人士甚至称斯拉夫科夫模式是维谢格拉德集团的竞争对手。②

然而，尽管仍存在恐惧和期望，斯拉夫科夫三角在成立后不久就变成了一种"冬眠"的实体，因为这一集团的成员一直在与缺乏明确界定的目标和工作手段进行斗争，所以斯拉夫科夫三角没有成为一种有效的区域合作形式。直到最近的2017年夏天，法国总统伊曼纽尔·马克龙开展欧盟内系列访问期间，在萨尔茨堡会见了奥地利、捷

---

① "欧洲区域"通常指位于不同欧洲国家的两块（或更多）相邻地区之间的跨国合作结构。欧洲区域是跨境区域的一种特殊类型。其工作限于组成它们的地方和区域当局给予的权限。它们通常被安排来促进边境之间的共同利益，并为边境居民的共同利益进行合作。

② Dariusz Kalan, "The Slavkov Triangle-a rival to the Visegrad Group?", *PISM Bulletin*, February 2015/19 (751), http：//www.pism.pl/files/?id_plik=19252.

克和斯洛伐克的总理，这一三角关系才变得更加重要。由于马克龙既没有访问也没有邀请匈牙利和波兰参加会议，这一事件在布达佩斯和华沙也得到了负面回应，但布拉迪斯拉发和布拉格从未暗示斯拉夫科夫三角可能会成为 V4 的替代品。尽管对于斯拉夫科夫三角的未来及其与 V4 的关系存在一些相互矛盾的观点①，但作为由三个中欧国家组成的务实联盟，该三角可以存在于 V4 之外，而不是旨在取代 V4。此外，V4 与斯拉夫科夫三角相比起来还是更加复杂和发达的，具有更悠久的传统和多层次的部门合作。

（二）魏玛三角（Weimar Triangle）

法国、德国和波兰之间的三边合作（"魏玛三角"）是在 1991 年由当时三国的外交部长创立的。其目的是克服东西方分歧，表达欧盟扩大前景。它还被设计成一种将法德双边主义传播到波兰的工具。尽管欧盟在 2004 年成功地扩大了规模，这确实可以被视为一项成就，但在魏玛三角的合作中更多的是象征性的，而非实际的决策。在 20 多年的历史中，魏玛三角只经历了几次联合行动和共同领导的时刻。少数几个例子包括由波兰领导、德国和法国支持的"魏玛战斗群"。政治合作中还存在着严重的不对称。虽然德国希望与法国和波兰发展紧密的关系，但波兰与法国的关系却始终很薄弱。波兰和德国也经常处在不一样的阵营中。例如，当欧盟理事会在决策上出现分歧时，德国和波兰经常发现彼此处于对立的立场。甚至在 2015 年波兰议会选举之前，在法律与正义党政府上台之前，以及在法国总统伊曼纽尔·马克龙②当选之前，就已经是这种情况了。③

随着法德"引擎"计划重启，以及波兰现任政府对深化欧盟一体

---

① 例如 Tomáš Hošek, "Will Slavkov Triangle trump the Visegrad Four?", *European Security Journal*, 2017 October 30, https：//www.esjnews.com/competing-views-slavkov-visegrad.

② Josef Janning, "What future for the Weimar Triangle?", *European Council on Foreign Relations*, 2016 February 11, http：//www.ecfr.eu/article/commentary_what_future_for_the_weimar_triangle5097.

③ 波兰法律与公正党（The Polish Law and Justice party）在欧洲并不那么受欢迎，因为它的反欧洲主义和民族主义言论，尤其是在自称为联邦主义者新领袖的马克龙看来。

化持相当怀疑的立场，魏玛三角很难成为一种有助于欧洲未来的有效工具。最有可能的是，它虽然不会被解散，但也只是偶尔被用作一个讨论平台，其影响力非常有限。但是，如果魏玛三角能够保持其作为法国、德国和波兰之间定期对话和交换意见的平台的地位的话，它就已经是一项成就了。

关于V4，考虑到魏玛三角合作现状，很难说有任何开展合作或加强合作的机会。对布达佩斯、布拉迪斯拉发和布拉格来说，通过波兰，魏玛三角至少可能会成为他们与最有影响力的欧盟国家——法国和德国——的象征性联系。然而，除非魏玛三角很快恢复活力，V4国家将需要寻找与德国和法国沟通的其他渠道。

七 结语

本章讨论了中欧区域合作的各种形式，并分析了它们与维谢格拉德集团的关系。在这方面，可以得出结论：尽管出现了新的不同倡议，V4仍然在该区域发挥关键作用。这一假设不仅基于地理位置（V4国家确实位于中欧中心，不可能绕开他们），还基于合作的有效性、长期的历史记录和各国领导人之间前所未有的信任。在这方面，所讨论的各区域模式都不能威胁到V4地位，也没有替代V4的野心。其他模式的作用是补充V4，并可能以V4的经验为基础。这是由于V4不仅关注内部，而且愿意与非V4国家和区域集团合作，特别是在"V4＋"形式的框架内。

维谢格拉德集团或许可以更好地将与其他模式相联系的可能性化为现实。在大多数情况下，找到共同点相对容易，这尤其适用于V4国家参与的更大的国家集团（"三海倡议""16＋1"合作，以及中欧防务合作）。然而，所谓的还原主义模式也不应被忽视。虽然只有波兰参与魏玛三角，但其他V4国家可能会把波兰与欧盟最重要的国家的合作视为"机会之窗"。同样，奥地利、捷克和斯洛伐克在魏玛三角范围内加强关系也可能有助于加强匈牙利和奥地利之间、特别是波兰和奥地利之间的关系，还有助于加强"V4＋奥地利"模式。

本章讨论的所有形式，包括 V4 本身，都有一个共同的目标：加强中欧参与国之间的合作，以增进该区域的稳定和繁荣。如果某些倡议能够为区域外的伙伴（包括欧盟内外的伙伴）提供对其有价值的解决方案和建议的话，它们的作用甚至还会更强。

参考文献：

Central European Energy Partners, *The Second Summit of the Three Seas Initiative-Joint Declaration*, https：//www. ceep. be/www/wp-content/uploads/2017/07/THE-SECOND-SUMMIT-OF-THE-3-SEAS-INITIATIVE-joint-declaration – 2017. pdf.

Central European Free Trade Agreement, www. cefta. int.

Central European Initiative, http：//www. cei. int/content/mission-objectives.

Cooperation between China and Central and Eastern European Countries, Prime ministers' summit marks closer China-central and Eastern Europe ties, 2012 April 26, http：//www. china-ceec. org/eng/ldrhw_ 1/2012hs/hdxw/t1410543. htm.

Cooperation between China and Central and Eastern European Countries, China's Twelve Measures for Promoting Friendly Cooperation with Central and Eastern European Countries, 2015 January 26, http：//www. china-ceec. org/eng/ldrhw _ 1/2012hs/hdxw/t1410546. htm.

Cooperation between China and Central and Eastern European Countries, Chinese premier announces financing support for 16 + 1 cooperation, 2017 November 27, http：//www. china-ceec. org/eng/zyxw_ 4/t1514491. htm.

Dangerfield, Martin, *Subregional Economic Cooperation in Central and Eastern Europe*, Edward Elgar, Chelthenham, U. K., Northampton, M. A., U. S. A., 2000.

Hošek, Tomáš, "Will Slavkov Triangle trump the Visegrad Four?", *European Security Journal*, 2017 October 30, https：//www. esjnews. com/competing-views-slavkov-visegrad.

Good News on Hungary-Newsletter of the Embassy of Hungary in Finland, Foreign policy unchanged after ministry expansion, 2014 August 29, http：//www. mfa. gov. hu/NR/rdonlyres/77D7D0A7-ED14-4A3A-9943-90B81F83FCC9/0/h% C3% ADrlev% C3% A9l_ 140829. pdf.

Janning, Jozef, "What future for the Weimar Triangle?", *European Council on Foreign Relations*, 2016 February 11, http：//www. ecfr. eu/article/commentary_ what_ fu ture_ for_ the_ weimar_ triangle5097.

Kalan, Dariusz, "The Slavkov Triangle-a rival to the Visegrad Group?", *PISM Bulletin*, 2015/19 (751), http://www.pism.pl/files/?id_plik=19252.

Kořan, Michal-Wiśniewski, Bartosz-Strážay, Tomáš, "Das Trimarium Format ist im Interesse der EU!", *Welt Trends*, 2017/131.

Luif, Paul, Austria and Central Europe, In: *Regional and International Relations of Central Europe*, Eds: Zlatko Šabič, Petr Drulák, Palgrave Macmillan 2012.

Lukáč, Pavol, "Má Slovinsko rozšírit' rady Visegrádu?", *Eurasijsky Expres* 2001/4, http://euroasia.eu-web.cz/4-2001_ba_lukac.htm.

Ministry of Defence of the Czech Republic, Joint Declaration of the Ministers of Defence of the Central European Defence Cooperation, 2017 June 19, http://www.army.cz/assets/en/ministry-of-defence/newsroom/news/cedc-declaration-june-2017.pdf.

Ministry of Foreign Affairs of Romania, *Joint Statement by the Ministers of Foreign Affairs of Bucharest 9 Format (B9)*, 2017 November 10, https://www.mae.ro/en/node/43579.

Nałęcz, Daria, "Intermarium vs the Three Seas Initiative", *New Eastern Europe*, 2017 July 6, http://neweasterneurope.eu/2017/07/06/intermarium-vs-the-three-seas-initiative/.

National Development and Reform Commission, Vision and Actions on Jointly Building Silk Road Economic Belt and 21st-Century Maritime Silk Road, 2015 March 28, http://en.ndrc.gov.cn/newsrelease/201503/t20150330_669367.html.

President of Croatia Kolinda Grabar-Kitarović, The Joins Statement on the Three Seas Initiative (The Dubrovnik Statement), 2016 August 25, http://predsjednica.hr/files/The%20Joint%20Statement%20on%20The%20Three%20Seas%20Initiative(1).pdf.

Strážay, Tomáš, "Neither beautiful nor ugly, but functional: a pragmatic view on the Visegrad Group", *Contemporary European Studies*, 2014.

第二部分

维谢格拉德集团国家的欧洲大西洋一体化

第三章 维谢格拉德集团的欧洲大西洋一体化

安塔尔·雅罗勒姆（Antal Jarolím）

一 导论

由于中欧地区各国彼时正在促进的共同利益，维谢格拉德集团在20世纪90年代初正式开始合作。鉴于欧洲不断变化的格局（如苏联的解体、南斯拉夫的解体、东欧集团的国家政权变化），以及各国面临的新的条件、情况和挑战，再加上中欧四国共同的历史文化经历，维谢格拉德合作似乎是自然且合乎逻辑的。尽管如此，维谢格拉德集团并不是一种体制化的区域合作形式，历史表明，这种灵活的合作模式正是其优势之一。

本章涵盖了V4加入欧盟期间的发展情况，描述了维谢格拉德合作的主要事件、问题、形式和性质，共分为两部分。

在分析维谢格拉德合作面临的主要挑战之前，本章第一部分介绍了维谢格拉德合作的性质及其在加入欧盟谈判中的演变。

为了描述不断变化的中欧地区的局势，这里需提及20世纪90年代历史背景下的主要事件。维谢格拉德合作产生于一个动荡的时期，这一时期的特点是各国之间出现的若干紧张局势。特别是单一国家及其政府往往关注自己的目标，而非利用区域合作的潜力。在90年代末期，V4通过于1999年签订《维谢格拉德协议》（*Contents of Visegrád Cooperation*）重获新生。这可以看作是一个重大举措，正是这一举措为维谢格拉德集团带来了新的生机。

尽管最初开展更密切的合作比较困难,但后来的事态发展表明,维谢格拉德集团能够相互协调、相互沟通,为带来切实成果的全面合作找到一条出路。例如,帮助斯洛伐克赶上加入北约和欧盟的入盟前谈判。

本章第二部分讨论了 V4 达到主要目标即加入欧洲—大西洋架构之后出现的问题。加入欧盟及其决策过程也给 V4 合作带来了挑战,鉴于维谢格拉德地区的规模和在投票机制中的份额,通过联盟寻求与其他欧盟成员国达成妥协是困难的,因此需要与其他欧盟成员国进行更广泛的合作。这种决定了各国保持密切联系的自然动机,以及过去的合作历史是 V4 在加入欧盟后仍然存在的一个很好的理由。

二 维谢格拉德集团的视野和加入欧盟前的演变

区域性合作是当前欧洲政治的主要特征之一,历史上的若干形态的区域组织表明:区域内更密切的联系可以有效地反映欧盟层面某些特定区域的需求。比荷卢联盟(BENELUX)和北欧理事会(Nordic Council)可能是最著名的伙伴关系的例子。[1]

苏东剧变、中欧和东欧向市场经济的转变以及向西方民主政体的过渡,也为各国在双边和多边一级与国际社会的合作开辟了新的机会。突然之间,整个地区都面临着新的挑战,并开始了在新的欧洲地缘政治版图上寻求自己一席之地的漫长过程。这还涉及欧洲—大西洋取向,以及加入北约组织和欧洲共同体结构的可能。中欧和东欧的经济状况很差,向市场经济转型需要大量的投资和改革。对于国际投资者来说,鉴于该区域的商业机会,业务扩张是有希望的,但是,更大的问题是政治和经济的不确定性。[2] 由于四国有着相同的历史和发展历程,同时也面临着相同的挑战,四国寻求一种相互合作的途径并在

---

[1] Törő Csaba-Eamonn Butler-Grúber Károly, "Visegrád: The Evolving Pattern of Coordination and Partnership after EU Enlargement", *Europe-Asia Studies*, 2014/3. 364.

[2] 更多可参见 Tomas Dorozynski-Anette Kuna-Marszalek, "Investment Attractiveness. The Case of the Visegrád Group Countries", *Comparative Economic Research*, 2016/1.

国际层面上共同促进彼此相互重叠的利益便是很自然的了。因此，在1991年发起建立维谢格拉德集团便合乎逻辑。

中东欧地区的主要目标是融入国际结构，其核心目标是使中东欧国家成为欧盟成员。第一步是建立中欧自由贸易协定（CEFTA），维谢格拉德集团国家（1992年）、斯洛文尼亚（1996年）、罗马尼亚（1997年）和保加利亚（1998年）在初期加入了该协定。自由贸易协定意味着取消大约10%的工业品关税。在一个由9000多万消费者组成的地区，进一步减少贸易壁垒使成员国之间的贸易联系日益密切。① 这种形式的合作完全是基于经济和普遍激励，与维谢格拉德集团相比，它没有提供任何形式的文化或中欧身份认同。② 然而，维谢格拉德合作在CEFTA成立并启动后处于"休眠"状态。这一现象主要是由成员国之间在双边基础上的若干事态发展所造成的。尽管宣布了共同的兴趣和目标，维谢格拉德集团的合作仍经历了一些冲突和低迷。③ 这往往是源于各国长期以来形成的做法。根据德鲁拉科韦（Radka Druláková）的观点，这些态度一般可以描述为：

- 捷克的做法较为简约，将V4视为一种没有一致内容和决定的咨询机构；
- 匈牙利的做法接近实用主义，认为V4是一个进程而不是一个实体；
- 波兰的做法是极端主义的，V4被视为其在中欧实现自己雄心勃勃的政治目标的工具；
- 斯洛伐克的做法更偏向于通过获得V4的成员资格而被确

---

① Jeszenszky Géza, "The Origins and Enactment of 'Visegrád Idea'", http: //www. Visegrádgroup. eu/the-Visegrád-book/jeszensz-ky-geza-the.

② Rick Fawn, The Elusive Defined? Visegrád Co-operation as the Contemporary Contours of Central Europe, pp. 47 – 68. In: The Changing Geopolitics of Eastern Europe, Ed.: Andrew H. Dawson, Rick Fawn, Frank Cass Publishers, London, 2002, p. 59.

③ Schmidt Andrea, "Friends forever? The Role of the Visegrád Group and European Integration", Politics in Central Europe, 2016/3, p. 122.

认属于中欧。①

例如，捷克总理瓦茨拉夫·克劳斯（Vaclav Klaus，2003—2013年担任捷克总统）对待V4的政策就体现在这一点上，即捷克更像是西欧的伙伴，而不是中欧地区的伙伴。这使他得出结论，捷克更需要在欧盟而不是在中欧区域内进行更密切的合作。克劳斯认为，捷克的后共产主义经济转型比该地区的其他国家更加成功。这使他得出结论，捷克可以进入欧盟，而不用在该地区内进行更密切的合作。在克劳斯的领导下，捷克在波兰和匈牙利提出申请一年之后申请加入欧盟。克劳斯政策的另一个方面是对维谢格拉德会议采取非常明确的保留态度，在维谢格拉德会议上，捷克的代表经常是较低级别官员。②

匈牙利和斯洛伐克之间也存在紧张关系：关于生活在斯洛伐克南部的匈牙利少数民族以及加布奇科沃水电大坝的争议。1997年美国总统比尔·克林顿在布拉格访问期间捷克政府的处理方式也存在问题，当时捷克政府拒绝在维谢格拉德集团层面会晤，而坚持与单一的集团成员国进行严格的双边会谈，这似乎降低了V4的重要性和相关性。

波兰的立场非常明确，因为它是该地区最大的国家。波兰期望加强维谢格拉德合作并将这一合作融入国际结构，特别是融入欧盟，波兰将维谢格拉德合作作为加强其自身地位并成为该区域领导的一个步骤。③

尽管V4成员国有各自的雄心，但由于共同的利益和融入欧洲—大西洋结构，这些雄心后来都黯然失色。1997年在马德里举行北约首脑会议之后，有关技术合作而非军事合作的双边条约的签署促进了这种合作。特别是捷克、波兰和匈牙利渴望加入北约。

恢复合作的一个主要步骤是捷克、匈牙利和波兰的政府首脑于

---

① Radka Druláková, "Visegrád Group within the EU-a Stable or Diluted Coalition?", Working Papers, Faculty of International Relations, University of Economics, Prague, 2007/7, https://vz.fmv.vse.cz/wp-content/uploads/7_2007.pdf, p.7.
② Fawn, p.59.
③ Druláková, p.9.

1998年在布达佩斯举行三方首脑会议，领导人在会上"表达了支持振兴维谢格拉德集团合作的想法，这是早在1991年就开始构思、在经历了一个有希望的开始后就夭折的想法"①。在此基础上，各国决定为维谢格拉德合作拟订更具体的合作形式和合作框架。

1999年，维谢格拉德集团国家批准了《维谢格拉德合作要旨（1999）》，其中描述了合作的具体内容。这些内容的重点是关于在双边、三边、四边基础上的协商和定期专家会议，特别是关于加入北约、整个入盟进程和传播策略方面的信息交流。该文件还规定了应该优先处理的领域，如内政，特别是与加入欧盟有关的问题（边境和移民事务），以及就制定打击非法移民、非法毒品运输和分销、武器走私、有组织犯罪和恐怖主义的立法交换意见。

此外，根据该文件，合作的重点是深化共同项目内的文化交流和教育。在研究方面，各国宣布愿意就欧盟的研究技术发展框架计划开展合作，并促进经验的交流和传递。

在基础设施领域内，预计将在能源供应多样化和开发跨欧洲网络的共同项目方面进行合作。维谢格拉德集团国家还希望通过法尔计划（PHARE）和入盟前资金来加强跨界合作，并利用联合参与欧盟方案的建议。

这一结构仍然建立在首脑定期会议的基础上（根据为期一年的轮替）。这些最高级别会议应集中讨论合作状况、加入欧盟谈判以及中欧的战略问题。在更深的层次上，维谢格拉德会议机制应由政府成员会议（在临时的基础上），外交国务秘书会议（每年两次），大使、维谢格拉德协调员、负责V4相关议题的外交部官员召开的会议组成。合作还计划加强各国的其他行为体和各层级之间（如议会、社会团体等）的联系和交流形式。

这一文件也被称为《维谢格拉德协议之二》，为区域合作带来了新生。此外，在1999—2000年举行的会议与前期相比大幅度增加。

---

① Visegrád Group, Trilateral Summit, 1998 October 21, http://www.Visegrádgroup.eu/calendar/1998-and-before, p. 8.

在此背景下，其他国家也表示有兴趣加入维谢格拉德合作。斯洛伐克和波兰总理就克罗地亚和斯洛文尼亚的参与兴趣发表了评论，维谢格拉德集团是一个并不完善的集团，目前四个国家的体制最富有成效，因此，扩大维谢格拉德集团的主张被拒绝。①

2002 年，在捷克斯特林召开的首脑峰会上，领导人讨论建立了维谢格拉德集团的第一个机构——国际维谢格拉德集团基金（International Visegrád Fund）。这一基金通过提供经费和开展各种项目，侧重于加强该区域内的教育、文化、研究和其他活动，其覆盖范围超过维谢格拉德集团的四个成员国。基金的资金由 V4 国家支付，预算逐年扩大，在 2018 年达到 800 万欧元。

2002 年，1999 年的最初文件被建议增加"V4＋1"的合作机制——这也包括增加专家级别会议。②

三　维谢格拉德集团向欧盟靠近

1999 年，三个维谢格拉德成员国加入北约，斯洛伐克由于谈判中的政治障碍仍然没有加入北约，这意味着双轨加速维谢格拉德合作时代的到来。因此，斯洛伐克被邀请采用所谓的"V3＋1"机制，其主要目标是帮助斯洛伐克实现融入北约的一体化进程。③

与加入北约相比，V4 合作在加入欧盟前和之后的入盟进程中都取得了更多成果。这些国家密切合作，先后于 1994—1996 年申请加入欧盟。1998 年欧盟与捷克、匈牙利和波兰启动了正式的入盟谈判。④

作为欧洲理事会赫尔辛基会议的成果，斯洛伐克被邀请（同另一组国家）在 1999 年加入谈判。正如欧洲理事会所申明的："现在已被

---

① Fawn, p. 65.
② Annex to the Content of Visegrád Cooperation, 2002, http：//www. Visegrádgroup. eu/cooperation/annex-to-the-content-of.
③ Libor Lukášek, "Visegrádská spolupráce před vstupemčlenskych zemí do EU", Regionální studia, 2010/1, p. 47.
④ 参见 The Luxembourg European Council 12 and 13 December 1997 Presidency Conclusions, http：//www. europarl. europa. eu/summits/lux1_ en. htm.

纳入谈判进程的候选国,如果在筹备工作方面取得充分进展,将有可能在合理的时间内赶上已经在谈判的候选国。"①

斯洛伐克在入盟进程中的落后是由于国内的复杂情况造成的。弗拉基米尔·梅恰尔(Vladimir Mečiar)的政党没有赢得议会多数导致连任失败和亲欧政党在1998年上台执政,有助于该国重新就加入欧洲—大西洋结构开展谈判。

然而,即使在斯洛伐克对一体化不太积极的时期,它仍然存在于中欧自由贸易协定中,作为休眠的维谢格拉德集团的代理人。该协议的贡献之一是对话并保持联系。② 代理人身份及政府此后的一系列活动帮助斯洛伐克重新走上一体化进程的道路。由米库拉什·祖林达(Mikuláš Dzurinda)领导的新政府将维谢格拉德集团作为一项工具,在其他国家领先斯洛伐克的领域,它可以帮助催化和解冻加入北约和欧盟的谈判进程。鉴于事态发展,对斯洛伐克来说,维谢格拉德集团内部的合作是至关重要的。国务秘书让·费格尔(Ján Fige)在加入欧盟的谈判中表示,维谢格拉德集团对斯洛伐克来说不仅是象征,也是对斯洛伐克和邻国的一个重大挑战。以实际内容迎接这一挑战将确定斯洛伐克在国家和欧洲层面的能力。③

20世纪90年代后期,维谢格拉德合作的新发展带来了新的政治代表权,在捷克和匈牙利也是如此。匈牙利将此类区域合作作为达成外交政策优先事项和解决敏感的种族问题的工具。捷克政府希望通过维谢格拉德合作找到一种协调各方在一体化问题上的立场和做法的方法。④

整个加入欧盟的谈判进程都是由维谢格拉德集团国家各自主导的。谈判分为几个方面,来调查该国是否符合所谓的哥本哈根标准

---

① 参见 The Helsinki European Council 10 and 11 December 1999 Presidency Conclusions, http://www.europarl.europa.eu/summits/hel1_en.htm, Lukášek, pp. 47 – 48.
② Martin Dangerfield, "The Visegrád Group in the Expanded European Union: From Preaccession to Post-accession Cooperation", *East European Politics and Societies*, 2008/3, p. 662.
③ Ján Figel', "Visegrád je nielen symbol ale aj vážna vyzva", SME, 1999 February 18, Visegrád-je-nielen-symbol-ale-aj-velmi-vazna-vyzva-to-je-moj-nazor.html.
④ Lukášek, pp. 47 – 48.

(欧盟在1993年欧洲理事会哥本哈根会议上通过了这些决议,并在1995年马德里首脑会议上增订了这些决议)。

哥本哈根标准如下:

- 具有稳定的保障民主、法治、人权以及尊重和保护少数群体的制度;
- 有效的市场经济和应对欧盟内部竞争压力和市场力量的能力;
- 承担成员国义务的能力,包括有效实施构成欧盟法律体系的规则、标准和政策的能力,以及坚持政治、经济和货币联盟目标的能力。

要启动加入欧盟的谈判,一个国家必须满足第一个标准[1],加入进程分为几个步骤,欧洲委员会的谈判小组对各领域进行评估并发表对该国的建议,以遵守哥本哈根规则和欧洲法律。

加入欧盟的一个关键步骤是举行公民投票,为了在公民中确认整个过程的合法性,申请国需要举行全民公投。因此,各国政府发起了宣传活动以解释加入欧盟的好处。此类宣传活动有助于波兰和斯洛伐克达到承认全民投票有效所需的最低50%的投票率。不过,维谢格拉德集团各成员国的国内情况各不相同。

在匈牙利,青年民主党领导下的政府和大部分政治派别支持加入欧盟,但匈牙利民主论坛和基督教民主党非常保守并认为匈牙利加入欧盟是丧失国家认同的行为。尽管政府进行了大规模的宣传战,投票率仍低于50%,但宪法并未要求至少50%的法定人数才能确认公投结果。[2]

---

[1] EUR-Lex, "Access to European Union Law: Accession criteria (Copenhagen criteria)", http://eur-lex. europa. eu/summary/glossary/accession_ criteria_ copenhague. html.

[2] Martin Hudec, "Development of the Visegrád Group in the Context of Efforts to Accelerate the Convergence Processes by Joining the European Union", *Studia commercialia Bratislavensia*, 2016/33, p. 32.

在捷克，政府支持加入欧盟，以公民民主党（ODS，成立于1991年4月，其前身为1989年11月成立的"公民论坛"。该党属右翼保守政党，推崇民主、自由，强调继承欧洲基督教传统、捷克第一共和国的人道和民主传统，反对马列主义意识形态和任何形式的集体化倾向，主张实行彻底的私有化和市场经济）为代表的最大反对党也发表声明表示支持加入欧盟。就在全民公投前不久，瓦茨拉夫·克劳斯（Václav Klaus，前公民民主党领袖）成为总统，尽管他反对全民公投，但这并未对公众舆论产生负面影响。

在斯洛伐克，政府的目标是促进人民参与全民投票，因为宪法规定承认全民投票有效的最低法定人数为50%。政治舞台上的局势有利于斯洛伐克加入欧盟，这对宣传活动和达到最低法定人数起到了至关重要的帮助。与其他维谢格拉德成员国相比，斯洛伐克公民对加入欧盟的支持率是最高的，只有7.5%的公民表示反对（见表3-1）。

波兰的情况与斯洛伐克相似，公众对加入欧盟的投票需要达到50%以上的投票率，所以政府主要关注的是激活选民公投参与度。在全国政党当中，只有波兰共和国自卫党（SRP）和波兰家庭天主教联盟（LPR）两个政党反对波兰加入欧盟。[①]

表3-1　　　　　加入欧盟进程中的维谢格拉德成员国

国家（名称）	申请日期	公投日期	公投人数（%）	支持加入欧盟比率（%）
捷克	1996年1月17日	2003年6月13—14日	55.21	77.33
匈牙利	1994年3月31日	2003年4月12日	45.62	83.76
波兰	1994年4月5日	2003年6月7—8日	58.85	77.45
斯洛伐克	1995年6月27日	2003年5月16—17日	52.15	92.46

资料来源：欧洲统计局（Eurostat），2016年12月。

---

① Hudec，p. 32.

四 加入欧盟与对维谢格拉德合作的再思考

2004年的欧盟扩大，通常被称为"大爆炸"，意味着欧洲历史上的一个重要里程碑。从V4的角度来看，加入欧洲一体化进程也是一个重要的步骤，维谢格拉德合作已达到其关键目标之一。

正如前几节所述，维谢格拉德合作主要是为加入欧盟这一关键领域的工作提供基础。丹格菲尔德（Dangerfield）认为，加入欧盟前V4国家之间的合作处于围绕入盟问题的肤浅阶段，经常受到谈判中的竞争/利己主义的本能和国家特定优先事项的影响，欧盟成员资格和入盟后的发展为众多领域的合作提供了机会。[1]

与此同时，加入欧盟引发了一些问题，即维谢格拉德集团能否找到正确的议程以将所有成员国的利益联系起来。吕扎尔·安德烈斯（Lázár András）认为，在加入欧盟谈判期间，由于团结和协调被竞争和政治野心压倒，人们对相互理解的前景产生了怀疑，因此V4的未来也遭到了怀疑。[2] 例如，亚历山大·杜莱巴（Alexander Duleba）和托马斯·斯特罗雷（Tomáš Strážay）看到了未来V4国家加入欧盟后的两个担忧根源：

- 当合作达到目标时，维谢格拉德集团将变得无关紧要；
- 维谢格拉德将在欧盟更加多元化的环境中解体——尽管波兰最常被指责为维谢格拉德合作的潜在破坏者。[3]

有几件事件支持这个论点。其中一个是V4在加入欧盟的谈判中

---

[1] Dangerfield, p. 662.

[2] Lázár András, "Post EU Accession Visegrád Cooperation-Results, Rhetoric, Prospects", *Biztpol Affairs*, 2014/1, p. 28.

[3] Alexander Duleba-Tomáš Strážay, "New Chances, New Challenges", In: *The Visegrád Group-A Central European Constellation*, pp. 145–147, Ed.: Jagodziński, Andrzej, International Visegrád Fund, Bratislava, 2006.

无法协调其向乌克兰提供签证的办法,另一个是对克罗地亚加入欧盟的支持问题,克罗地亚加入欧盟一事没有得到各国的共同支持。①

尽管如此,现实显示出不同的发展,在领导人中有维持维谢格拉德集团的意愿。除了瓦茨拉夫·克劳斯(Vaclav Klaus)将维谢格拉德集团称为"西方人为创造的产物"之外,其他国家都认为维谢格拉德合作最终将比以往更加紧密。②

在此背景下,2004 年,V4 领导人签署了《克罗梅日什宣言》,这是促进 V4 内部在加入欧盟和北约后的进一步合作的重要文件。《克罗梅日什宣言》确定了集团内(同时也包括其他区域外伙伴)合作的四个领域:

- 维谢格拉德集团内部合作;
- 与欧盟的合作;
- 与其他合作伙伴(单个国家和国家集团)的合作;
- 与北约及其他国际组织的合作。③

该文件还确定了 V4 和欧盟进一步合作的领域。这些领域包括:

- 西巴尔干地区的共同外交安全政策和欧盟战略;
- 司法与内政、申根合作、对外边境保护、签证政策;
- 欧洲经济区内的经济合作;就欧洲货币联盟和采用共同货币欧元进行磋商;
- 积极参与欧洲安全与防务政策,以及加强欧盟与北约之间的关系。④

---

① Duleba, Strážay, p. 146.
② Martin Ehl, "Visegrádská skupina hledá svoji podobu v EU", *Hospodářské noviny*, 2003 June 24, https://archiv.ihned.cz/c1-12993520-Visegrádska-skupina-hleda-svoji-podobu-v-eu.
③ Vi segrád Group, "Kroměříž Declaration 2004", http://www.Visegrádgroup.eu/documents/Visegrád-declarations/Viseg-rád-declaration-110412-1.
④ Ibid. .

上述领域可能导致 V4 重新考虑合作及其目标，2004 年后关于 V4 的领导人交流将经常涉及 V4 的特殊性和促进（甚至预先决定）合作的潜在（非政治性）因素。虽然一些声明中确实包含了这些内容，但总体而言，政客们对合作的态度大多是务实的、克制的，关注的是相互合作的客观利益和潜在的实际利益而非感情用事。[1]

然而，最终合作的重点并非没有显著分歧，偶尔还会阻碍欧盟的实质性目标，例如，在《里斯本条约》(Lisbon treaty)、美国反导防御系统、格鲁吉亚冲突、科索沃等问题上的立场分歧。[2]

成员国之间愿共同努力，提升 V4 和欧盟的竞争力。在多年度财政框架内，关键领域仍然是凝聚政策——这将成为新成员国的凝聚力以及共同农业政策的驱动力。

另一个共同目标是能源政策，各国应在欧盟内共同努力以实现能源和供应商的多元化，并发展现代化的能源基础设施、石油和电力网络。

V4 国家还表示有兴趣进一步将其过渡时期的经验推广到欧盟的对外政策中，这与对东部伙伴关系国家提供帮助的承诺以及在邻国实现稳定和民主的原则是相辅相成的。

宣言还提到 V4 致力于共同应对欧盟面临的关键挑战，如气候变化、消除贫困和发展援助。

加入欧盟还使成员国能够直接参与决策。正如丹格菲尔德所指出的那样，"新成员的地位已从决策接受者转变为决策者"[3]。决策过程给欧盟成员国提供了一个大的竞争环境，与其他成员国的联盟与合作是达成协议过程中不可避免的。

因此，V4 合作是否能够在欧盟这样一个更广泛的一体化形式下发挥作用和保持高效就成为一个问题。该地区的规模也决定了其建立联盟或反对更大集团的能力有限，对于欧盟决策中的任何联盟或反对

---

[1] Lázár, p. 35.
[2] Ibid., p. 9.
[3] Druláková, p. 10.

派来说，都需要比 V4 拥有更大比例的成员国和人口。

该地区加入欧盟后的进一步发展和 V4 合作取决于每一个成员国对欧盟的态度。由于各国的规模不同，尤其是很难相信波兰不想把自己定位为欧盟中更强大的伙伴。尽管有这些雄心壮志，V4 仍然是一种有价值的区域合作形式，在加入欧盟后这种合作达到了顶峰。正如米兰·尼奇（Milan Nič）指出，"在过去 25 年中，V4 已经成为在中欧历史上前所未有的稳定的来源。起初，当所有四个国家都成为欧盟和北约的正式成员国后，V4 努力找到了新的目标"[①]。

除此之外，还需要提到另一个挑战。通过加入欧盟，该地区自动成为申根成员。申根成员国身份允许人员、货物、资本和服务的自由流动，并实行额外的边境管制。因此，这很快成为各国希望进一步合作的关键领域之一，特别是在技术解决方案和信息交流方面。2004 年，V4 国家均承诺尽快加入申根地区，并最终于 2007 年加入申根地区。

五　结论

历史表明，维谢格拉德集团内部的合作并不总是顺利的。双边层面的一些问题对区域内的关系产生了消极影响，但这些国家设法克服了这些问题。各国政府的不同态度或各国的个别野心也并不总是有助于团结合作。

区域内的相互合作发展成为相互信任的基础。历史经验和灵活的合作方式，为各国寻找重叠利益提供了更好的机遇。尽管实现了 V4 的最大目标——加入北约和欧盟——但区域合作并未失去其重要性。

然而，在加入欧盟后，维谢格拉德集团的目标发生了转变。尽管人们对维谢格拉德合作的未来感到怀疑和担忧，但这些国家已经找到了可以协调、讨论和表达共同目标的领域和政策。

---

① Milan Nič, "The Visegrád Group in the EU: 2016 as a turning-point?", *European View*, 2016/2.

乘上欧洲一体化的列车并没有给维谢格拉德合作的性质带来重大变化。V4 机制保持的灵活性允许各国在存在共同利益的领域进行协调和进一步协作。维谢格拉德集团在成立期间面临着关键的挑战,但是解决这些挑战并在各国之间建立牢固的联系使 V4 合作能够在集团内部发挥作用,并在中欧和东欧地区以外得到尊重。维谢格拉德合作不能取代各国的国家利益,但可以作为更好地促进维谢格拉德集团成员国共同目标的工具。

参考文献:

Martin Dangerfield, "The Visegrád Group in the Expanded European Union: From Preaccession to Postaccession Cooperation", East European Politics and Societies, 2008/3.

Druláková, Radka, Visegrád Group within the EU-a Stable or Diluted Coalition? Working Papers.

Faculty of International Relations, University of Economics, Prague, 2007/7, https://vz.fmv.vse.cz/wp-content/uploads/7_2007.pdf.

Duleba, Alexander-Strážay, Tomáš, New Chances, New Challenges, In: The Visegrád Group-A Central European Constellation, ed.: Jagodziński, Andrzej, International Visegrád Fund, Bratislava, 2006.

Ehl, Martin, "Visegrádská skupina hledá svoji podobu v EU", Hospodářské noviny, 2003 June 24, https://archiv.ihned.cz/c1-12993520-Visegrádska-skupina-hleda-svoji-podobu-v-eu.

EUR-Lex, Access to European Union Law: Accession criteria (Copenhagen criteria), http://eur-lex.europa.eu/summary/glossary/accession_criteria_copenhague.html.

Fawn, Rick, The Elusive Defined? Visegrád Co-operation as the Contemporary Contours of Central Europe, pp. 47 – 68. In: The Changing Geopolitics of Eastern Europe, Ed.: Andrew H. Dawson-Rick Fawn, Frank Cass Publishers, London, 2002, p. 184.

Figel', Ján, Visegrád je nielen symbol ale aj vážna vyzva, SME, 1999 February 18, https://komentare.sme.sk/c/2179762/Visegrád-je-nielen-symbol-ale-aj-velmi-vazna-vyzva-to-je-moj-nazor.html.

Presidency Conclusions 10 and 11 December 1999, Helsinki European Council, http://www.europarl.europa.eu/summits/hel1_en.htm.

Hudec, Martin, "Development of the Visegrád Group in the Context of Efforts to Accelerate the Convergence Processes by Joining the European Union", *Studia commercialia Bratislavensia*, 2016/33.

Jeszenszky, Géza, The Origins and Enactment of "Visegrad Idea", Visegradgroup.eu, http://www.Visegrádgroup.eu/the-Visegrád-book/jeszenszky-geza-the.

Lázár, András, "Post-EU-Accession Visegrád Cooperation-Results, Rhetoric, Prospects", *Biztpol Affairs*, 2014/1.

Lukášek, Libor, "Visegrádská spolupráce před vstupem členskych zemí do EU", *Regionální studia*, 2010/1.

Nič, Milan, "The Visegrád Group in the EU: 2016 as a turning-point?", *European View*, 2016/15.

Schmidt, Andrea, "Friends forever? The Role of the Visegrád Group and European Integration", *Politics in Central Europe*, 2016/3.

Törő, Csaba-Butler, Eamonn-Grúber, Károly, "Visegrád: The Evolving Pattern of Coordination and Partnership after EU Enlargement", *Europe-Asia Studies*, 2014/3.

Visegrád Group, Contents of Visegrád Cooperation, V4 Prime Ministers' Summit in Bratislava on 14th May 1999, http://www.Visegrádgroup.eu/cooperation/contents-of-Visegrád-110412.

Visegrád Group, Kroměříž Declaration 2004, Visegradgroup.eu, http://www.Visegrádgroup.eu/documents/Visegrád-declarations/Visegrád-declaration-110412-1.

Visegrád Group, Trilateral Summit October 21 1998, Visegradgroup.eu, http://www.Visegrádgroup.eu/calendar/1998-and-before.

第四章 北约一体化进程中的维谢格拉德集团国家

普尔泽米斯瓦夫·帕丘尼亚（Przemysław Pacuła）

维谢格拉德集团建立了一种独特的合作形式，这种合作牢固地扎根于中欧的政治架构中。苏联的解体（1991年正式解体）导致了该地区新国家（如波罗的海国家或乌克兰）的独立或构建，并使该地区的一些国家在几十年后摆脱了莫斯科附属国地位恢复了主权，如波兰、捷克斯洛伐克和匈牙利。这些国家立即开始面临各种政治、社会和经济挑战，这些现状促使他们密切合作以应付挑战。

但最重要的是，从本章的角度来看，华沙条约组织的解体在北约和由苏联转型而来的俄罗斯之间的中东欧地区造成了安全真空。自然，这些国家中的大多数开始把加入北约和欧盟的方向视为确保其获得的独立的一种途径。值得一提的是，波兰、匈牙利和捷克斯洛伐克称自己属于中欧以区分自身与东部和南部的前共产主义国家，并强调其作为一种东西方之间的桥梁的地位，以实现尽快加入北约和欧盟的目的。[1]

本章的目的是简要描述 V4 成员国加入北约的道路。这个联盟是

---

[1] Ivo Samson, "Assessment of Visegrad cooperation from a security perspective: Is the Visegrad Group Still Vital in the 'Zeros' of the 21st century", In: *Visegrad Cooperation within NATO and CSDP*, pp. 9 – 10. Ed.: Csaba Törő, Report of the Polish Institute of Foreign Affairs, Warsaw, 2011, https://www.files.ethz.ch/isn/133825/Raport%20V4.pdf.

1949年由12个国家①建立的，其明确的意图是对抗苏联在欧洲的威胁和影响并尽可能地邀请新成员。《北大西洋公约》的第10条规则规定，各缔约国可一致邀请任何遵守《北大西洋公约》规则并对北大西洋地区的安全做出贡献的欧洲国家加入联盟。② 由于欧洲的政治局势，直到20世纪90年代，只有4个新国家（1952年希腊和土耳其，1955年联邦德国和1982年西班牙）加入了联盟。1989—1991年的政治变局创造了一个全新的安全环境，为北约的开放政策③创造了新的机遇，也为联盟的存续和寻找新的目标创造了机会④。

一 初始阶段

如上所述，共同挑战（即从前华约国家撤出苏联军队的问题）促使波兰、匈牙利和捷克斯洛伐克（1990—1992年，全称捷克斯洛伐克联邦共和国）政府加强关系并进行频繁磋商。这些国家的领导人与持不同政见者有着密切的个人关系［即捷克斯洛伐克总统瓦茨拉夫·哈维尔（Václav Havel）和波兰总统莱赫·瓦文萨（Lech Wałęsa）］。最后，维谢格拉德合作于1991年2月15日在布达佩斯的维谢格拉德峰会期间正式确定。波兰、匈牙利和捷克斯洛伐克签署了《维谢格拉德宣言》⑤。合作各方的其他目标提到"全面进入欧洲政治和经济系统，以及安全和立法系统"，虽然没有明确提到北约或欧盟，但这种合作得到西方领导人的支持，他们担心中东欧可能成为另一个南斯拉

---

① 比利时、加拿大、丹麦、法国、英国、荷兰、冰岛、意大利、卢森堡、挪威、葡萄牙和美国。

② 《北大西洋公约》，1949年4月4日签署，全文参见http://www.nato.int/cps/ua/natohq/official_texts_17120.htm。

③ Ronald Asmus, *Opening NATO's Door*, Columbia University Press, New York City, 2002.

④ Stanley Sloan, *NATO's Future: Beyond Collective Defense*, National Defense University, Washington, 1995.

⑤ "Visegrad Declaration 1991", http://www.visegradgroup.eu/documents/viseg rad-declarations/visegrad-declaration-110412.

夫。同时，合作参与国还希望避免在加入西方组织的道路上出现竞争。例如，布什总统在访问布拉格时说，中东欧地区没有一个国家在通往西方的道路上享有特权，他们必须证明自己的政治成熟度。[1] 虽然维谢格拉德合作被认为是自发的，但也可以说，在某种程度上它也是由北约的鼓励所推动的。[2] 合作面临的很重要的问题是在如何对待联盟的问题上，各国没有达成一致意见。对捷克斯洛伐克来说，北约比维谢格拉德合作模式[3]更有吸引力。捷克斯洛伐克于1993年1月1日分裂为捷克和斯洛伐克之后产生了更多的问题。新成立的捷克共和国总理瓦茨拉夫·克劳斯（Vaclav Klaus）表示，他不再对维谢格拉德合作感兴趣，而且认为这种形式是西方人为创造的。换句话说，布拉格开始寻求自己通往西方组织的道路，这威胁到整个集团加入西方组织的进程。[4] 另外，北约的鼓励并不意味着这些国家将立即获得成员资格。1990年伦敦首脑会议期间，北约认识到："北约必须向东方国家伸出友谊之手。"然而，在这一点上，成员资格显然被排除在外，伸出友谊之手并不意味着成员身份的获得。[5] 当捷克斯洛伐克总统瓦茨拉夫·哈维尔询问美国总统布什是否支持其加入北约时，布什的回答是，当时北约无法提供捷克斯洛伐克想要的安全保障。[6]

然而，尽管存在障碍，这一进程仍在缓慢推进。在与西方领导人会晤期间，V4成员国政府仍然不断将加入北约作为其外交和安全政

---

[1] Radoslaw Grodzki, *Strategiczne porozumienie ponad podziałami-Grupa Wyszehradzka jako przykład integracji i emancypacji w ramach Unii Europejskiej*, Przegląd Strategiczny nr 9, Poznań, 2016, p. 377.

[2] Rebecca R. Moore, *NATO's new mission. Projecting Stability in a Post-Cold War World*, Praeger Security International, London, 2007, p. 63.

[3] 1989年，奥地利、匈牙利、意大利和南斯拉夫建立了"四方议会"（Quadragonale），作为一项可以填补中欧政治真空的倡议。1990年捷克斯洛伐克加入后，这一倡议被称为"五方会议"（Pentagonale）。

[4] Andrea Schmidt, "Friends Forever? The role of the Visegrad Group and European Integration", *Politics in Central Europe*, 2016/3, p. 122.

[5] Sean Kay, *NATO and the Future of European Security*, Rowman and Littlefield Publishers Inc., Lanham, New York, Boulder, Oxford, 1998, pp. 63–65.

[6] Minton F. Goldman, *Revolution and Change in the Eastern and Central Europe. Political, Economic and Social Changes*, M. E. Sharpe, New York, 1997, p. 136.

策的主要目标。1992年，波兰总理汉纳·索科卡（Hanna Suchocka）带着加入北约的明确目的访问了北约总部，但北约秘书长曼弗雷德·沃纳（Manfred Wörner）却很冷漠，表示成员身份是一个开放性议题，波兰能否成为首批新加入联盟的国家取决于联盟接纳新成员与否。[①]匈牙利总理安塔尔·约瑟夫（Antall Jozsef）于1993年3月8日将加入北约的意愿告知北约当局。[②]

北约扩大的里程碑之一是于1991年12月20日成立了北大西洋合作理事会（North Atlantic Cooperation Council，NACC），作为伦敦首脑会议的后续行动。它已成为北约与原苏联加盟共和国和华沙条约组织国家之间举行谈判的一个非常重要的论坛。[③] 在建立信任和信心并为和平伙伴关系计划铺平道路的过程中，NACC作为多边磋商平台发挥了作用。1997年，欧洲—大西洋伙伴关系理事会（Euro-Atlantic Partnership Council）作为欧洲共同体更广泛的安全论坛，取代了NACC。

二　和平伙伴关系

1993年，北约扩大的想法开始引起人们的兴趣和重视。当时，美国的立场对各国能否加入北约至关重要。在这方面，值得一提的是1993年兰德公司的报告［由罗恩·阿斯谟（Ron Asmus）、斯蒂芬·拉雷比（Stephen Larrabee）和理查德·库格勒（Richard Kugler）编写］[④]，该报告提出了北约扩大的想法，将北约扩大作为防止欧洲民

[①] Jane Sharp, "Europe's Nuclear Domino", *The Bulletin of Atomic Scientists*, 1993/June 31.

[②] Col. Tibor Bozo, *Hungary a Member of NATO. The road to membership of NATO 1990 – 1999*, U. S. Army War College, Carlisle Barracks, 2003, p. 2.

[③] North Atlantic Cooperation Council (NACC), NATO, https：//www. nato. int/cps/en/natohq/topics_ 69344. htm.

[④] Emma Brown, "Ronald D. Asmus, who pushed for NATO expansion, dies at 53", *Washington Post*, 2011 May 3, https：//www. washingtonpost. com/local/obituaries/ronald-d-asmus-who-pushed-for-nato-expansion-dies-at-53/2011/05/02/AFO52UiF_ story. html? utm_ term = . f86b24e44e5d.

族主义和敌对情绪复活的一种方法。这种观点压倒了人们对俄罗斯反应的担忧，以及乔治·凯南（George Kennan）或斯特罗布·塔尔博特（Strobe Tallbot）等美国知名政治家提出的其他反对观点，促使克林顿政府推动了北约扩大。在大西洋的另一边，德国开始说服其他北约成员国向东扩张，以确保其东部边境的安全。①

美国政府采取渐进的方式解决了这个问题，并提出了"和平伙伴关系计划"（the Partnership for Peace，PfP）项目。该决定于1993年10月20—21日北约部长级会议上正式作出，这被认为是加强与中东欧国家合作的需要与俄罗斯的反对之间的妥协。② 1994年1月10—11日布鲁塞尔首脑会议上，北约向合作伙伴们提出PfP项目。③

在之后于布拉格同克林顿总统举行的首脑会议上，V4国家的总统接受了该方案的邀请。这一事件还突出了集团内部关于前进道路的分歧。波兰、匈牙利和斯洛伐克主张采取共同办法，捷克则选择了一条"个人道路"。其国防部部长安东尼·鲍蒂斯（Antonín Baudyš）拒绝与维谢格拉德同行讨论这个问题，而外交部长约瑟夫·齐列涅茨（Josef Zieleniec）则说，捷克人"不相信组织游说或压力团体敲门"。1994年4月，波兰和匈牙利向欧盟提出正式加入申请，这一冲突随之发生——捷克政府拒绝加入这一共同的申请。④

（一）波兰

波兰当局对PfP的想法有点失望，外交部长安德烈·奥莱霍夫斯基（Andrzej Olechowski）认为其是"向正确方向迈出的小同于无的一

---

① Kay, p. 68.

② Stephen Larrabee, *NATO's Eastern Agenda in a New Strategic Era*, RAND, Santa Monica, 2003.

③ "Partnership for Peace: Framework Document", Ministerial Meeting of the North Atlantic Council/North Atlantic Cooperation Council, NATO Headquarters, Brussels, 1994 January, pp. 10-11, https://www.nato.int/docu/comm/49-95/c940110b.htm.

④ Andrew Cottey, *East-Central Europe after the Cold War. Poland, the Czech Republic, Slovakia and Hungary in Search of Security*, MacMillan Press Ltd, London, 1995, p. 134.

步", 而总统莱赫·瓦文萨警告说, 附和俄罗斯的反对是一个错误。[1] 尽管如此, 总理瓦尔德马尔·波拉克 (Waldemar Pawlak) 仍于 1994 年 2 月 2 日签署了 PfP 协议, 1994 年 7 月 5 日, 波兰成为第一个签署 "个别伙伴合作计划" (Individual Partnership Program, IPP) 的国家。[2] 两天后, 克林顿总统在访问华沙时, 于波兰议会发表演讲, 表示北约东扩"不再是问题, 而是何时和怎样扩张"[3]。1994 年 9 月 23 日, 有 13 个国家参加在波兹南附近举行的第一次北约联合演习 (代号: 合作桥 -94)。

(二) 匈牙利

尽管 PfP 于 1994 年 1 月才正式提出, 但匈牙利国防部自 1993 年 3 月 24 日以来就一直致力于加入"个别伙伴合作计划" (IPP)[4], 该想法于 1994 年 11 月正式提出。与其他 V4 国家类似, 布达佩斯在调整立法和武装部队组织以适应北约标准方面做了大量工作。匈牙利政府承诺在 1997 年 7 月 25 日前实现互操作性目标[5], 与英国军队的首次联合演习的经验证明, 语言比设备兼容性更重要。资金短缺使匈牙利无法参加北约在波兰的演习 (代号: 合作桥 -94)[6]。

(三) 捷克

捷克政府于 1994 年 3 月 10 日签署了 "和平伙伴关系计划" (PfP), 成为其第 11 个国家。在签署之前, 国防部部长宣布, 任何在捷克土地上进行的联盟演习必须得到议会的特别许可, 这是非常不寻

---

[1] Jeffrey Simon, "NATO enlargement and Central Europe. A study in Civil-Military Relations", Institute for National Strategic Studies, NDU, Washington, 1996, p. 17.
[2] "Poland's Road to NATO", MFA, http://www.msz.gov.pl/en/foreign_policy/security_policy/nato/polands_road_to_nato/?printMode=true.
[3] Charles Kupchan, "Expand NATO and Split Europe", *New York Times*, 1994 November 7, http://www.nytimes.com/1994/11/27/opinion/expand-nato-and-split-europe.html.
[4] Ibid..
[5] Simon, p. 19.
[6] 参见 Bozo (2003)。

常的。PfP主持的第一次演习于1994年3月15—25日在荷兰士兵的参与下举行，来自捷克的40名士兵也参加了该演习。[①] 值得一提的是，与加入北约在很大程度上得到了社会的支持的波兰或匈牙利相反，捷克舆论对加入北约的兴趣不大。1997年的民意调查显示，只有39%—50%的人口支持，而波兰和匈牙利的相关数字则达到80%—85%。[②] 与匈牙利或波兰相比，这种态度的原因可能有所不同。地缘政治位置或1968年[③]华约组织入侵的创伤可以作为可能的解释。

（四）斯洛伐克

尽管斯洛伐克跟随其他V4成员国的路径加入北约，但是很明显在加入北约的路上会有许多障碍，1994年弗拉基米尔·梅恰尔（Vladimir Mečiar）上台后，斯洛伐克向西方靠近的脚步放缓。客观地说，斯洛伐克加入北约的道路比其他国家更加困难，因为他们必须从头开始建立起自己政治和军事机构，如国防部和武装部队。但1994—1998年梅恰尔执政期间的政治斗争成为最终斯洛伐克被排除在北约第一次东扩之外的主要原因。[④]

三 波兰、捷克和匈牙利加入北约进程的最后阶段

在和平伙伴关系计划进行的同时，北约开始了一场关于未来扩大的严肃辩论。1994年12月，北大西洋理事会展开了一项内部评估，

---

① Simon, p. 20.

② Rick Falt, *The Czech Republic. A Nation of Velvet*, Harwood Academic Publishers, 2000, p. 149.

③ Petr Mares, "Public Opinion Research Data on the Entry of the Czech Republic to NATO", *Czech Sociological Review*, 2000/1, pp. 103 - 116; http://sreview.soc.cas.cz/uploads/4121e91ca5dc6bec656fed35cc868e78c2e112a8_366_103MARES.pdf.

④ Minton Goldman, *Slovakia since independence. A struggle for democracy*, Praeger, London, 1999.

之后在 1995 年 9 月提出了一份"北约扩大研究报告"①，这份报告包括通常被称为"佩里原则"的成员资格标准［由美国国防部部长威廉·佩里（William Perry）命名，他于 1995 年年初在慕尼黑安全会议上公开概述了这些原则］，其中包括文职官员对武装部队的控制、人权保护和对其他国家主权的尊重。

俄罗斯反对任何形式的北约扩张的问题仍然是焦点。考虑到西欧对整个扩张进程及其对与俄罗斯关系的影响持保留态度，美国的立场显然至关重要。幸运的是，克林顿政府将北约扩张视为其欧洲愿景的一部分。北约扩张还得到德国的支持，而德国希望统一的德国在欧洲新的政治环境中发挥积极作用。

1995 年 12 月 10 日在布鲁塞尔举行的北约部长级会议上，各方同意于 1997 年 7 月在马德里举行一次峰会，并"邀请一个或多个表示有兴趣加入北约的国家开始加入谈判"②。在接下来的几个月里，北约内部的争论主要集中在如何在这种背景下处理俄罗斯问题上，后来通过签署《北约与俄罗斯联邦关于相互关系、合作与安全的基础法案》解决了这一问题，该法案设立了北约—俄罗斯常设联合理事会③，以进行协商。北约扩大的道路变得明确起来，北约东扩的前景变得更加明朗。

随着马德里峰会的临近，北约不得不选择获胜的候选人。人们一般认为，有 5 个国家（波兰、匈牙利、捷克、罗马尼亚和斯洛文尼亚）或多或少准备加入④。由于对斯洛伐克的政治发展的担忧日益增加（下文将予以解释），斯洛伐克很早就被排除在审议之外。剩下的 V4 国家的候选情况很好，问题是是否把罗马尼亚或斯洛文尼亚增加到替补席上。在扩大化无法阻止的事实变得明朗后，法国采取行动推

---

① 原始文本：https：//www.nato.int/cps/en/natohq/official_texts_24733.htm。
② "Final Communiqué issued at the Ministerial Meeting of the North Atlantic Council"，1996 December 10，https：//www.nato.int/cps/en/natohq/official_texts_25056.htm? selectedLocale = en。
③ 官方文本：https：//www.nato.int/cps/en/natohq/official_texts_25468.htm。
④ Ivo Daalder, *NATO in the 21st Century：What purpose? What missions?*, Brookings, 1999，pp. 55 – 56.

动罗马尼亚的申请。其他国家（如意大利和西班牙）选择了5个新成员，但最终的决定是由美国的立场决定的，美国最终选择了波兰、捷克和匈牙利作为第一批东扩成员国。① 1996年早些时候，克林顿总统在底特律发表讲话，宣布在1999年（北约成立50周年）之前接受北约第一批新成员的目标。② 至于做出这一决定的原因，伊沃·达尔德（Ivo Daalder）强调，北约扩张是一个未知的领域，行政当局选择了"小块"（small chunks）办法；此外，克林顿认为，规模较小的扩张会更容易获得参议院支持；同时接受所有准备充分的候选人可能会推迟或取消下一轮扩张，这也是一种威胁。③

在马德里举行的首脑会议上，北约盟国向V4中选定的3个国家发出了邀请，但也向其他候选国家保证："联盟将继续欢迎能够促进《北大西洋公约》原则并为欧洲—大西洋地区的安全做出贡献的新成员。"④

首脑会议一结束，三国就开始了1997年9—11月举行的加入谈判。1997年12月，北约允许他们以观察员而不是决策者的身份参加NAC会议。1997年12月16日，北约成员国外长在布鲁塞尔签署了《波兰、捷克和匈牙利加入议定书》，第二年，这些议定书在联盟的16个国家得到批准。1999年1月29日，秘书长哈维尔·索拉纳（Javier Solana）正式邀请波兰、匈牙利和捷克加入北约。1999年3月12日，这三个国家的外交部长向美国国务卿奥尔布赖特（Madeleine Albright）递交了加入协议，最后协议是在密苏里州的独立会议上达成的。

四 斯洛伐克

正如上面所说的，斯洛伐克同其他V4国家一道开始了加入北约

---

① Daalder, p. 56.
② "Transcript of the remarks by the president William J. Clinton to people of Detroit", 1996, https：//www.nato.int/docu/speech/1996/s961022a.htm.
③ Daalder, p. 56.
④ "Madrid Declaration on Euro-Atlantic Security and Cooperation issued by the Heads of State and Government", 1997 July 8, https：//www.nato.int/docu/pr/1997/p97-081e.htm.

第四章 北约一体化进程中的维谢格拉德集团国家　57

的旅程，并且在某种程度上被视为一个享有特权的候选人，但由于国内政治问题而失去了机会。之所以会这样，是因为北约的扩张从一开始就被西方视为前华沙条约组织成员国向西方民主制度转型的动力和触发器，因此，斯洛伐克的政治发展影响了其快速加入北约的机会。

北约东扩[1]的研究完成后，扬·斯洛塔－梅恰尔（Jan Slota-Mečiar）的联盟伙伴公开质疑加入北约的目的，开始考虑推动斯洛伐克成为中立国。虽然这一发言不久就被外交部推翻，但布拉迪斯拉发的意图开始在西方造成不稳定因素。一方面，斯洛伐克正在履行其 PfP 义务，1994 年该计划占国防预算的 1%，在 1996 年这个数字增加了四倍[2]。另一方面，政府的不民主举动（尤其是匈牙利少数民族的问题）以及与俄罗斯更紧密的关系在布鲁塞尔和华盛顿引发了越来越多的担忧。1995 年 2 月，时任美国外交官理查德·霍尔布鲁克（Richard Holbrook）和丹尼尔·弗里德（Daniel Fried）访问布拉迪斯拉发，向梅恰尔（Mečiar）发出警告信号[3]，但并没有起作用。随着"科瓦奇门"（Kovacgate）事件的爆发[4]，时任美国总统克林顿告诉斯洛伐克总理，美国正在观察斯洛伐克的事态发展。尽管梅恰尔坚称，这种指责不会伤害一体化进程，但 1996 年春天，弗里德回到布拉迪斯拉发，说服政府北约东扩是"价值驱动"（的必然）[5]，结果斯洛伐克在 1999 年的北约东扩候选进程中失利。

1998 年议会选举取得了突破，时任总理库拉什·祖林达（Mikuláš Dzurinda）领导的民主和亲欧联盟使得斯洛伐克加入北约的局面迎来转机，新政府开始迅速改善与北约的关系，扭转与俄罗斯的协议（即决定不购买俄罗斯 S-300 导弹系统，并在美国的帮助下，

---

[1] "Study on NATO Enlargement", 1995 September 1, https://www.nato.int/cps/en/natohq/official_texts_24733.htm.
[2] Simon, p. 273.
[3] Simon, p. 274.
[4] 科瓦奇总统是梅恰尔政策的强烈反对者，他的儿子于 1995 年 8 月被绑架。事实证明，这是一次抹黑总统的肮脏的行动。
[5] Asmus, p. 155.

拆除自苏联时期部署的 SS-23 导弹),支持1999年[1]北约针对塞尔维亚的行动和通过颁布关于语言使用的新法规以解决少数民族问题。因此,斯洛伐克在2002年布拉格首脑会议上与保加利亚、爱沙尼亚、拉脱维亚、立陶宛、罗马尼亚和斯洛文尼亚一道收到了邀请[2],最后,斯洛伐克于2004年3月29日正式加入北约。[3]

五 北约东扩后的 V4 集团——一个成功的故事?

对 V4 合作的成败有很多评价。在讨论这些国家加入北约的道路时,专家们喜欢指出,在许多情况下他们是共同行动的,只有个别时间是各自行动。近年来,人们普遍认为,总体政治合作运作良好,维谢格拉德集团国家可以就与北约和欧盟政策有关的特定事项达成一致。然而,也有人强调 V4 国家在安全领域的合作并没有发挥其潜力。[4] 在某种程度上,这些意见是正确的,但是没有相关背景是看不出来的。回到问题的根源,V4 国家加入北约的进程可以很好地说明这个问题的复杂性。

V4 集团在国防安全合作上有其难以克服的局限性。尽管维谢格拉德集团国家在北约和欧盟内部的中东欧地区的稳定、安全和繁荣方

---

[1] Anton Bebler ed., *NATO at 60. The post-cold War Enlargement and the Alliance's future*, IOS Press, Amsterdam, 2010, p. 46.

[2] 2002年11月21日,参加在捷克布拉格举行的北大西洋理事会会议的国家元首和政府首脑发表的《布拉格首脑会议宣言》,https://www.nato.int/cps/en/natohq/official_texts_19552.htm。

[3] "Seven new members join NATO", 2004 March 29, https://www.nato.int/docu/update/2004/03-march/e0329a.htm.

[4] Adam Balcer, "A wishful thinking? Military cooperation in the Visegrad Group", In: *V4Revue*, 2013, http://visegradrevue.eu/a-wishful-thinking-military-cooperation-in-the-visegrad-group/; Jaroslav Nad-Istvan Gyarmati-Tomasz Szatkowski-Libor Frank, "V4 Cooperation and Coordination in Defence and Securi-ty", In: *Slovak Atlantic Commission*, *Policy Paper on Trans-Atlantic Security*, 2010 July 1, http://www.obranastrategie.cz/redakce/tisk.php?lanG=en&clanek=47151&slozka=17341&xsekce=47132&.

面有着共同的战略目标①，但也存在一些差异和分歧，影响着整体合作。我们可以认识到其中的一些障碍。

首先，我们必须承认 V4 的创建在某种程度上是人为的，因为它只覆盖了中东欧地区的一部分。此外，该集团内部也存在一些历史和种族紧张关系，如波兰—捷克的敌对关系或匈牙利—斯洛伐克在少数民族问题上的分歧。这四个国家都在以各种形式积极开展合作，也在寻求与其他国家开展不一定符合 V4 优先级的合作。例如，我们可以把斯洛伐克和俄罗斯之间根深蒂固的特殊关系，捷克同德国的合作趋势，匈牙利同巴尔干半岛的联系，或斯拉夫科夫三角（奥地利、捷克、斯洛伐克）称为维谢格拉德集团的明显竞争对手。②

其次，在俄罗斯问题以及如何处理欧盟和北约与俄罗斯的关系上，V4 国家存在明显分歧。波兰表现出强硬立场，主张实施严厉的经济和政治制裁，并加强北约在东翼的威慑和防御姿态，V4 的其他成员国虽然总体上支持这一想法，但仍然采取了更为平衡的立场。③值得一提的是匈牙利欧尔班·维克托（Orban Viktor）的务实和商业策略推动与俄罗斯超过 100 亿欧元的核协议的签署，这一案例被斯洛伐克总理罗伯特·菲佐（Robert Fico）称为使欧盟制裁"毫无意义"，被捷克总统米洛什·泽曼（Miloš Zeman）称为对俄罗斯的友好，这一案例充分说明了 V4 成员国在对待俄罗斯问题上的政策分歧。

再次，如果查看 V4 国防开支的数字就会立刻发现，波兰和其他 V4 国家之间存在很大的国防能力的差距。虽然波兰分配了其 GDP 的 2% 左右并且愿意花费更多（2020 年将达到 2.2%，2030 年将达到 2.5%），但其维谢格拉德同伴仅仅花费 GDP 的 1% 左右（2016 年捷克花了 1.1%，斯洛伐克 1% 左右，匈牙利是 0.8%），国防投入的差

---

① 捷克、匈牙利、波兰和斯洛伐克总理在维谢格拉集团成立 20 周年之际发表的《布拉迪斯拉发宣言》，http://www.visegradgroup.eu/2011/the-bratislava。

② Dariusz Kałan, "The Slavkov Triangle: a rival to the Visegrad Group?", *PISM Bulletin*, 2015 February 16, https://www.pism.pl/publications/bulletin/no-19-751。

③ Edit Zgut, Jakub Šimkovic, Krzysztof Kokoszczynski and Lukáš Hendrych, "The V4 will never agree on Russia", *Euractiv*, 2017 March 3, https://www.euractiv.com/section/central-europe/news/the-v4-will-never-agree-on-russia/。

距限制了 V4 共同开展军事项目、工业计划、现代化计划，以及进行联合军演或远征任务。①

最后，V4 国家军事投资不足②的另一个原因是他们（尤其是捷克和斯洛伐克）不情愿北约在本国领土上驻扎部队和建造军事设施。尽管波兰努力增加北约在中东欧地区的实质存在，其他国家也支持这一想法，但没有那么积极。原因之一可能是1968年的创伤（当时苏联军队和其他华沙条约组织国家入侵了捷克斯洛伐克）③。2014年，捷克国防部部长马丁·斯特罗普尼基（Martin Stropnicky）承认了这一点，他表示，"捷克不喜欢接纳外国军队"，并提到了"1968年的遗留问题"。这种态度影响到北约内部的合作，使波兰在2017年部署55个营以加强前沿军事存在时（Enhanced Forward Presence，EFP）④更接近波罗的海国家。

六 总结

在这种情况下，如果我们调整自己的期望，笔者相信我们应该把V4 合作视为一个成功的故事（经验）而不是失败的故事（经验）。首先，V4 在过去25年的欧洲政治变革中幸存下来，在欧盟内部仍被视为一块重要的拼图（不过在北约内部不太明显）——V4 在北约内部的作用仍然是存疑的。V4 确实存在，拥有可见性、标识和通常作为一个有积极议程的集团的声誉。维谢格拉德集团在合作设法克服双

---

① "Defence Expenditure of NATO Countries (2010 – 2017)", https://www.nato.int/nato_static_fl2014/assets/pdf/pdf_2018_03/20180315_180315-pr2018-16-en.pdf.

② 参见维谢格拉德四国国防支出与北约国家2010—2017年2%国防支出要求对比，https://www.nato.int/nato_static_fl2014/assets/pdf/pdf_2018_03/20180315_180315-pr2018-16-en.pdf。

③ Robert Mueller, "Czech Defence Minister sees no NATO troops stationed on Czech soil", Reuters, 2014 May 12, http://www.reuters.com/article/us-ukraine-crisis-czech-nato/czech-defense-minister-sees-no-nato-troops-stationed-on-czech-soil-idUSBREA4B09820140512.

④ 北约加强了在东欧的前沿存在，这是一种盟国的前沿部署防御和威慑姿态，旨在保护和确保北约东部成员国的安全。在克里米亚危机爆发后，北约成员国在2016年华沙峰会上同意，向北约成员国派遣四个多国营战斗群，这些国家最容易受到俄罗斯的攻击或入侵。

边分歧和危机时刻时也发挥着重要作用。矛盾的是，最大的一次危机就发生在联盟成立之初。换句话说，20世纪90年代创建V3及V4集团的想法专注于加入欧盟和北约的目标，之后几年的重大项目（如申请加入欧洲—大西洋结构或苏联军队的撤退）证明了其意义，其历史任务已经完成。此外，当我们考虑到最初的《维谢格拉德宣言》所设想的战略目标时，大多数目标在很大程度上已经实现：国家主权得到了恢复，政治转型已经完成，所有V4成员国都参与了欧洲的政治、经济、安全和法律体系。尽管存在种种障碍，维谢格拉德集团在安全与防务合作领域也取得了成功，最明显和最成功的例子是欧盟V4战斗群（2019年待命）以及2017年V4国家轮流在波罗的海国家的军事存在。

改编马克·吐温（Mark Twain）的一句旧言，V4死亡的报道夸大其词。尽管存在许多内部和外部的障碍，该集团仍然有潜力在欧洲—大西洋共同体中为所有成员的利益发挥重要作用。综合考虑上述原因，V4现在在政治和经济方面比在硬安全方面更有效，但它将来可能改变（事务的重要性层级将改变）。V4就欧盟移民政策或中欧食品被打上质量较低标签的问题采取共同行动的新例子证明，中欧的声音同样重要，同时V4在能源安全、基础设施建设等领域仍潜力巨大。

通往北约的道路是V4漫长道路的第一阶段，尽管有许多障碍，但这条路仍在继续。

参考文献：

Asmus, Ronald, *Opening NATO's Door*, Columbia University Press, New York City, 2002.

Balcer, Adam, "A wishful thinking? Military cooperation in the Visegrad Group", In: *V4Revue*, 2013 February 28, http://visegradrevue.eu/a-wishful-thinking-military-cooperation-in-the-visegradgroup/.

Bebler, Anton ed., *NATO at 60. The post-cold War Enlargement and the Alliance's future*, IOS Press, Amsterdam, 2010.

Bozo, Tibor (Col.), *Hungary a Member of NATO. The road to membership of*

NATO 1990 - 1999, U. S. Army War College, Carlisle Barracks, 2003.

The Bratislava Declaration of the Prime Ministers of the Czech Republic, the Republic of Hungary, the Republic of Poland and the Slovak Republic on the occasion of the 20th anniversary of the Visegrad Group, http://www.visegradgroup.eu/2011/the-bratislava.

Brown, Emma, "Ronald D. Asmus, who pushed for NATO expansion, dies at 53", *Washington Post*, 2011 May 3, https://www.washingtonpost.com/local/obituaries/ronald-d-asmus-who-pushedfor-nato-expansion-dies-at-53/2011/05/02/AFO52UiF_story.html?utm_term=.f86b24e44e5d.

Cottey, Andrew, *East-Central Europe after the Cold War. Poland, the Czech Republic, Slovakia and Hungary in Search of Security*, MacMillan Press Ltd, London, 1995, p. 134.

Daalder, Ivo, *NATO in the 21st Century: What purpose? What missions?*, Brookings, April 1999.

Falt, Rick, *The Czech Republic: A Nation of Velvet*, Harwood Academic Publishers, 2000.

Final Communiqué issued at the Ministerial Meeting of the North Atlantic Council, 1996 December 10, https://www.nato.int/cps/en/natohq/official_texts_25056.htm?selectedLocale=en.

Goldman, Minton F., *Revolution and Change in the Eastern and Central Europe. Political, Economic and Social Changes*, M. E. Sharpe, New York, 1997.

Goldman, Minton F., *Slovakia since independence. A struggle for democracy*, Praeger, London, 1999.

Grodzki, Radosław, *Strategiczne porozumienie ponad podziałami-Grupa Wyszehradzka jako przykład integracji i emancypacji w ramach Unii Europejskiej*, Przegląd Strategiczny nr 9, Poznań, 2016.

Kałan, Dariusz, The Slavkov Triangle: a rival to the Visegrad Group?, PISM Bulletin, 2015 February 16, https://www.pism.pl/publications/bulletin/no-19-751.

Kay, Sean, *NATO and the Future of European Security*, Rowman and Littlefield Publishers Inc., Lanham, New York, Boulder, Oxford, 1998.

Kupchan, Charles, "Expand NATO and Split Europe", *New York Times*, 1994 November 7, http://www.nytimes.com/1994/11/27/opinion/expand-nato-and-split-europe. html.

Larrabee, Stephen, "NATO's Eastern Agenda in a New Strategic Era", RAND, Santa Monica, 2003.

Madrid Declaration on Euro-Atlantic Security and Cooperation issued by the Heads of State and Government, 1997 July 8, https://www.nato.int/docu/pr/1997/p97-081e.htm.

Mares, Petr, "Public Opinion Research Data on the Entry of the Czech Republic to NATO", *Czech Sociological Review*, 2000/1, http://sreview.soc.cas.cz/uploads/4121e91ca5dc6bec656fed35cc868e78c2e112a8_366_103MARES.pdf.

Moore, Rebecca M., *NATO's new mission. Projecting Stability in a Post-Cold War World*, Praeger Security International, London, 2007.

Mueller, Robert, "Czech Defense Minister sees no NATO troops stationed on Czech soil", Reuters, 2014 May 12, http://www.reuters.com/article/us-ukraine-crisis-czech-nato/czech-defense-minister-seesno-nato-troops-stationed-on-czech-soil-idUSBREA4B09820140512.

Nad, Jaroslav-Gyarmati, István-Szatkowski, Tomasz-Frank, Libor, V4 Cooperation and Coordination in Defence and Security, In: Slovak Atlantic Commission, Policy Paper on Trans-Atlantic Security, 2010 July 1, http://www.obranaastrategie.cz/redakce/tisk.php?lanG=en&clanek=47151&slozka=17481&xsekce=47132&.

North Atlantic Cooperation Council (NACC) (Archived), NATO, https://www.nato.int/cps/en/natohq/topics_69344.htm.

Partnership for Peace: Framework Document, Ministerial Meeting of the North Atlantic Council/North Atlantic Cooperation Council, NATO Headquarters, Brussels, 1994 January, pp. 10 – 11, https://www.nato.int/docu/comm/49 – 95/c940110b.htm.

"Poland's Road to NATO", MFA, http://www.msz.gov.pl/en/foreign_policy/security_policy/nato/polands_road_to_nato/?printMode=true > Accessed: 2017 October 27.

Prague Summit Declaration issued by the Heads of State and Government participating in the meeting of the North Atlantic Council in Prague, Czech Republic, 2002 November 21. Full text: https://www.nato.int/cps/en/natohq/official_texts_19552.htm?.

Samson, Ivo, "Assessment of Visegrad cooperation from a security perspective: Is the Visegrad Group Still Vital in the "Zeros" of the 21st century", In: Visegrad Cooperation within NATO and CSDP. Report of the Polish Institute of Foreign Affairs, ed.: Törő Csaba, Warsaw, 2011, https://www.files.ethz.ch/isn/133825/Raport%20V4.pdf.

Schmidt, Andrea, "Friends Forever? The role of the Visegrad Group and European Integration", *Politics in Central Europe*, 2016/3.

Seven new members join NATO, 2004 March 29, https://www.nato.int/docu/update/2004/03-march/e0329a.htm.

Sharp, Jane, "Europe's Nuclear Domino", *The Bulletin of Atomic Scientists*, 1993/June.

Simon, Jeffrey, "NATO enlargement and Central Europe. A study in Civil-Military Relations", Institute for National Strategic Studies, NDU, Washington, 1996.

Sloan, Stanley, "NATO's Future: Beyond Collective Defence", National Defence University, Washington, 1995.

"Study on NATO Enlargement", September 1995, https://www.nato.int/cps/en/natohq/official_texts_24733.htm.

Transcript of the remarks by the president William J. Clinton to people of Detroit, 1996, https://www.nato.int/docu/speech/1996/s961022a.htm.

Visegrad Declaration 1991, http://www.visegradgroup.eu/documents/visegrad-declarations/visegraddeclaration-110412.

Zgut, Edit-Šimkovic, Jakub-Kokoszczyński, Krzysztof-Hendrych, Lukáš, "The V4 will never agree on Russia", *Euractiv*, 2017 March 3, https://www.euractiv.com/section/central-europe/news/the-v4-will-never-agree-on-russia/.

第五章　V4内部关于维谢格拉德合作以及其他问题的公众舆论

加尔·菲乔夫（Oľga Gyárfášová）

一　导论

维谢格拉德集团合作始于1991年，在一座历史文化遗迹——维谢格拉德城堡中签署协议。在那里，匈牙利国王查理一世（Charles Robert，Ⅰ. Károly）于1335年会见了波兰国王卡齐米日三世（Casimir Ⅲ of Poland, Kazimierz Ⅲ Wielki）和捷克国王"卢森堡的约翰"（Ján Luxembursky），共同探讨中欧的和平与在该地区的合作。维谢格拉德城堡的风景是神奇的，多瑙河在这个区域的蜿蜒曲折似乎与V4过去的发展经历相似：热情合作与相互怀疑交替出现，还有从集团中努力脱离的尝试。然而，与其他区域倡议和合作协定不同，维谢格拉德集团在完成加入欧盟和北约的历史任务后仍继续被保留并发挥作用。虽然该集团可能无法达到所有最初的期望，但已经取得了许多成就。当然，我们也可以提出合作是否有效等相关的问题，答案与我们的期望直接相关，一个怀疑的、不满的答案很简单——总是有更多的事情可以做，而且是以一种更有效的方式。但有必要认识到，最初设想的维谢格拉德集团的根本使命已经完成——这四个国家都加入了欧盟和北约，尽管在20世纪90年代末，这似乎是一项"不可能完成的任务"。对斯洛伐克来说，区域合作成为弥补一体化"赤字"的战略的一部分。在这方面，现有的合作无疑是有效的并且完成了它的历史使命。当期望各国将在不同的国际论坛上采取协调行动时，维谢格拉德的意义和目的通常会受到挑战。然而，即使是充满形式上的相互理解和有"全家福"照片的峰会，也无法掩盖这样一个事实：当事态发展到紧要关头，即涉及具体利益和敏感争议时，外交手段被搁置一旁，激烈的竞争出现——但是没关系。同样，在2002年，历史学家和政治学家鲍威尔·卢卡斯（Pavol Lukač）写道："维谢格拉德集团处于十字路口，我完全意识到维谢格拉德集团远不是一个采用单一战略计划并试图找到实施这些计划的政治工具的紧密政治实体。但只要有意愿，它就能接近这一目标，这是各成员国改善其边缘地位的唯一途径，不仅是在欧洲的地理边缘，而且是在政治影响力的实际边缘。"[1]

在2017年年末撰写这项研究报告时，对V4作为一个有意义的概念和联合体的质疑比以往任何时候都要多。2017年[2]夏季创建的门户政客网站（Politico）上写道"中欧的维谢格拉德集团的团结一致受到压力"并解释了一条尖锐的分界线的存在：与波兰和匈牙利领导人相反，"捷克和斯洛伐克寻求靠近柏林、巴黎和布鲁塞尔"。然而，匈牙利2017年担任该组织轮值主席国时坚称"维谢格拉德集团四国分裂成两大阵营是误导信息"[3]。同样，标题为"维谢格拉德的崛起与辉煌"[4] 的观察员文章也关注了与维谢格拉德集团相关的2015—2016年难民危机，当时这四个国家都拒绝了强制难民重新安置的计划，并在布鲁塞尔进行抗议。有一件事是清楚的——这四个国家都已成为自信的欧盟成员国，捍卫自己的利益。此外，国内复杂的政治形势使合作更具挑战性。

然而，维谢格拉德合作的未来尚不明朗，它的未来主要由政界人士决定。无论如何，如果未来一段时间合作或多或少加强，V4国家

---

[1] Pavol Lukáč, *Dejiny a zahraničná politika v strednej Európe*, Bratislava, Kalligram 2004, p. 286.

[2] Bayer Lili, "Unity of Central Europe's Visegrad Group under strain", Politico. eu, 2017 August 31, www. politico. eu/article/unity-of-central-europes-visegrad-group-under-strain/.

[3] Bayer (2017).

[4] Zalán Eszter, "The rise and shine of Visegrad", Euobserver. com, 2016 December 30, www. Euobserver. com/review/136044.

仍将是近邻和地区盟友。此外，他们之间的关系不仅将由政治家们塑造和分享，而且将由一般公众、维谢格拉德集团国家公民以及其他人共享。这就是为什么我们应该知道公众是如何看待合作的、彼此间的形象如何，以及相互间的信任程度。关于他人的了解程度是一面重要的镜子，它向我们表明，我们对最亲密的朋友和邻居往往是无知的。

在过去几年中，维谢格拉德国际基金会（IVF）进行了几次民意调查，调查重点关注各国对合作和彼此的认知，还有对国家历史的认识。[1] 下面的研究使用的数据来源于这几次调查，进一步揭示了 V4 公众舆论的几个方面。最重要的是，维谢格拉德集团成员国的公民如何看待维谢格拉德的合作，他们对彼此有什么印象，维谢格拉德集团成员国在相互信任方面的"心理地图"是什么，谁是维谢格拉德集团成员国以外的伙伴和盟友。最后一部分是关于历史记忆以及其他三国如何看待他国的民族历史。

二　公众对维谢格拉德合作的认知

公众对外交政策问题的看法主要反映了政治代表的意见和陈述，以及这些问题在媒体和公共话语中的存在。因此，不足为奇，对维谢格拉德集团和维谢格拉德合作的最强烈的认识是在斯洛伐克，长期以来这里对 V4 重要性的政治认识都是最强烈的。54% 的斯洛伐克人说他们听说过维谢格拉德集团，知道它是怎么回事，相比之下，捷克的比率是 37%，匈牙利是 6%，波兰是 17%。

这一事实反映了斯洛伐克政治代表对 V4 内部密切政治合作的强烈兴趣，这种兴趣可以"追溯"到斯洛伐克在 1998 年议会选举后努

---

[1] 在 2004 年加入欧盟前共进行了两轮民意调查，在许多学术作品和媒体报道中都能看到调查结果，参见 Ol'ga Gyárfášová et al., *Visegrad Citizens on the Doorstep of the European Union*, Bratislava, Institute for Public Affairs 2003. 2011 年进行了一次关于历史记忆的民调，结果参见 Ol'ga Gyárfášová, "Mental map of the V4 group or how do we perceive each other?", In: *Internal Cohesion of the Visegrad Group*, Bratislava, VEDA 2013, pp. 100 – 111. 2015 年秋季的另一项调查分析参见 Ol'ga Gyárfášová-Grigorij Mesežnikov, "25 Years of the V4 as Seen by the Public", Bratislava, Institute for Public Affairs, 2016.

力回到欧盟一体化道路上的时期。当时，维谢格拉德集团内部的紧张关系和消除弗拉基米尔·梅恰尔政府造成的一体化赤字成为"赶超"（catching-up）战略的一部分。其他三个国家对维谢格拉德集团的认识程度要低得多，波兰公民对 V4 的存在最不了解。除政治方面外，斯洛伐克境内对 V4 的认识也局限在地理和地缘政治方面：斯洛伐克是唯一同其他所有维谢格拉德集团国家分享边界的国家，同时也是集团内最小的国家。此外，V4 合作的第一个机构——维谢格拉德国际基金会就设在布拉迪斯拉发①，因此 V4 在这里被视为一个重要的政治框架是很自然的。

对 2001 年和 2015 年 V4 公众认知度的比较会揭示有趣的趋势（见图 5-1）。

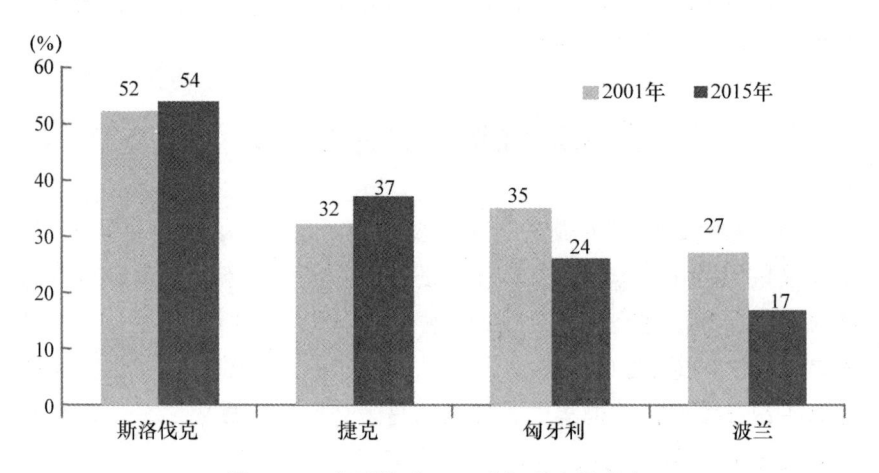

图 5-1　我听说过 V4，我知道它是什么

资料来源：IVF，2015 年。

虽然在斯洛伐克，V4 的公众认识水平几乎没有改变，即在维谢格拉德集团中仍是最高的，但在匈牙利和波兰，V4 的公众认识水平却大为下降。而在捷克，听说过维谢格拉德集团的人数比例略有增加。波兰公众对 V4 认知程度的下降可能有不同的原因。与维谢格拉

---

① 第二家机构（维谢格拉德专利研究所）于 2016 年成立于布达佩斯。

德集团内的伙伴相比，波兰是一个地区大国，一个关键的政治角色，波兰人觉得他们处在一个不同的联盟中。过去，波兰民族和波兰国家的命运直接取决于波兰与德国、俄罗斯这两个国家关系的发展以及德国和俄罗斯两国之间的关系。

捷克的情况则不同，20世纪90年代中期，捷克社会享受着欧盟的优惠政策，享受着"一体化明星学生"的称号。瓦茨拉夫·克劳斯（Vaclav Klaus）曾多次将维谢格拉德合作称为过时的概念，他曾担任捷克总理，后来又担任捷克总统。今天的情况大不相同，捷克政治精英明显重新对V4模式下的合作感兴趣，这反映在公众的支持上。上述比较表明，公众对维谢格拉德合作及其重要性的认识很容易改变。公众舆论会在一定程度上对更广泛的全球事件做出反应，并反映当前的政治倾向。政治精英绝不能停止努力提高公众意识和兴趣。

在对其他问题的回答中也可以看到对区域合作重要性的不同程度的认识。70%的斯洛伐克受访者表示维谢格拉德集团合作是有意义的和重要的，而只有51%的捷克受访者和大约40%的匈牙利、波兰受访者这么认为。斯洛伐克似乎是维谢格拉德集团合作的最有力倡导者。总体结果也是非常积极的。在V4国家中，维谢格拉德合作在这些国家的社会内部实际上没有任何对手。

同公众对维谢格拉德合作的认知一样，对区域合作重要性的评估也随时间变化而变化。在认为V4合作重要的受访者比例方面，斯洛伐克保持第一，但在波兰和匈牙利，V4合作的重要性下降了21个百分点。另外，捷克民众对V4合作的态度也比12年前有所改善。

IVF数据可与关于斯洛伐克的其他调查结果相辅相成。在CEPI于2016年2月进行的调查中[1]，受访者被要求列出三个他们希望看到的斯洛伐克最亲密的合作伙伴。大多数（三分之二）受访者认为捷克是最亲密的盟友，捷克与斯洛伐克公众在历史和文化上的密切关系

---

[1] 更多细节参见 Milan Šuplata, "Geopolitical confusion in Central Europe", 2016, www.cepolicy.org/publications/geopolitical-confusion-central-europe.

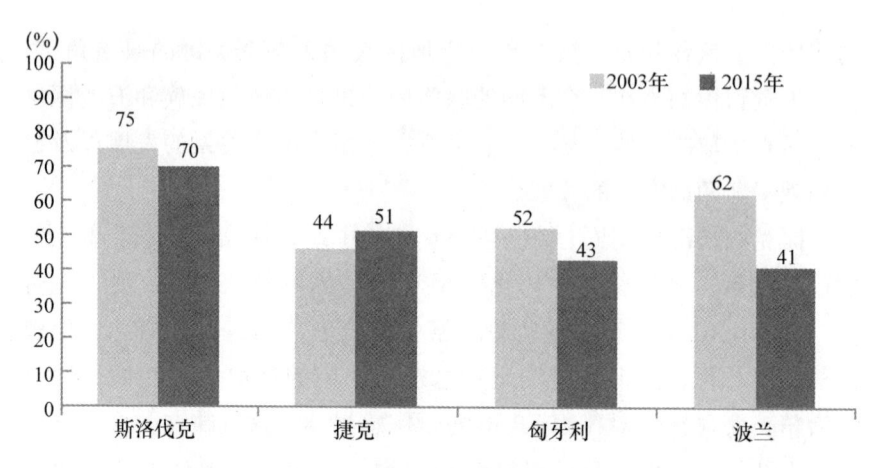

图 5-2 V4 的合作开始于 20 世纪 90 年代初。它仍然重要吗？它还有使命要完成吗？（在百分比中回答"绝对是 + 相当是"）

资料来源：IVF，2003 年和 2005 年。

（反之亦然）也得到其他调查结果的证实。[1]

紧随捷克之后的是三个邻国：奥地利（37%）、波兰（35%）和匈牙利（32%）。受访者还提及了德国（32%）和俄罗斯（29%）[2]。在这方面，最令人惊讶的是匈牙利的相对有利地位，因为在 20 世纪 90 年代，匈牙利基本上被认为是一个可能的威胁来源。这种变化主要与反匈牙利民族主义的衰落有关，这种民族主义与建立一个新的国家、斯洛伐克内部决定发展方向的斗争、激进民族主义政治力量的活动有关。[3]

该调查还探讨了斯洛伐克公众对欧盟、北约、联合国和 V4 的态度，得到最积极评价的是 V4，甚至结果比没有争议的联合国或普遍被积极看待的欧盟都要好，最矛盾和最关键的期望是加入北约。

为了产生比较，让我们来看看维谢格拉德外交政策趋势所确定的

---

[1] Zora Bútorová and Pavla Tabery, " Dvadsat'päť rokov od Nežnej revolúcie očami občanov Slovenskej republiky a Českej republiky", 2014 October 30.

[2] Šuplata (2016)。

[3] 1996 年，有多达 40% 的斯洛伐克受访者认为匈牙利是本国最大威胁，2014 年这一数据下降至 5%，更多相关信息参见 Bahna（2015）。

第五章　V4 内部关于维谢格拉德合作以及其他问题的公众舆论　　71

V4 国家外交政策界①的观点。四个成员国的受访者（公务员、政治家、外交政策专家、研究人员、记者、业务代表）都认为 V4 成员国身份对促进他们的国家利益是重要的。虽然外交政策界的积极评价与一般公众相比略有不同，但总体上的积极态度是相同的。

三　相关合作领域

哪些领域被公众认为是区域合作最重要的领域？在这四个国家，最重要的绝对是经贸合作（特别是捷克及斯洛伐克受访者非常强调经贸合作），其次是防务与安全合作，接着是代表和促进在欧盟的共同利益（见表 5-1）。合作领域的重要性清楚地表明，公众对维谢格拉德集团的关注主要集中在经济和社会发展的问题上。

在数据收集之时（2015 年春季），移民危机还不是首要问题，但可以设想，这个主题会对合作领域的优先次序产生影响。

表 5-1　您认为维谢格拉德合作最重要的领域是什么？选择三个您认为最重要的（多选，以百分比为单位）

	捷克人	匈牙利人	波兰人	斯洛伐克人
经济和贸易合作	67	53	53	66
防务和安全合作	45	37	38	44
代表与促进他们在欧盟中的共同利益	44	39	2740	
在交通和能源基础设施发展上的合作	34	27	21	37
跨境区域合作	27	28	22	36
外交政策事务合作，例如与东部伙伴关系国家	27	30	20	27
文化和科技合作	18	22	30	22

资料来源：IVF, 2015 年。

---

① Vít Dostál, "Trendy zahraničnej politiky krajín V4", AMO&CEPI, 2015.

值得一提的是,相当一部分受访者认为,最重要的领域应该是在外交政策相关问题上的合作,包括与东部伙伴关系国家的关系。"东部伙伴关系"(the Eastern Partnership)于2009年5月启动,是欧盟及其成员国和原属苏联的六个国家——乌克兰、白俄罗斯、摩尔多瓦、格鲁吉亚、亚美尼亚和阿塞拜疆——共同发起的一项倡议,它是由波兰(连同瑞典)在捷克担任欧盟理事会主席国期间提出的。该倡议旨在为欧盟与上述国家在政治、经贸合作等领域的战略伙伴关系建立一个组织框架。方案执行的关键问题包括民主、法治、人权、市场经济、善政和可持续发展。该倡议还旨在为参与国与欧盟签署联系国协定创造条件。就乌克兰、摩尔多瓦和格鲁吉亚而言,这一目标已经实现,这三个国家于2014年6月与欧盟签署了联系国协定。

由于V4国家的共同历史,他们可以在实现东部伙伴关系倡议制定的目标方面发挥关键作用,他们是近邻,在实施改革和参与欧洲一体化进程方面有着丰富的经验(他们可以提供非常有益的积极和消极经验)。新的欧盟成员国仍然记得,他们仅靠西方的帮助就成功地完成了转型过程,许多人认为,他们现在有义务帮助那些转型迄今不太成功的国家。中欧国家一贯支持欧盟的开放政策原则。中欧的许多非政府组织在支持东部伙伴关系国家的民主力量方面有着丰富的经验,他们肯定应该继续这样做。"为了我们的自由和你们的自由"的口号并没有失去它的意义;这仍然是中欧和东欧民主人士团结一致的关键口号。维谢格拉德集团国家公民对东部伙伴关系国家的欧洲愿望的支持可以发挥非常重要的作用。

四 对自我和他人的想象

根据调查结果,我们可以看到公众如何看待本国发展的不同方面,并在三个不同领域与"其他方面"进行比较:各国在V4框架内合作的意愿;普通人的生活水平;这个国家已经达到的民主的水平。

首先,让我们看看V4国家的公民是如何评估本国的情况的。三分之二的捷克人认为本国普通民众的生活水平既不高也不低,五分之一的人认为生活水平低，只有6%的人认为生活水平高。在斯洛伐克（28%）和匈牙利（27%）可以观察到最高比例的批判性评估，即"像我这样的人的生活水平很低"。相反，只有10%的波兰受访者认为他们国家的生活水平很低（见表5-2）。

表5-2　　　　　　　　像你这样的人的生活水平（%）

人们对国家生活质量的评价	捷克	匈牙利	波兰	斯洛伐克
1. 高	7	5	12	8
2. 不高也不低	65	55	56	58
3. 低	21	27	10	28
4. 不知道	7	13	22	6

资料来源：IVF，2015年。

关于其国家达到的民主水平，最具批判性的是匈牙利人，三分之一的回答评价其国家达到的民主水平很低。其次是斯洛伐克人（28%的回答是"低"）、捷克人（18%），负面态度最少的是波兰人（11%）。

在评估其他国家时，"不知道"的答案使用得相当频繁。在波兰，40%的受访者无法评估捷克、匈牙利或斯洛伐克普通人的生活水平，而在评估另外两个维度：合作意愿和民主程度时，相似比例的人选择了"不知道"选项。"不知道"的答案在捷克与匈牙利的关系、匈牙利与波兰的关系这两个问题的回答中所占比例也很高。

至于合作意愿，斯洛伐克在捷克和斯洛伐克受访者中得分最高。匈牙利民众将波兰排在首位，而波兰受访者则支持自己的国家。波兰和斯洛伐克的居民认为，他们的国家是最愿意合作的。

虽然这四个国家的公民认为自己的国家是相对愿意合作的，当涉及普通人的生活标准或民主的水平，可以观察到一个不同的模式：坚信"其他人"生活得更富裕、更民主。这一点在斯洛伐克受访者对捷克的看法中最为明显：56%的斯洛伐克人认为捷克普通人的生活水平高于他们自己的国家。对于一些受访者来说，得出这个观点可能是由于对具有相似语言和文化的邻近国家的社会经济状况有相当好的了解，有可能是由于他们在访问期间获得的个人经验以及长期留学或生活在捷克，还可能是由于捷克媒体在斯洛伐克提供的信息。波兰和匈牙利也认为捷克是生活水平"较好"的国家，然而，持这种观点的人所占比例远低于斯洛伐克（约15%）。捷克人是唯一不认为捷克普通人的生活水平更高的人。然而与此同时，他们也不认为其他国家的情况更好。

在民主水平方面也观察到类似的结果，斯洛伐克公众高度评价捷克的民主水平，捷克受访者高度评价斯洛伐克的民主水平，匈牙利人认为在波兰可以找到最高水平的民主。只有波兰公民认为他们的民主水平高于其他国家。

大多数的被调查者都是根据二手信息来塑造他人的形象。正如我们稍后将展示的，个人接触和第一手信息的使用频率相当低。显然，其他人的形象也受到媒体提供的信息的影响。唯一的例外是捷克和斯洛伐克之间有强有力的联系，但其他联系似乎使用得较少。

五　维谢格拉德集团内存在哪些互信以及集团内的社会资本

V4 国家之间（以及他们与其他国家的关系）关系的最简单指标是信任度，以及公众关于是否可以依赖另一个国家的感觉。公众对其他 V4 国家的信任度最高的国家是波兰，在波兰，人们对 V4 国家的信任度排在前三位：斯洛伐克以 69% 的支持率名列第一，捷克（61%）和匈牙利（61%）紧随其后。在维谢格拉德集团"信任的社会关系网"内，在捷克和斯洛伐克之间可以观察到最高水平的信任，两个共和国中几乎五分之四的受访者信任另一个国家。在过去的几年里，捷克与斯洛伐克公众的密切关系（反之亦然）也得到了其他调查的证实。[1]

---

[1] Miloslav Bahna, "Krajiny kultúrne najpodobnejšie a krajiny pre Slovensko nebezpečné. Čo sa zmenilo v období 1996 – 2014？", 2014 October 1, http://www.sociologia.sav.sk/cms/uploaded/2172_ attach_ 1_ kra-jiny_ podobne_ a_ krajiny_ nebezpecne.pdf; and Empirical data from a representative survey: "Views of Slovak Public on Foreign Policy Issues", Central European Policy Institute, Bratislava, 2016/February.

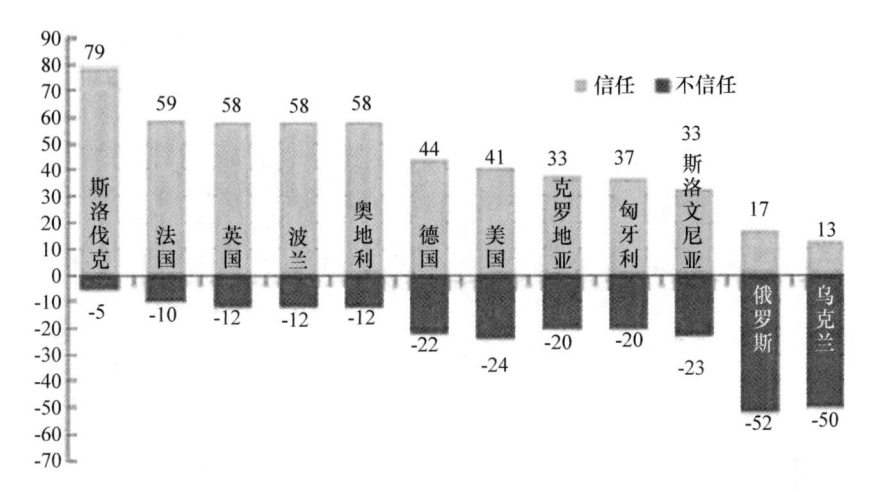

图 5-3 您认为我们在多大程度上可以信任和依赖以下国家？（捷克）
（回复："绝对信任 + 信任"和"绝对信任 + 不信任",%）

资料来源：IVF, 2015 年。

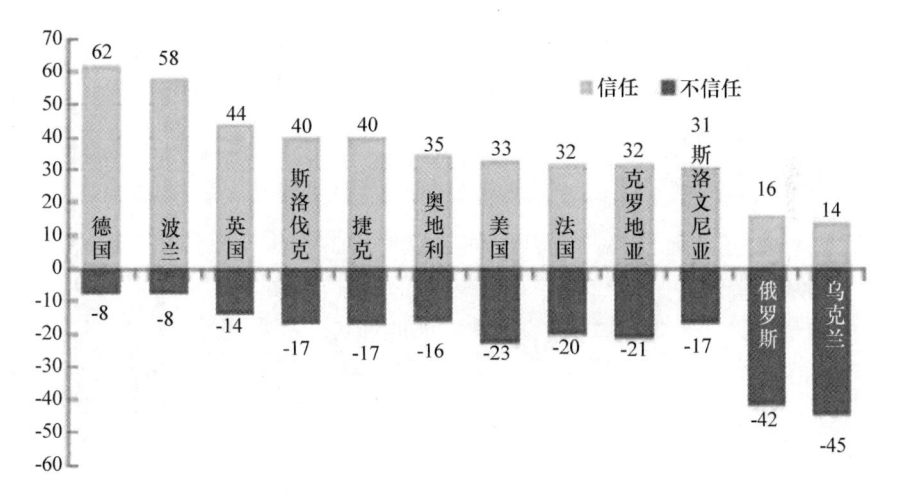

图 5-4 您认为我们在多大程度上可以信任和依赖以下国家？（匈牙利）
（回复："绝对信任 + 相当信任"和"绝对信任 + 相当不信任",%）

资料来源：IVF, 2015 年。

第二部分 维谢格拉德集团国家的欧洲大西洋一体化

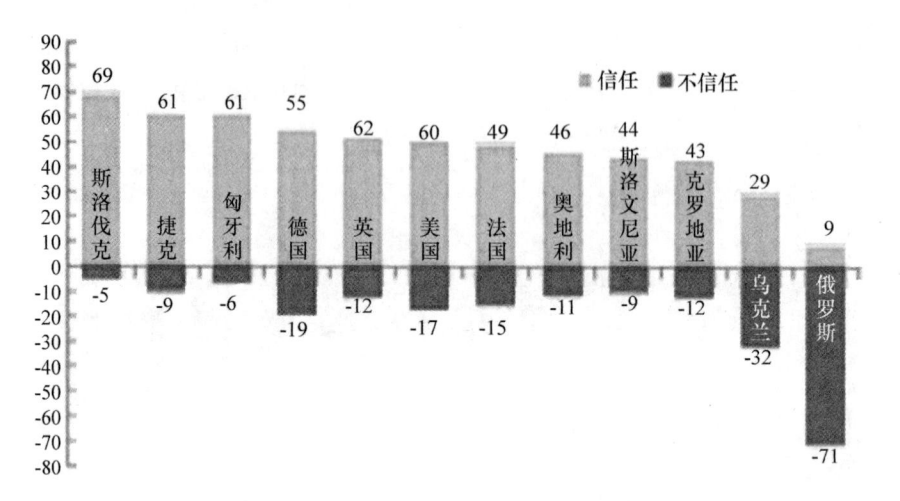

图 5-5 您认为我们在多大程度上可以信任和依赖以下国家？（波兰）
（回答"绝对信任 + 绝对信任"和"绝对信任 + 绝对不信任"，%）

资料来源：IVF，2015。

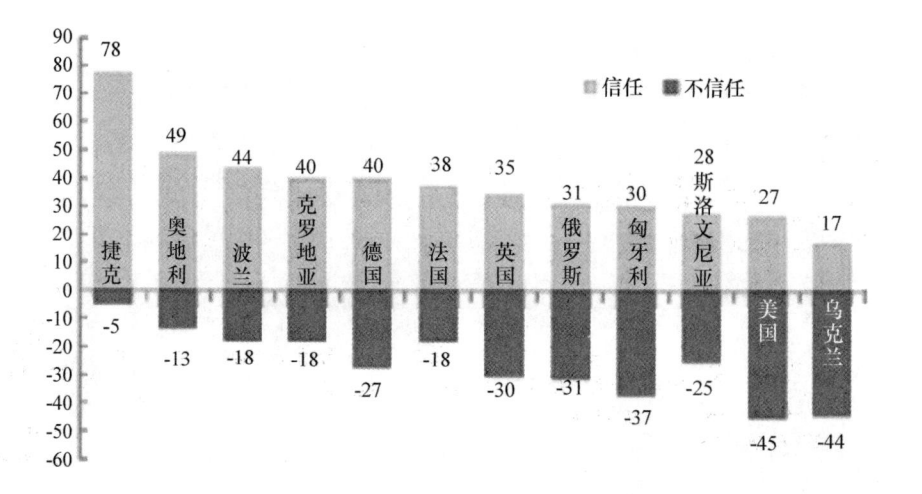

图 5-6 您认为我们能在多大程度上信任和依赖以下国家？（斯洛伐克）
（回答"绝对信任 + 绝对信任"和"绝对信任 + 绝对不信任"，%）

来源：IVF，2015。

在斯洛伐克，最值得信赖的是捷克（78%）、奥地利（49%）和波兰（40%），而匈牙利仅排名第九（30%）。

捷克的排名则大不相同：最值得信赖的是斯洛伐克（79%）和法国（59%），紧随其后的是波兰、英国和奥地利（各58%），匈牙利（37%）排在第九位。匈牙利是V4国家中唯一一个公众对维谢格拉德集团以外的国家表现出最高程度信任的国家——德国排名第一位（62%），波兰排名第二位（58%），捷克和斯洛伐克（40%）分列第四位和第五位。

一般来说，V4公众之间的信任程度相当高。就连曾经是维谢格拉德合作的"阿基里斯之踵"的斯洛伐克—匈牙利关系也从未像现在这样好。2011年只有16%的匈牙利人信任斯洛伐克人，而2015年这一比例上升到了40%。斯洛伐克的情况也有所改善，同期信任匈牙利人的比例从26%上升到30%。与其他国家相比，斯洛伐克公众对匈牙利的态度仍然较为保守；然而，基于上述指标，这种谨慎似乎正在减弱。斯洛伐克和匈牙利对对方的看法也受到积极的影响，尽管因为意识形态差异和历史原因，双边关系受紧张和冲突所困扰，当前斯洛伐克的执政党社会民主—方向党和匈牙利的执政党青民盟成功地建立和维护了正确和可靠的务实关系。

六 维谢格拉德集团以外的合作伙伴和盟友

除V4国家外，这些国家的居民还信任重要的中欧邻国奥地利。在值得信赖的国家名单上，紧随奥地利其后的是德国、英国和法国。长期以来，V4国家对俄罗斯持有不同的态度。波兰人对俄罗斯极度不信任；相反，斯洛伐克人对俄罗斯有最高程度的信任。在波兰，对俄罗斯的不信任深深扎根于历史经验，并受到当前政治话语的鼓舞，斯洛伐克尽管也有不好的经历——例如，华约军队在1968年8月入侵捷克斯洛伐克和随后20年法国被苏联占领，破坏了"布拉格之春"发起的改革进程，给相当一部分人带来了政治压迫——但仍以更积极的方式看待俄罗斯。然而，根据其他调查的结果，我们可以说，斯洛伐克社会中的大多数人并不支持普京领导的俄罗斯及其当前政策。①

维谢格拉德集团国家对美国的态度也各不相同。尽管他们都是北约成员国（1999年以来的捷克、匈牙利和波兰，2004年以来的斯洛伐克），但他们对这个跨大西洋联盟的关键国家的信任程度却不同。对美国的信任程度最高的是波兰（50%），最低的是斯洛伐克（27%），在斯洛伐克信任美国的人少于信任俄罗斯的人。在捷克，41%的居民信任美国，而在匈牙利，这一比例为33%。总的来说，V4国家的公民更信任美国，而不是俄罗斯，斯洛伐克是唯一的例外。

斯洛伐克相比于其他V4国家对美国的信任程度低，这可以解释为历史、意识形态、社会文化和社会经济等多方面因素的影响，这些因素形成了有利于俄罗斯的公众舆论。这些因素包括19世纪的国家知识精英[路德维托·史都尔（L'udovít Štúr），斯韦托扎尔·胡尔班-瓦贾恩斯凯（Svetozár Hurban Vajanský）]、两次世界大战期间的左翼知识分子，以及1948—1989年的斯洛伐克共产党中的一些代表性人物的观点。倾向于俄罗斯的人主要指出种族、民族、文化和语言因素，强调俄罗斯人和斯洛伐克人同为斯拉夫民族的亲密关系。在20世纪的上半叶，亲俄（Štur Russophile）倾向被DAV团体带到斯洛伐克普通民众的生活中，这是一个左翼知识分子协会，提倡斯洛伐克靠向苏俄。斯洛伐克与俄罗斯的关系和对斯洛伐克与俄罗斯合作的看法也受到斯洛伐克居民在第二次世界大战后社会经验的影响。1948年2月，共产主义者在捷克斯洛伐克掌权，并在苏联的直接支持下建立了政权。然而，在斯洛伐克，共产主义政权是在追赶现代化的条件下存在的。捷克与斯洛伐克部分地区的社会经济差异缩小，斯洛伐克处于工业化和城市化的过程中，斯洛伐克的农业技术进步，社会主义的教育和卫生系统得到发展，现代化的所有这些因素使斯洛伐克人相对来说不那么在意受苏联支持的政权的性质。

调查还包括对乌克兰的态度。乌克兰是V4中三国的邻国，最近经历

---

① 更多细节参见 Milan Šuplata, "Geopolitical confusion in Central Europe", 2016, http: //www.cepolicy.org/publications/geopolitical-confusion-central-europe.

了动荡的发展。维谢格拉德集团与乌克兰的关系的特点是高度不信任。

不幸的是，我们没有机会更详细地探讨影响信任/不信任程度的因素；最可能的原因包括对政治不稳定、移民流入以及与俄乌冲突有关的威胁的担忧。除了当前俄乌冲突的强烈影响外，对乌克兰的普遍不信任还反映出其他更持久的因素。就波兰而言，不信任的根源可以在历史中找到，当时波兰和乌克兰之间因种族问题发生了激烈的冲突。V4公民普遍存在的不信任还可能是受到了对乌克兰认识程度较低、对乌克兰社会中可能增加对该国信任程度的发展趋势认识不足的影响。此外，在很长一段时间内，V4国家（或许波兰除外）的公开言论中，任何与乌克兰有哪怕一点点关系的内容都很少，有时几乎于无。事实上，乌克兰在1992年独立后，就加入了V4国家的政策列表。在过去，乌克兰作为苏联的一部分，只能以少数人的话语思维的形式出现在中欧国家（特别是处理国事的专家，历史、文化和语言的专家），对舆论塑造的影响微乎其微。

七　维谢格拉德四国的互动

在互动方面（无论是旅游、商业、非正式还是文化性质的互动），也可以探索亲戚和家庭关系。在这方面，捷克和斯洛伐克之间高于标准的关系至关重要——43%的斯洛伐克人表示他们在捷克有亲戚，五分之一的捷克人在斯洛伐克有亲戚。当被问及朋友时，比例甚至更高——62%的斯洛伐克受访者在捷克人中有朋友，59%的捷克人在斯洛伐克人中有朋友。从捷克斯洛伐克共同国家时期继承下来并在1993年之后进一步扩大和加深的密集的关系网络为进一步的积极评价创造了条件，如在相互信任方面。

捷克—斯洛伐克之后的第二大纽带存在于斯洛伐克和匈牙利居民之间，主要是由于斯洛伐克境内有大量匈牙利族人口（当他们被问及家庭成员时，肯定回答的比例达到64%，而朋友的比例为83%）。

研究结果显示，高频率互访的存在只是一种幻觉（见表5-3）。例外之一是捷克和斯洛伐克公民的相互接触，76%的捷克受访者表示，他们作为游客游览过斯洛伐克，75%的斯洛伐克人去过捷克。这种对称关系可以用过去共同的经历和1993年以后相互关系的进一步发展来解释。

表5-3 你曾否因旅游或娱乐原因前往捷克/匈牙利/波兰/斯洛伐克？（回答"是"的百分比）

	捷克人	匈牙利人	波兰人	斯洛伐克人
捷克	—	21	35	75
匈牙利	46	—	18	60
波兰	43	18	—	49
斯洛伐克	76	31	27	—

资料来源：IVF, 2015。

比例第二高的是斯洛伐克公民访问匈牙利（60%）。然而，匈牙利受访者中只有31%的人表示他们访问过斯洛伐克。这种不对称源于71%的访问匈牙利的斯洛伐克居民是匈牙利族裔。波兰人最不常去其他三国，尽管作为旅游目的地的波兰经常被斯洛伐克人（49%）和捷克人（43%）访问。

访问过特定国家的人也被要求评价其作为旅游目的地的吸引力。波兰人、匈牙利人和斯洛伐克人都认为捷克是最有吸引力的旅游目的地。在波兰，第二具有吸引力的国家是斯洛伐克；斯洛伐克人认为是匈牙利，匈牙利人认为是波兰。在捷克人眼中，最吸引人的旅游目的地是斯洛伐克，匈牙利排名第二，波兰排名第三。以所有评估的总百分比表示吸引力，V4中最具吸引力的国家是捷克，之后依次是斯洛伐克、匈牙利和波兰。

与另一个国家接触的另一个指标是购买耐用消费品。在这方面，斯洛伐克和捷克的联系最为紧密：56%的斯洛伐克受访者表示他们购买了捷克制造的耐用消费品，三分之一的捷克受访者表示他们购买了斯洛伐克制造的商品。比例第二高的是捷克人和斯洛伐克人从波兰购买耐用消费品，再次是斯洛伐克人购买匈牙利耐用消费品。其他组合相对较少。

匈牙利、波兰和斯洛伐克的受访者认为捷克产品是高质量的耐用消费品。匈牙利受访者也赞赏斯洛伐克制造的产品的质量。据波兰人说，匈牙利的产品也是高质量的。匈牙利人积极评价波兰产品的质量，而斯洛伐克人和捷克人的态度则保守得多。

调查还侧重于食品和饮料的购买，这是一个互动频率较高的市场。虽然四分之三的捷克人和斯洛伐克人购买波兰产品，但只有十分之一的人认为他们买的是高质量的产品。因此，可以假设价格是主要的激励因素。在斯洛伐克，对波兰食品的负面评价可以反映在媒体对从波兰进口食品发表的批评性报道。一些专家指出，这些批评很可能是斯洛伐克食品生产商蓄意发起的仇恨运动的一部分，他们感到来自波兰的廉价食品的竞争威胁。专家们还认为，这一运动也可能是为了阻止斯洛伐克北部一些地区的居民在访问波兰期间购买更多负担得起的波兰食品（斯洛伐克人到波兰的季节性购物旅游是一个众所周知的现象）。

另外，只有一小部分匈牙利受访者购买波兰产品，超过一半的人欣赏波兰产品的质量。至于匈牙利制造的产品，人们经常购买，受访者欣赏匈牙利产品的高质量。匈牙利的食品在捷克和斯洛伐克有着特别好的声誉。

调查评估相互交流频率的另一个领域是艺术和文化。在斯洛伐克的环境中，捷克文化占主导地位：70%的受访者表示他们看过捷克作家的电影、戏剧表演或读过捷克作家的书。

在这里，我们也可以看到捷克和斯洛伐克的团结，两国语言的接近和长期的文化交流滋养了这一因素。另外，大约一半的捷克受访者表示，他们接触过斯洛伐克的艺术和文化。斯洛伐克居民中接触匈牙利文化的主要是匈牙利少数民族（71%生活在斯洛伐克的匈牙利少数民族表示他们接触过匈牙利艺术）。

八　对共同历史的反思

中欧传统上是一个以种族和文化异质性为特点的地理空间，在那里，民族、少数民族在和平生活和敌对战争中共存。在维谢格拉德集团国家公民的历史意识中，共同过去的反映是什么？各自社会中的叙述是什么？"我们"和"他们"的形象是什么？我们非常清楚，共同的历史可以是一把"双刃剑"：它可以加强相互理解和凝聚力，但同时也可以引起消极的成见和偏见。那么历史记忆在维谢格拉德集团国家中影响如何？这个问题不是针对专家和历史学家的，甚至也不是针对政治家的，而是针对普通大众的，针对的是在学校里学习历史的普通人。集体的历史记忆也受到媒体、政治对其进行的工具化和家庭叙事的影响。2011年10月，四个维谢格拉德集团国家都进行了针对历史意识和相关问题的民意调查。① 该项目由国际维谢格拉德基金会发起和资助，并由设在布拉迪斯拉发的公共事务研究所与捷克、匈牙利和波兰②的伙伴合作协调。这项调查是一个名为"我的英雄——你的敌人：倾听理解"的大项目中的一部分，该项目将V4国家的历史学家聚集在一起，讨论共同的历史。

九　民族英雄

民族英雄是民族自豪感和民族认同感的载体，我们一直对被调查国家的英雄们很感兴趣，为了探索能让人最先想到的历史人物，我们选择了开放性的问题。③

在捷克，受访者民族自豪感的来源人物包括：查理四世（Charles Ⅳ, 47%）、托马斯·马萨里克（Tomáš G. Masaryk, 44%）和瓦茨拉

---

① 调查由专业的民意调查机构以成年人为代表性样本（每个国家约1000名受访者）进行，访谈方式为面对面。

② 参与合作的机构：Jiří Vinopal and Jiří Šubrt（Institute of Sociology, Czech Academy of Sciences, Prague）, Gergő Medve-Bálint（Central European University, Budapest）和 Malgorzata Falkowska-Warska（Institute of Public Affairs, Warsaw）。

③ 问题是："当你想到捷克/匈牙利/波兰/斯洛伐克的国家历史时，你能说出你引以为傲的人物吗？"最多说出三个名字。

夫·哈维尔（Václav Havel, 26%）[1]。调查结果与对于历史事件和时间的感知的调查相对应：查理四世的时代，捷克斯洛伐克第一共和国托马斯·加里格·马萨里克（President Tomáš G）总统的时代，大摩拉维亚帝国的时代，普舍美斯（Pemysl）王朝的时代被视为捷克历史上的"黄金时代"。榜上有名的还有被称为"民族教师"的扬·阿莫斯·科梅纳（Jan Amos Komensky, 19%）；扬·胡斯（Ján Hus, 16%）[2][3]；扬·奇斯卡（Ján Žiška, 8%）；圣温斯劳斯（Saint Wenceslaus，波希米亚的守护神，5%）；还有18世纪奥地利女大公玛丽亚·特蕾莎（Maria Theresa, 5%）。

匈牙利人最引以为傲的人物是19世纪最伟大的政治家：1848年革命领袖拉霍斯·科苏特（Lajos Kossuth, 31%）和伊斯特万·谢切尼（Istvan Szechenyi, 28%）。第三位是匈牙利国王马蒂亚斯·基拉利（Mathias Kiraly, 20%），又名马蒂亚斯·科维努斯（Matthias Corvinus），在奥斯曼帝国军队于16世纪征服匈牙利之前，他是匈牙利最强大的中世纪君主，他的形象出现在许多民间故事和传说中，这极大地促进了他的持续受欢迎程度。排名第四的是1000年加冕的匈牙利第一任国王斯蒂芬（18%），他是匈牙利王国的创始人，也是在匈牙利建立基督教统治地位的人，他仍然是一个非常受欢迎的人物：8月20日的圣斯蒂芬节是匈牙利的一个伟大的国家节日。紧随其后的是桑德尔·裴多菲（Sándor Petőfi, 13%）——匈牙利革命浪漫主义诗人，他于1848—1849年为自由战斗期间去世，他是匈牙利有史以来最受欢迎的诗人。费伦茨·拉科齐（Ferenc Rakoczi, 9%）是1703—1711年反抗哈布斯堡起义失败的领导人。排名前十位的名人还包括伊万·德克

---

[1] 瓦茨拉夫·哈维尔（Vaclav Havel）于2011年12月去世，因此公众对他的看法和评价可能会变得更好。

[2] Stanislav Hampl-Jiří Vinopal-Jiří Šubrt, "Reflexe novodobychčeských dějin, sametové revoluce a současného vyvoje v názorech veřejnosti", In: Naše společnost, časopis, CVVM Sociologického ústavu AV ČR, 2011/1, pp. 19 – 29.

[3] Jiří Šubrt-Jiří Vinopal, "K otázce historického vědomí obyvatel České republiky", In: Naše společnost, časopis CVVM Socio-logického ústavu AV ČR, 2010/1, pp. 9 – 20.

（Ferenc Deák，6%），亚诺升·卡达尔（János Kádár，5%）和伊姆雷·纳吉（Imre Nagy，在1956年的革命中牺牲的总理，4%）①。

波兰受访者最多提到的是教皇约翰·保罗二世（Pope John Paul Ⅱ，48%），战争期间的政治家约泽夫·毕苏斯基（Józef Piłsudski，26%）以及团结工会运动的莱赫·瓦萨（Lech Wałęsa，14%），紧随其后的是阿德乌斯·科丘什科（Tadeusz Kościuszko，18世纪领导反抗沙皇俄国和普鲁士王国，9%）；科学家玛丽·居里－斯科多斯卡（Marie Curie-Skłodowska，7%）；约翰三世·索别斯基（John Ⅲ Sobieski，5%）；科学家和发明家尼古拉斯·哥白尼（4%）；瓦迪斯瓦夫·雅盖洛（Władysław Jagiełło，4%）。

斯洛伐克人最自豪的十大名人名单并没有带来任何惊喜。名单上的头两个人物是米兰·拉斯季斯拉夫·什杰凡尼克（Milan Rastislav Štefánik）和亚历山大·杜布切克（Alexander Dubček），自20世纪90年代以来一直排在此类名单榜首。他们有一个特殊的国家烈士的光环——什杰凡尼克死于1919年5月到捷克斯洛伐克途中的飞机失事，捷克斯洛伐克是他和 T. G. 马萨里克（T. G. Masaryk）以及 E. 贝内什（E. Beneš）合作建立的；1992年11月，A. 杜布切克（A. Dubček）在前往布拉格途中遭遇车祸去世（他是联邦议会的议员）。

历史学家认为，斯洛伐克历史黄金时代的形象与中世纪早期前匈牙利的历史有关。在民族主义的论述中，伟大的摩拉维亚帝国的首要地位是不容置疑的。也因为斯洛伐克和匈牙利的这一历史关系，使得斯洛伐克的首要地位合法化和拥有更高的文化成熟度。② 然而，在个

---

① 1999年，匈牙利商业电视频道和左翼日报 *Nepszava* 对匈牙利最受欢迎的人物进行了民意测验。目前有代表性的调查中，有8人进入了前20名，排名如下：St. Stephen（1），István Széchenyi（2），János Kádár（3），King Matthias（5），Lajos Kossuth（10），Sándor Petőfi（12），Ferenc Deák（14），Ferenc Rákóczi（18）。

② 最近在这方面的政治姿态是2009年由斯洛伐克总理罗伯特·菲佐（Robert Fico）领导的政府在布拉迪斯拉发城堡（Bratislava castle）安放了斯瓦托普鲁克（Svatopluk）雕像。据倾向于民族主义态度的政治家说，伟大的摩拉维亚帝国是斯洛伐克文化的一个来源和民族自信的象征。雕像底座上的文字写着："斯瓦托普鲁克——斯洛伐克的国王"，并有教皇约翰八世在公元880年送给斯瓦托普鲁克的致敬词。这座雕像由捷克斯洛伐克共产主义时期的著名雕塑家简·库利奇（Jan Kulich）设计。

体层面，我们还可以看到获得认同的更现代的历史人物，如杜布切克、史都尔和什杰凡尼克。历史学家马乔（Macho）从斯洛伐克历史发展的不连续性中看到了这种现象的原因。①

十 民族败类——维谢格拉德集团国家公民感到羞耻的人物

历史记忆的消极一面表现为令人羞愧的败类。在捷克，名单上的第一位被克莱门特·戈特瓦尔德（Klement Gottwald，30%）占据，之后是古斯塔夫·胡塞克（Gustáv Husák，19%）、瓦茨拉夫·克劳斯（Václav Klaus，7%）、埃米尔·哈查（Emil Hácha，波西米亚和摩拉维亚保护国的傀儡总统，7%）以及政治家米洛亚克什（MilošJakeš，6%）。

匈牙利的这一人物清单只包含20世纪的人物，如梅季亚斯·雷科西（Mátyás Rákosi，政治家）和费伦茨·塞拉西（Ferenc Szálasi，国家社会主义的箭十字党领袖、匈牙利王国国家元首和"民族团结政府"总理，在第二次世界大战的最后三个月还在顽抗）。在排名前五的反面人物中，还有米克洛升·霍尔蒂（Miklos Horthy）和亚诺升·卡达尔。前者是第一次世界大战后右翼威权体制的象征人物，后者是1956年后的国家领导人。匈牙利当代左右两派的政治分歧得到了充分反映，前社会党成员费伦茨·久尔恰尼（Ferenc Gyurcsany）和现任右翼总理欧尔班·维克托（Orban Viktor）都"名列前茅"。

波兰历史的阴暗面由近代政客作为典型代表：首先是雅罗斯瓦夫·卡钦斯基（Jarosław Kaczyński，8%）和沃伊切赫·雅鲁泽尔斯基（Wojciech Jaruzelski，从1981年到1989年实行戒严政策的波兰领导人，7%），之后是博莱斯瓦夫·贝鲁特（Bolesław Bierut，波兰领导

---

① Andrej Findor-Gabriela Kiliánová-Peter Machor, "Symbolické aspekty národnej identity", In: *My a tí druhí v modernej spoločnosti*, pp. 285 – 337. Ed: Gabriela Kiliánová-Eva Kowalská-Eva Krekovičová. Veda, Vydavateľstvo SAV, Bratislava, 2009.

人，5%）以及瓦迪斯瓦夫·哥穆尔卡（Władysław Gomułka，4%）。然而，这些人物的出现频率非常低。

令斯洛伐克人最羞耻的[①]是现在被视为"历史人物"的弗拉迪米尔·梅恰尔（Vladimír Mečiar，他在几年前为他的国家做了很多复杂的事情，有19%的受访者提到他）；约泽夫·蒂索（Jozef Tiso，天主教神父和第二次世界大战期间的斯洛伐克总统，16%的受访者提到他）。20世纪90年代，约泽夫·蒂索曾被认为更具争议性，但如今，人们就对他本人的批评态度达成了更广泛的共识。

关于代表历史黑暗面的人物，所有维谢格拉德集团国家都有一个共同的模式：反面人物的比例远远低于正派英雄的比例。此外，选择"这种人物不存在"和/或"我不知道"等选项的比例要高得多。最重要的是，67%的波兰受访者没有给出任何人的名字，在匈牙利，这一比例是60%，而在斯洛伐克是50%。在关于反面人物的调查中，捷克人的回答最有条理——其中34%的人没有给出任何名字。在对国家历史的认识中，积极的人物似乎更加明显，更加容易辨认。这一发现完全符合民族历史"英雄化"的假设，也完全符合正面英雄人物不再是真实的历史人物，而是象征和神话的命题，这使得正面英雄人物更多地出现在集体记忆中。

另一个共同特点表明，在谈到英雄时，人们通常会提到更遥远的过去：如19世纪或20世纪早期（第二次世界大战前）的英雄，而反派人物通常是现当代的政客，这些政客经常是人民的集体记忆（如瓦茨拉夫·克劳斯、J. 卡钦斯基、梅恰尔、J. 斯洛塔）。每一个V4国家中的反派团体都包括了20世纪这些国家的全部行动者，看看这些国家如何分享历史的阴暗面是特别有趣的。戈特瓦尔德和胡塞克在捷克排名最高，但在斯洛伐克却不是这样。在斯洛伐克的名单上，梅恰尔和约泽夫·蒂索排名在前，而在波兰，雅鲁泽尔斯基和贝鲁特排名在前（与捷克类似），在匈牙利，梅季亚斯·雷科西和费伦茨·塞拉

---

① 这个开放式问题的完整措辞是："另一方面，你能说出这些令你感到羞耻的历史人物的名字吗？"最多三个名字。

西排名靠前。

所有四个国家的调查结果都表明，骄傲和羞愧可以并存：每个国家都有一些人物可以在正面英雄和反派人物两份名单上找到他的名字。在捷克，瓦茨拉夫·哈维尔尽管有领袖魅力，但也有反对者（26%的支持者，4.8%的反对者）。一个有争议的人物是匈牙利的亚诺升·卡达尔（4.8%支持，5.5%反对），在波兰是莱赫·瓦萨（14%：3.4%），在斯洛伐克是约泽夫·蒂索（16%：3%）。

十一 你对邻国的历史了解吗？

调查还关注公民对邻国历史的认知，运用"人格化方法"对历史人物进行调查。尽管我们原本就认为各国都会对其他国家的历史人物存在认知空白，但各国彼此间的冷漠和健忘程度，甚至会使最坚定的怀疑论者也感到惊讶。在中欧国家中，最不为人所知的是斯洛伐克的历史，其中没有任何广为人知的历史人物。当被问到一个开放式的问题："让我们看看相邻的维谢格拉德国家，以及他们过去和现代的历史，你会想到哪个重要的人物？""你最多只能说出三个名字，不管这个名字在历史上是正面的还是负面的。"90%的波兰人和匈牙利人无法说出任何与斯洛伐克有关的具体名字。当然，捷克和斯洛伐克之间的情况是不同的，这是由于长时间的共同历史，捷克受访者经常提到以下斯洛伐克历史人物：弗拉迪米尔·梅恰尔、亚努西克、亚历山大·杜布切克、约泽夫·蒂索以及古斯塔夫·胡塞克。另外，斯洛伐克人最常回忆瓦茨拉夫·哈维尔（第一个同时也是最后一个捷克斯洛伐克的民选总统，1989—1992年）、T. G. 马萨里克、查理四世、扬·胡斯和爱德华·贝内什。

与斯洛伐克不同的是，其他维谢格拉德集团国家有一些受到普遍重视的人物，这种人物得到的承认超越国界。就捷克而言，无疑是已故总统瓦茨拉夫·哈维尔，他不仅在捷克、斯洛伐克和中欧享有一席之地，而且在崇高且得到广泛认同的全球名人殿堂中占有一席之地。

同样，波兰有教皇约翰·保罗二世。匈牙利的成绩相当惊人，因为维谢格拉德集团其他三个国家的受访者最常提到20世纪70年代和80年代"土豆炖牛肉社会主义"的代表亚诺什·卡达尔,尽管提到他的人的比例低于提到捷克和波兰名人的受访者比例,但在其他国家大众的心目中,他是"最小公分母"。也许处在"东方集团"(Ostblock)的灰色和没有任何品位的时期,大多数老一辈人都记得匈牙利的美食和丰富多彩的市场。人们可能会奇怪,为什么最有名的不是经常登上国际媒体头条的现任总理欧尔班·维克托先生,但他至少现在还不是一个历史人物。

无论如何,共同意识的镜子有一个毫无疑问的赢家——无名先生,或者说是集体失忆或冷漠。调查项目的题目是"我的英雄——你的敌人:倾听理解"。从这些结果来看,它可以被重新表述为"你的英雄——我的无知"。对这种情况的解释可以有多种因素,如不恰当的历史教学方式、基于当前政治"需求"的政治操纵和对历史的利用、专注于民族历史而不将其置于中欧语境等。这项调查非常清楚地表明,大众对邻国的历史是无知且盲目的,但这不是镜子的错。

十二 对历史的一般看法——是否存在国家范式?

民族历史自豪感在每个维谢格拉德成员国都非常盛行,在波兰最为突出(见表5-4)。大多数匈牙利人把民族自豪感当作底线。斯洛伐克人对民族历史的自豪感排在维谢格拉德集团国家末位,这反映了建国时间的短暂和对什么是"国家历史"的争论——存在于其他国家实体中的斯洛伐克民族历史,或斯洛伐克领土的历史——后者当然也是其他国家的历史,尤其是匈牙利的历史。然而在另一方面,斯洛伐克人今天比匈牙利人更积极地看待历史进程——在斯洛伐克,39%的受访者认为人类历史是一种向上的进程,是一种进步,而在匈牙利,只有23%的受访者持同样的观点。

民族自豪感的文化模式和人们看待人类历史的方式,提供了非常有趣的组合:波兰人对自己的民族历史最为自豪,并对未来持乐观态度。捷克人没有那么骄傲，但在看待历史的进程时，他们的乐观态度并不落后于波兰人。匈牙利人骄傲，但非常悲观；斯洛伐克人不那么骄傲，但比匈牙利人乐观。我们认为，这种态度不仅受到对过去的看法的影响，而且也受到这些国家当前局势的影响。

对历史记忆的调查显示，维谢格拉德四国的民族历史中英雄多于反派，绝大多数人（尤其是在波兰）是这样认为的，并为他们的民族历史感到骄傲。这些国家的黄金时代往往出现在更早的时代。另外，不受欢迎或不值得信任的现任政客往往被视为消极的"历史"人物。该项目还着重于成员国彼此之间的看法和对其他国家历史的认识。我们不得不承认我们对邻国知之甚少。这一差距是一个挑战——不仅对历史教师，而且对最广泛意义上的维谢格拉德集团精英来说也是如此。俗话说，历史是国家的老师。然而，我们只能在了解历史的前提下从历史中学习。在密切的关系、共同历史和共同边界的条件下，我们应该对邻国的历史有更多的同情和理解。

表5-4 总的来说，回顾捷克/匈牙利/波兰/斯洛伐克的历史，你会说你有什么感觉吗？

	捷克	匈牙利	波兰	斯洛伐克
非常自豪	58	57	75	43
一般	37	37	20	44
非常羞愧	3	5	2	7
不知道	2	1	3	6

资料来源：IVF，2011年。

十三 总结

V4已经成为维持稳定与促进睦邻关系的区域合作的一个典范。尽管政治家们对维谢格拉德合作的承诺有所转变，但这四个国家的公民认为维谢格拉德集团仍是一个与他们相关的、有意义的区域集团。对他们来说，维谢格拉德集团不仅是一个符号，而且是一个内容清晰的工作机构。

今天，V4 作为一个区域性组织面临着严峻的挑战。政治精英们必须尽自己最大的努力找到适当的解决方法应对现有的挑战（移民、欧盟财政状况、俄罗斯的挑战，以及每个国家的国内政治局势），并且与欧盟成员国和欧盟机构共同合作。通过承诺合作和团结，四个中欧国家的领导人将向公众发出一个积极信号：维谢格拉德合作对维护波兰、匈牙利、斯洛伐克和捷克的历史命运与联合起来的欧洲的命运之间的牢固联系仍然是十分重要的。这一方法肯定会提高 V4 国家公众对于区域团结的认识，并有助于公众更积极地看待这一非凡的区域合作形式。

参考文献：

Bahna, Miloslav, "Krajiny kultúrne najpodobnejšie a krajiny pre Slovensko nebezpečné. Čo sa zmenilo v období 1996 – 2014?" [Most Similar Countries and Countries Dangerous for Slovakia. What has changed between 1996 and 2014?] Sociologickýústav SAV 2015, http: //www. sociologia. sav. sk/cms/uploaded/2172_ attach_ 1_ krajiny_ podobne_ a_ krajiny_ nebezpecne. pdf.

Bútorová, Zora-Tabery, Pavla, "Dvadsať päť rokov od Nežnej revolúcie očami občanov Slovenskej republiky a Českej republiky, október 2014" [25 Years since the Velvet Revolution as Seen the the Citizens of the Czech and Slovak Republics], http: //www. ivo. sk/7551/sk/aktuality/dvadsatpatrokov-od-neznej-revolucie-ocami-obcanov-slovenskej-republiky-a-ceskej-republiky.

Empirical data from a representative survey Views of Slovak Public on Foreign Policy Issues, Central European Policy Institute/CEPI, Bratislava, February 2016.

Dostál, Vít, "Trendy zahraničnej politiky krajín V4" [Trends in Foreign Policy of the V4 Countries], AMO, CEPI, Bratislava 2015.

Andrej Findor-Gabriela Kiliánová-Peter Machor, "Symbolické aspekty národnej identity", In: My a tí druhí v modernej spoločnosti, pp. 285 – 337. Ed: Gabriela Kiliánová, Eva Kowalská-Eva Krekovičová, Veda, Vydavateľstvo SAV, Bratislava 2009.

Gyárfášová, Oľga (ed.), "Visegrad Citizens on the Doorstep of the European Union", Institute for Public Affairs, Bratislava 2003.

Gyárfášová, Oľga, "Mental map of the V4 group or how do we perceive each other?", pp. 100 – 111. In: *Internal Cohesion of the Visegrad Group*, Bratislava, VEDA 2013.

Oľga Gyárfášová-Grigorij Mesežnikov, "25 Years of the V4 as Seen by the Public", Institute for Public Affairs 2016, http: //www. ivo. sk/buxus/docs//publikacie/subory/25_ Years_ of_ the_ V4_ as_ Seen_ by_ the_ Public. pdf.

Hampl, Stanislav-Jiří Vinopal-Jiří Šubrt, "Reflexe novodobychčeskych dějin, sametové revoluce a současného vyvoje v názorech veřejnosti", In: *Naše společnost*, časopis CVVM Sociologického ústavu AV ČR, 2011/1, pp. 19 – 29.

Lukáč, Pavol, *Dejiny a zahraničná politika v strednej Európe*, Bratislava, Kalligram 2004.

Šubrt, Jiří-Vinopal, Jiří í, "K otázce historického vědomí obyvatel České republiky", In: *Naše společnost*, časopis CVVM Sociologického ústavu AV ČR, 2010/1, pp. 9 – 20.

Šuplata, Milan, "Geopolitical Confusion in Central Europe", 2016, http: //www. cepolicy. org/publications/geopolitical-confusion-central-europe.

第六章　国际维谢格拉德基金——
将我们联系起来的组织

安塔尔-霍韦斯·维罗妮卡（Antall-Horváth Veronika）

国际维谢格拉德基金（以下简称"基金"）是维谢格拉德合作的唯一制度化机构，由 V4 成员国的总理在 1999 年的布拉迪斯拉发峰会[①]上同意建立，该基金于 2000 年 6 月 9 日在布拉迪斯拉发开始运作，目标和运作架构已在其章程中得到规定[②]。

一　目标和活动

正如其章程所述，该基金的目标包括通过鼓励流动、支持公民倡议和发展旅游业，促进 V4 内部以及 V4 与 V4 以外国家在文化、科学和研究领域的更紧密合作。[③]

该基金的目标是通过支持 V4 地区内外的各种项目来实现的。在特定情况下适用的条件由项目类型决定，项目类型定义了有多少维谢格拉德合作伙伴应该参与项目以及哪些项目可以获得基金的支持。

但是，在申请时必须记住，运营成本不是由基金承担的。潜在申

[①] 在布拉迪斯拉发的总理峰会上出席的是：捷克的米洛什·泽曼（Miloš Zeman）、匈牙利的欧尔班·维克托（Orban Viktor）、波兰的耶日·布泽克（Jerzy Buzek）、斯洛伐克的米库拉什·祖林达（Mikulá Dzurinda）。

[②] "Agreement concerning the establishment of the International Visegrad Fund"，1999，https：//www.evropskyvyzkum.cz/cs/stora-ge/e474499492c5a5f242259bf6d0e440c61c688724？uid = e474499492c5a5f242259bf6d0e440c61c688724。

[③] Agreement（1999）.

请者的资格，以及申请和批准程序，均由基金的规章规定。主要的原则是，作为一个政府机构，基金支持非政府行为者和目标，即主要支持民间组织。最重要的是，申请机构必须经过合法注册和经营[①]，自然人或政府机构（即各部委）没有资格提出申请。由于基金致力于加强区域关系，在申请和执行过程中必须至少有三个 V4 机构参与。该基金还支持 V4 地区以外的民间组织实施的项目，因为 V4 国家打算与邻近地区以及美国和远东地区发展紧密关系。当涉及项目的评估时，"拥有维谢格拉德附加价值"——即促进地区共识，发展各领域合作——是一个关键因素。

自基金成立以来，管理基金的基本原则没有改变。然而，为了满足 21 世纪的需求，该基金开始覆盖新的领域，包括可持续性和数字化，其业务也扩大到东部伙伴关系国家和西巴尔干地区。

二 项目类型

基金开发的项目类型可分为两类：一类是典型的基于项目的研究计划，V4 的合作伙伴参与其中；另一类是所谓的流动项目，即各种奖学金项目。

维谢格拉德基金成立之初，只有一种项目类型存在，即标准补助金。在 2001 年，增加了小额补助金类别，以确保规模较小的民间组织也可以申请。[②] 根据从伊拉斯谟（Erasmus）项目学到的经验，基金于 2003 年设立了自己的奖学金方案，称为维谢格拉德奖学金。2005年，该项目组合又拓展了另一种类型的项目，即维谢格拉德战略项目，顾名思义，该方案致力于促进有关机构之间建立长期战略合作。2007 年，维谢格拉德艺术家驻留项目开始实施。2008 年，设立了维谢格拉德大学研究补助金，使 V4 课程和学位课程得以启动，后者直

[①] "Grant Guidelines", 2018, https: //s3. eu-central-1. amazonaws. com/uploads. mangoweb. org/shared-prod/visegradfund. org/uploads/2018/05/Grant-Guidelines. pdf.

[②] 2016 年秋季，标准补助金和小额补助金类别更名为维谢格拉德补助金。

到2016年才可以使用。在设立维谢格拉德大学研究补助金的同时，还设立了"维谢格拉德+"方案，以鼓励与西巴尔干有关的项目申请。2012年，维谢格拉德东部伙伴计划启动，用于支持与东部伙伴关系有关的项目。2015年，启动了V4—日本联合研究项目，旨在促进工程领域的研究。自2014年以来，维谢格拉德战略会议项目也已开放。

在过去18年中，项目类型有了很大的变化：它们要么并入其他方案，要么完全消失。此外，对合理性和透明度的要求排除了同时进行类似项目的机会。在接下来的内容中，将简要介绍现有方案各组成部分。

三 维谢格拉德补助金和"维谢格拉德+"补助金

上面提到的补助金是最流行的项目类型。一年开放三次申请，申请须通过基金运作的网上申请系统递交，申请标准之一是至少有三个来自V4国家的合作伙伴。而在申请"维谢格拉德+"补助金的情况下，应该有3个来自不同的V4国家和一个来自西巴尔干或来自东部伙伴关系成员国的合作伙伴，这取决于所涉及的项目。项目的运行时间最长为18个月。必须强调的是，各机构一次只能申请一项维谢格拉德补助金，但如果是其他机构发起的项目，则可同时成为许多项目的合作伙伴。

机构须符合下列其中一项目标才可以申请补助金：文化和共同身份认同；教育和能力建设；创新、研发、创业；民主价值观与媒体、公共政策和机构伙伴关系；区域发展、环境保护和旅游业；社会发展①。当涉及"维谢格拉德+"补助金项目时，明智的做法是考虑基于知识共享的项目。尽管维谢格拉德大学研究补助金不再作

---

① "Visegrad Grants", 2018, https://www.visegradfund.org/apply/grants/visegrad-grants/?c=objectives.

为一个单独的项目运作，但各大学可以申请作为维谢格拉德和"维谢格拉德+"授权项目一部分的大学课程项目，项目预算可能得到100%的资助。此外，该基金需要切实的产出以及合理和透明的预算。

四　维谢格拉德战略补助金

维谢格拉德战略补助金不同于上述项目类别，因为需要所有维谢格拉德集团国家的合作，该项目的目标必须符合维谢格拉德集团的年度优先事项。按照定义，必须建立真正的战略合作。因此，项目的运行时间（从一年到最多三年）也有助于建立长期合作。因此，如果大学打算开设一门课程或出版一本教科书，这也是一个合适的类别。它可以同时获得一项正在进行的维谢格拉德补助金/"维谢格拉德+"补助金和一项维谢格拉德战略补助金。

五　维谢格拉德集团战略会议

这个项目的目的是通过组织一个高级别会议，促进对V4面临的关键挑战的区域性共同思考。该会议应该定义真正的战略目标，从而确保V4地区在全球层面上获得关注。匈牙利是在2016年加入这一倡议的，当时组织了BDPST数字化会议。

六　维谢格拉德奖学金

基金在比伊拉斯谟方案更有利的条件下向希望在V4成员国学习的人提供奖学金，但不幸的是，该奖学金在该地区并非广为人知。维谢格拉德奖学金不仅为硕士研究生提供了机会，也为年轻的研究人员提供了机会，当然，拥有目标大学所在国公民身份和临时居民身份的学习者不能申请。除了V4国家之外，还可以向西巴尔干国家经认可的大学和东部伙伴关系成员国经认可的大学提交申请。事实上，反向来看，上述邻近地区的人也可以申请到 V4 国家学习。①

对于硕士研究生来说，他们可以申请 1—4 个学期的奖学金，而硕士后研究生或研究人员最多可以申请 2 个学期的奖学金。奖学金额度为 2300 欧元/学期，接收院校也将获得 1500 欧元/学期资助。但必须指出的是，不能同时获得 V4 或欧盟国家的任何其他政府奖学金。

七　维谢格拉德驻留项目

驻留项目的目的是通过支持艺术家、诗人和作家努力产出共同成果，从加强该地区内文化和艺术领域的交往，项目类型包括表演艺术、视听艺术和文学艺术。相关项目类型的共同特点与维谢格拉德奖学金类似，发送国和接收国应有所不同，该项目为期三个月，奖学金获得者及承办机构均会获得基金资助。②

八　机构架构及运作

就法律地位而言，该基金是一个国际组织，它的官方语言是英语，与维谢格拉德集团合作类似，它是在轮值主席国制度下运作的：主席国每年更换一次，并根据各国英文名的字母顺序从创始会员国中选出。同任何其他国际组织一样，许多机构确保了基金的顺利运作，外交部长会议和大使理事会做出决策。执行董事被委以执行任务，他/她的工作会得到秘书处的支持。

九　外交部长会议

外交部长会议（以下简称会议）是基金的最高决策机构，由维谢

---

① "Visegrad Scholarship Programme", 2018, https：//www.visegradfund.org/apply/mobilities/visegrad-scholarship/? c = conditions.

② "Visual and Sound Arts Residency", 2018, https：//www.visegradfund.org/apply/mobilities/visual-and-sound-arts-residency/? c = conditions.

格拉德集团各成员国的外交部长组成。各国外交部长每年至少在轮值主席国本土举行一次会议，会议的主要任务包括确定会员国的年度捐款，确定方向和通过预算。批准基金运作所需的议事规则和长期计划也属于会议的职权范围，该机构实行全体一致原则。

十　大使理事会

大使理事会由派驻到当前担任外交部长会议轮值主席国的维谢格拉德集团成员国的大使组成。[①] 理事会的会议由目前主持会议的国家的代表主持。基本上，理事会处理与基金活动有关的方案和关于已开展的活动的报告，理事会还编制经会议通过的预算。理事会至少每半年举行一次会议，理事会实行全体一致原则。

基金的执行董事负责实现基金的目标和任务，执行董事由会议选举产生，任期三年，基金的执行董事是秘书处的首脑，作为基金的代表，因此承担某种外交功能，执行董事的任期可以延长一届；他/她作为观察员参加大使理事会的会议，他/她的职责之一是将基金资助的项目和基金预算通知大使理事会主席，并编写年度报告。

十一　秘书处

秘书处负责执行与基金业务有关的行政任务，该机构亦提供申请及实施资助的专业知识及制度背景，帮助申请人了解资助指引及申请规则，并通过各种讲座，提高基金的知名度。

十二　预算

维谢格拉德集团的合作是动态发展的，维谢格拉德基金也是如此。该基金成立时的预算总额为 80 万欧元，其中包括业务和项目筹

---

① Agreement（1999）.

资费用。当时的主要原则是让每个会员国平均缴付预算总额，因此，每个国家必须提供 20 万欧元。目前，主要预算是 800 万欧元，即每个会员国 200 万欧元。事实上，基金活动的重要性已经得到了更多重视，除了会员国的捐款外，它还能够吸引来自美国、荷兰和德国等国的外部捐助者。

  国际维谢格拉德基金是一个很好的例子，展现了如何使 V4 地区内外的民间关系得到加强。这也很好地说明了如何使社会熟悉这种合作（使得国家合作获得广泛社会共识）。截至 2017 年，维谢格拉德基金共完成了 5313 项经批准的资助、3745 个成功学期和 340 个被批准的驻留艺术家。① 以其为蓝本的西巴尔干半岛基金于 2017 年开始运作，这也凸显了该基金的成功。

参考文献：

Agreement concerning the establishment of the International Visegrad Fund, 1999, https://www.evropskyvyzkum.cz/cs/storage/e474499492c5a5f242259bf6d0e440c61c688724? uid = e-474499492c5a5f242259bf6d0e440c61c688724.

Grant Guidelines, 2018, https://s3.eu-central-1.amazonaws.com/uploads.mangoweb.org/sharedprod/visegradfund.org/uploads/2018/05/Grant-Guidelines.pdf.

Granted Projects 2000–2007, http://map.visegradfund.org.

Visegrad Grants, 2018, https://www.visegradfund.org/apply/grants/visegrad-grants/? c = objectives.

Visegrad Scholarship Programme, 2018, https://www.visegradfund.org/apply/mobilities/visegrad-scholarship/? c = conditions.

Visegrad-Taiwan Scholarships, 2016, http://old.visegradfund.org/scholarships/taiwan/.

Visual and Sound Arts Residency, 2018, https://www.visegradfund.org/apply/mobilities/visual-andsound-arts-residency/? c = conditions.

---

① "Granted Projects 2000–2007", http://map.visegradfund.org.

第三部分

V4 在十字路口：2004 年后的维谢格拉德合作

第七章 欧洲的未来与维谢格拉德集团的地位

萨博尔茨·塔奇（Szabolcs Takács）

一 前言

从 2017 年 7 月到 2018 年 6 月，匈牙利担任了维谢格拉德集团轮值主席国。有人问道，是什么使得已经有长达 27 年历史的 V4 合作取得了成功？这一问题是合乎情理的，因为这四个国家在各个领域中都是竞争对手，而且作为东方集团的成员国，他们都面临着历史性的创伤。维谢格拉德集团的重要性不仅仅体现在有效的政治合作和出色的经济表现上。它还有更深层次的原因：相互尊重、地理位置和中欧身份。

相互尊重意味着这四个国家永远不会强迫自己站在共同立场上。该合作的力量在于它的灵活性。尽管如此，该集团能够经常找到有关欧盟伙伴关系的共同点仍是一个关键因素。如果我们只看地图，地缘政治因素的重要性是不言而喻的：从基础设施发展到经济融合，该地区各国之间始终存在着共同利益。从这个意义上说，如果这四个国家不采取任何特殊行动来推动其运作，维谢格拉德合作仍旧会起作用。我们可以放心地假设维谢格拉德认同是完整的，可以作为成功政治合作的蓝图。中欧的身份不仅不违背欧洲的身份，更是对欧洲身份的补充，它有助于丰富欧洲文化和社会。维谢格拉德合作是"多元一体"原则的光辉典范，在今天，当我们的共同价值观面临可能影响未来几十年欧洲大陆形象的重大挑战时，这一点尤为重要。

维谢格拉德集团的成立是为了帮助这四个国家加入欧洲—大西洋体系。2016年2月15日，在维谢格拉德集团诞生25周年之际，该集团的领导人面对来自欧洲边界的挑战，一致主张加强欧洲统一："我们准备阻止和抑制新边界的建立。我们坚定地相信，欧洲伙伴都有这种愿望，并将以这种方式与我们合作。"显然，V4是欧洲合作的一种体现，自诞生之日起，这些国家已成为欧盟成员14年，并从那时起就摆脱了"新来者"的地位。

2004年加入欧盟给了该集团新的动力和力量。自那时以来，V4一直以其普遍强大的经济力量、支持性和合作性的外交技能以及应对空前的难民危机采取的关键而负责任的态度，为欧盟的繁荣和稳定做出贡献。V4的四个国家构成了欧盟内稳定、竞争和增长的力量，这一点得到了数据的有力支持。在匈牙利担任轮值主席国任期内，V4合法而清晰的意图是对于当今最紧迫的问题，如在关于欧盟未来和难民问题的对话上，以平等的、受尊重的伙伴身份做出实质性的贡献。

通过共识的达成，V4在其存在的时期内已经多次证明了其能力。在欧洲受到不满、分裂和挑战的影响，如英国退出欧盟，关于欧盟未来的争论，关于欧盟2020年后的多年度财政框架、凝聚力政策和共同农业政策的辩论，对有效的区域合作（V4和V4+）的需求持续增长时，V4的能力应该得到充分发挥。在匈牙利担任V4轮值主席国之前，与欧洲伙伴举行了几次高级别会议，如2016年8月与德国举行的总统/总理首脑会议、2017年3月与比荷卢三国举行的首脑会议、2017年6月与法国举行的首脑会议、2017年12月与意大利举行的首脑会议以及2017年10月与欧盟机构领导人唐纳德·图斯克（Donald Tusk）和让－克洛德·容克（Jean-Claude Juncker）举行的高层会议，标志着V4对话的开放性。

在轮值主席国任期内，设在总理办公室的负责欧盟事务的国务秘书的任务是为欧盟问题提供解决方案，从而加强"欧洲V4"的品牌，同时展示V4独特的历史基础、共同的文化认同以及积极、当代和共同的政治声音。为了对国务秘书的政策工作加以补充，V4成立了一个新的轮值机构，负责以具有创新性的新形式重新整理与V4相关的政策和政治内容并实现其主流化。

二 争取做欧洲的维谢格拉德集团——关于欧盟未来和欧盟事务协调的对话

自 2004 年以来，维谢格拉德集团的成员国均已成为欧盟成员国，在不同欧盟机构决策形式（工作组、欧盟理事会轮值主席国）内的政策协调中均发挥着同等重要和负责任的作用。维谢格拉德集团国家的理论和建议基于欧洲共同的价值观和利益，代表着欧洲一体化的重要附加价值。在此基础上，匈牙利担任维谢格拉德集团轮值主席国期间，为了一个强大、运作良好的欧盟而努力，旨在通过采取开拓性的共识建立方法，避免欧盟在动荡的政治环境中进一步分裂。维谢格拉德集团是一个负责任的行为体，具有亲欧洲和现实的立场，不会回避保护公民切身利益的必要斗争。同样值得指出的是，V4 已成为欧洲大陆发展最快的经济区域之一，是财政贡献增值的引擎，是经济增长的榜样，对当代全球问题有着敏锐的直觉。因此，可以得出结论，V4 地区是整个欧盟的良性资产而不是负债。

V4 的信条是，欧盟的运作应始终遵循并适应当代社会和经济现实（这就是我们所说的现实检验）。V4 的主要路线是重申要创造一个"更好、更强大的欧洲"，一个更有效、更具竞争力的欧洲，而不是普遍使用乃至滥用的"更欧洲"——这是一种简单的、对欧洲顽疾一刀切的方法。为了实现这一目标，欧盟的机构设置必然要考虑到每个成员国的意见，更加关注欧洲公民的呼声。为此，V4 从一开始就明确了其利益和目标：

● 维护欧盟基于条约的传统政策（四个自由、申根、凝聚政策、共同农业政策）；

● 在为整个欧盟提供明确附加价值的领域（如安全、数字化）推动欧盟前进；在欧盟框架内没有达成共识的情况下（以避免双速欧洲为前提），能够更频繁地使用强化合作机制；

● 确保所有行动者和会员国尊重宪法传统和国家惯例。

作为进一步辩论的里程碑,欧洲领导人于2017年3月25日聚集罗马,庆祝《罗马条约》签署60周年,宣布"欧洲是我们共同的未来"。即使一系列危机已经大幅削减了各种一体化的努力,英国准备离开这个历史性的联盟与维拉格拉德集团要求对该联盟进行现实检查相抵消,各国领导人也表达了对进一步一体化的承诺。峰会通过的《罗马宣言》承认了一系列前所未有的挑战的现实,同时也着重指出了保护和巩固欧盟成果的必要性。保持四项基本自由并加强成员国的作用是V4的既得利益,并遵循这样一个假设,即欧盟只能在共生关系及其公民的支持下保持强大。

27个成员国与欧洲理事会、欧洲议会和欧洲委员会领导人宣言①

我们,27个成员国和欧盟机构的领导人,为欧盟的成就感到自豪:欧洲统一的建设是一项大胆的、有远见的努力。六十年前,从两次世界大战的悲剧中恢复过来,我们决定团结起来,从灰烬中重建我们的大陆。我们建立了一个具有共同机构和强大价值观的独特联盟,一个和平、自由、民主、人权和法治的共同体,一个具有高度的社会保护和福利水平的强大经济体。

欧洲的统一始于少数人的梦想,成为许多人的希望。欧洲再次成为一体。今天,我们团结起来,更加强大:全欧洲数亿人因生活在这个跨越历史旧鸿沟的扩大的联盟中而受益。

在全球和联盟内部,欧盟都面临着前所未有的挑战:地区冲突、恐怖主义、日益增长的难民压力、保护主义以及社会经济差距扩大等。我们将坚决地共同应对面临的挑战,并为我们的公民带来安全和全新的契机。

我们将通过加强我们之间的团结,尊重共同价值观,使欧盟更加强大和更有韧性。团结既是必要的,也是我们的自由选择。

---

① "The Rome Declaration", March 25, 2017, http://www.consilium.europa.eu/en/press-releases/2017/03/25/romedeclaration/.

第七章 欧洲的未来与维谢格拉德集团的地位

若我们选择各自孤立，只能为全球趋势所忽视，选择站在一起才让我们更有可能影响世界，并捍卫我们共同的利益和价值观。我们将一起行动，在必要时可如同过去以不同的步调和强度前进，但朝着同一个方向，我们将遵守过去签署的条约，并向那些希望以后加入的国家敞开大门。我们的联盟是不可能分裂的。

在未来的十年中，我们希望建立一个安全、繁荣、竞争、可持续和承担社会责任的联盟，并具有在世界上发挥关键作用且引领全球化走向的意愿和能力。我们希望建立一个使公民在文化和社会发展以及经济增长方面拥有全新契机的联盟。我们要建立一个持续对尊重我们的价值观并致力于促进这些价值观的欧洲国家保持开放的联盟。

在变化的时代，我们理解我们公民的忧虑，我们将承诺执行罗马峰会的议程：

一个安全可靠的欧洲：一个所有公民都感到安全并能自由流动的联盟，一个受到保护的外在边境，一个拥有高效率、负责任和遵守国际常规难民政策的联盟，一个决心打击恐怖主义和有组织犯罪的联盟。

一个繁荣和可持续的欧洲：一个创造增长和就业机会的联盟，一个拥有强劲、相互联系和持续发展的单一市场的联盟，一个欢迎科技转型的联盟，一个稳定和更加强化欧元的联盟，一个为中小企业促进成长、凝聚力、竞争力、创新和交流的联盟，一个通过投资、结构改革来促进可持续增长的联盟，一个迈向经济与金融融合的联盟，一个有安全与可负担的能源来源和清洁环境的联盟。

一个社会安全的欧洲：以可持续发展为基础，促进经济和社会进步、凝聚力与缩小贫富差距，同时维护内部市场稳定的联盟；考虑到成员国制度的多样性和理解社会伙伴所扮演的关键性角色的联盟；一个促进男女平等并推广所有人同等权利和机会的联盟；一个对抗失业、歧视、社会排斥和贫困的联盟；一个让青年人接受最好的教育和培训，能够在整个欧洲大陆学习和求职的联盟；一个保护我们的文化遗产和促进文化多样性的联盟。

在全球舞台上一个更强大的欧盟：一个强化既有的伙伴关系，建立新的伙伴关系，促进其东部和南部邻近地区、中东、非洲和全球稳定与繁荣的联盟；一个准备承担更多责任并协助创造更具竞争力以及综合国防产业的联盟；一个承诺加强其共同安全和防务，同时与北大西洋公约组织合作的联盟；一个参与联合国并主张建立一个以规则为基础的多边体系的联盟；一个以自我价值观为傲和对其公民加以保护的联盟；一个促进自由公平贸易和全球气候政策的联盟。

我们将追求这些目标，相信欧洲的未来掌握在我们自己手中，欧盟是实现我们目标的最佳工具。我们承诺倾听和回应我们公民表达的关切，并与成员国国会互动。

我们将在任何可能带来影响的层面努力，无论是欧盟、国家、区域还是地方层级，秉持辅助性原则，促成成员国之间以及成员国与欧盟机构之间的信任和合作。我们将加强欧洲的创新和增长潜力，我们将在各个层面提供必要的回旋余地。我们希望欧盟在大议题上有大表现，在小议题上发挥小影响。我们将促成一个更为民主、有效和透明的决策模式。

作为领袖，我们在欧洲理事会和其他机构共事，我们将确保今天的议程得到落实，从而成为明天的现实。我们将为更好的欧洲而团结。欧洲是我们共同的未来。

三 V4眼中"欧洲的维谢格拉德"

维谢格拉德轮值主席国雄心勃勃的议程将目标定得很高：激励欧盟将使命重点从纯粹的意识形态整合转移到经济增长、创造就业机会和竞争力上。国家层面和欧盟层面解决方案的建设性混搭可以培养更多的凝聚力、一致性和竞争力。V4认为，通过尊重各成员国的国家和地区多样性、历史、文化和传统，可以最好地维护欧盟的政治统一。因此V4主要主张在欧盟决策程序中应用强化合作机制，这是一种更现实、更有利的方法。

根据这一做法，并根据《罗马宣言》的结论，V4 轮值主席国采用了以下欧盟成员国之间的合作原则。

（一）权力自主原则

一个"由强大国家组成的强大欧洲"被认为是推动形成新的欧洲概念的主要途径。考虑到许多问题要在区域或地方一级得到更有效的协调，决策需要尽可能接近公民。对欧盟进行改革，目标是更加注重国家责任，使各国议会在利用民主合法性和成就方面发挥更加明显的作用。为了决定是否采取国家或欧盟层面的措施，竞争力和安全性应该是衡量标准。然而，在决定我们共同未来的问题上，欧洲理事会、各国元首和政府首脑必须达成共识。

（二）合作

实现共同的愿景和目标需要高度的合作决策意愿。因此，欧盟应重申关注统一而不是分裂各成员国的问题。相互信任、共同的目标、成员国平等和真诚合作是 V4 所尊重的关键因素，而欧洲理事会的政治领导作用仍然是毋庸置疑的。

（三）竞争力与经济融合

欧盟的根本利益是使欧洲在全球层面上成为一个更具竞争力的行动者。在深化内部市场、行业、企业、研究、发展和创新时，必须考虑到数字化日益增长的必要性。为了逐渐缩小地区间的差距，必须保持经济趋同。动态的 V4 市场是欧盟经济增长的重要工具，V4 国家及其公民的购买力在欧盟其他许多成员国创造了就业机会，从而实现经济繁荣。因此，维护这一机制不仅是 V4 国家的重要利益，也是整个欧盟的重要利益。凝聚政策和区域政策是实现这一目标的主要工具。必须不时重申，这些历史性工具不是"慈善"，而是增强融合经济体购买力的投资工具。另外一个关键问题是，在委员会关于 2020 年后多年度财政框架（MFF）的建议公布之前，非正式谈判进程在匈牙利的轮值主席国任期内达到了顶峰。在这一过程中，保持传统政策（如凝聚政策和共同农业政策）当前的作用是 V4 的一个重要目标。V4 也强调了适合的地区社会模式，强烈反对用集中的欧洲一刀切模式来取代这些模式。

（四）安全

不断恶化的安全环境要求在欧洲和地方各级及时、准确地作出反应。为了恢复欧盟的共同安全和防御政策，提高恢复力和应对能力，以补充北约长期以来的使命，欧盟需要得到支持。自难民危机开始以来，维谢格拉德集团国家一直强烈主张保护外部边界。V4 认为申根系统适当的内部和外部功能是欧洲安全的主要先决条件之一。没有适当的安全，就没有增长和经济繁荣。安全是稳定，因此安全是欧洲的未来及其信誉度的第一要素。V4 仍然致力于使那些能够为欧洲安全与稳定做出贡献的西巴尔干及其他国家融入欧洲—大西洋一体化。

（五）可预测性

《里斯本条约》为欧洲大陆的发展赋予了更多的能力和权力。这些不应被机构用于意识形态上的实力展示和权力之争。欧盟在外部层面上应是一个可靠和建设性的伙伴，并应在内部针对成员国制定可信和现实的承诺。欧洲公民的切身利益是通过保障四种自由，特别是人员的流动自由，以释放内部市场的潜力来实现的，这是 V4 的一项重要原则，是一体化优势的首要体现。

四 2018 年布达佩斯 V4 峰会

以开放和务实的方式展现和表达 V4 国家的亲欧性和现实主义叙事，始终是匈牙利担任 V4 轮值主席国的一个关键优先事项。根据 2017 年 3 月 25 日通过的《罗马宣言》，维谢格拉德集团认为，在匈牙利任期内，继续对欧盟未来进行冷静、客观和实事求是的讨论是非常重要的。2016 年 6 月，V4 总理级别会议在布拉格召开，讨论欧洲的未来。2018年1月26日，匈牙利在布达佩斯举行了一次重要的政治活动。匈牙利总理欧尔班·维克托（Orbán Viktor）主持了高级别小组讨论会，他就计划中的维谢格拉德前进道路发表了演讲。这次会议的主要内容是强大的成员国和地区是建立强大欧洲的先决条件。在这方面，维谢格拉德合作极为重要，各国总理已经对未来形成了明确的愿景。会议表明，维谢格拉德集团国家能够以自己的有效提议和愿景为欧盟的改革进程做出贡献。

2018年1月26日于布达佩斯通过的关于欧洲未来的V4声明[①]

维谢格拉德国家重申了他们在布拉迪斯拉发和罗马的国家元首以及政府首脑会议之前的声明中所表达的关于欧洲未来的共同态度，以及他们对布拉迪斯拉发路线图和《罗马宣言》的支持。维谢格拉德国家欢迎关于欧盟未来的辩论，因为他们认为欧盟是应对内外部挑战的最佳框架。我们准备好并愿意在共识的基础上，按照领导人议程的路线开展工作，以加强团结，防止欧盟分裂。正是本着这种精神，我们强调了以下几点的重要性。

保存已经取得的成果。我们认为，欧盟的改选进程应继续下去，并基于前几代人努力建立的现有基础。我们应该关注欧盟如何将一体化扩大到新的领域，以加强由工业化支撑的安全和竞争力，或者如何在现有领域（如经济和货币联盟）深化一体化。但是，我们的第一个目标应该是维护一体化已有的成果。基本成果应当保持原样。我们必须恢复申根的正常运作，恢复对外部边界的完全控制。同样，我们必须保护和进一步发展基于四个基本自由的单一市场，包括人和服务的自由流动。这些与商品和资本流动一样，是单一市场的重要支柱。保持和加强单一市场的完整

[①] "V4 Statement on the Future of Europe", January 26, 2018, http://v4.gov.hu/accessibility/download/f/5c/02000/Joint% 20State-ment% 20on% 20the% 20Occasion% 20of% 20the% 20Summit% 20of% 20V4% 20Prime% 20Ministers% 20on% 20the% 20Future% 20 of% 20Europe. pdf.

性，仍然是一个关键的优先事项，也是欧盟进一步发展和适应数字时代挑战的重要举措。我们必须保持该联盟的开放，以便向西巴尔干地区进一步扩大。除此之外，还需要寻求各种方法来促进欧盟的参与，帮助我们的东部邻国达到欧洲标准。

多元一体。一个强大而有效的欧盟符合我们的利益。我们需要维护和加强欧盟的统一，同时尊重我们共同的欧洲价值观，尊重我们的成员国的身份和特点。一个强大的欧洲只能由强大的成员国组成，由有效的欧盟机构支持，根据条约规定的能力执行其任务。欧盟机构应平等对待所有成员国，并严格遵守各自基于条约的职权范围。应尊重会员国在其职权范围内进行国内改革的权利。

关于未来步骤的包容性辩论。我们建议在联盟的进化和转型标准之间保持适当的比例。在下一步行动中，尊重现有法律框架应成为我们考虑的出发点。我们在布拉迪斯拉发和罗马为欧盟的未来制定了共同的愿景。在此基础上，我们需要对欧盟27国的未来进行集体和包容性考虑。

竞争力。我们还应加强欧盟内部和全球方面的竞争力。通过改善国家和欧洲政策之间的协同作用，可以实现数字化、创新、人力资源开发和减轻企业家的行政负担。单一市场内的不受干扰的竞争可能是联盟对这些变革的最重要贡献。我们认为，凝聚政策与单一市场的竞争有助于增强成员国之间所期望的社会和经济融合，这对整个欧盟是有益的。这个目标应该在下一个欧盟多年度财政框架中实现。此外，随着世界经济迅速数字化和数据驱动，我们需要一个连接欧洲的数字单一市场。只有这样，欧盟才能塑造数字化转型，并最大限度地发挥其效益。当新的挑战和政策出现时，必须确保为现有的和基于条约的凝聚力政策提供充分的资金。共同农业政策（CAP）在欧洲可持续粮食生产、农村社会发展以及欧盟雄心勃勃但平衡的贸易政策方面不断发挥着重要作用。

民主合法性。条约中体现的机构间平衡是一个运作良好、民主和合法的欧洲项目最重要的基础。欧洲理事会应在确定包括欧洲未来在内的总体政治方向和优先事项方面发挥关键作用。国家元首和政府首脑所做的决定在决策过程的较低层次上不应被忽视。根据2014年6月欧洲理事会的结论，我们应进一步考虑任命欧盟委员会主席的程序。在2月处理欧盟的关键制度问题时，特别是种子候选人（Spitzenkandidaten）机制，我们的辩论结果必须完全符合条约，不应破坏欧盟机构和成员国之间当前的平衡。从这个角度来看，我们不同意建立一个跨国名单。我们相信欧洲议会的席位需要减少。根据条约，成员国对欧盟立法和政治进程的民主控制应遵循辅助性原则。应当考虑到，在目前的投票制度下如何保护重要的国家利益，同时铭记欧洲理事会注定要成为摆在桌面上的敏感问题的经纪人。在涉及战略性的国家利益的问题上，每个成员国都应有权要求欧洲理事会做出基于一致意见的决定。欧盟的统一将是我们的主要目标。欧盟立法程序的民主合法性，可以通过引入红牌制度，通过各国议会进行民主控制来加强。我们应该缩小欧洲公民与布鲁塞尔机构之间的距离，并准备根据国家惯例，就欧洲未来进行广泛的公开讨论。

难民政策的综合方法。持续两年多的难民危机已经使欧洲人面对现实，给国家难民和安全政策带来了尚未解决的挑战。由于这场危机，欧盟必须面对重大挑战，如确保保护外部边界的必要性，以及区别真正寻求庇护者与非法和经济难民之间的差异。我们的经验表明，只有经协商一致通过的解决方案才能在实践中取得最佳效果，并能够有效地解决危机。这些行动的主要部分是在难民政策的外部范围内进行的，强调了与原籍国和过境国合作的必要性。现在是时候就难民和庇护政策的综合方法达成一个具有可持续性的共识了。因此，考虑到我们的共同经验，必须构建危机整体解决方案，目标不是分配，而是防止对欧洲造成难民压力。塔特方案（Tat）是我们为利比亚边境保护工作贡献3500万欧元的原因。维谢格拉德国家将为正在进行的关于难民政策的辩论做出贡献，该政策基于有效、负责任和可执行的外部边境保护原则，避免施加强制性配额，因为这些配额不具成效，已经分裂了欧洲。

五　欧盟改革与脱欧

很明显，匈牙利作为轮值主席国的政治话语受到英国退出欧盟谈判的显著影响。在这个领域中，首要目标是在维护欧盟27国统一的同时，界定和代表维谢格拉德集团国家的共同利益。匈牙利和维谢格拉德集团国家从一开始就分别强调，他们的利益在于支持作为欧盟成员国的英国。然而，在削减欧盟机构的繁文缛节、增强国家议会的作用等几个问题上，V4，特别是匈牙利一直与英国是坚定的同盟伙伴。然而，V4注意到并尊重英国多数民众的意志及其作出主权决定的权利。维谢格拉德集团国家远离任何扣帽子、羞辱或虚伪的污名，并期望以相互理解的名义与其他国家保持同样的态度。

维谢格拉德集团自英国脱欧谈判之初就表示支持恢复和维护欧盟统一。V4试图达成一项公平互利的协定，充分确保权利和义务之间的平衡，并设法将该地区的重大利益纳入欧盟在脱欧问题上的总体立场。V4的一个最重要的目标是保护居住在英国的欧盟公民的权利和利益。重要的是，脱欧并没有为弱化有关人员和服务自由流动的既有规则提供依据。在脱欧后，确保欧盟与英国保持最密切的关系是很重要的。维谢格拉德集团的一个重要利益是，以令人满意的方式解决脱欧的财务问题，各方都遵守现有义务。V4对一项规范欧盟与英国之间贸易和投资合作的协议感兴趣，该协议在相互受益的基础上保持平衡，并尽可能保持目前的开放。作为北约成员国和重要的欧洲和全球行动者，英国与欧盟共同的外交和安全政策（包括共同的安全和防务政策）保持密切联系，这也是V4的一个重要共同目标。

即使在可能的脱欧之后，英国也是世界上最大的经济体之一，并且是一个决定性的欧洲安全和防务参与者。因此，在谈判中选择务实和建设性基调的决定是有根据的。2017年塔特拉峰会（Tatra Summit）的煽动性断言是"要么你在餐桌上，要么你在菜单上"。维谢格拉德集团认为，英国作为一个非成员国也将在欧洲未来发展中继续发挥作用。为促进英国退出欧盟后的互利合作，匈牙利在努力尊重欧盟27国统一原则的同时，努力恢复（重要的是，没有单独的双边条款）脱欧后"V4+英国"关系。

从更为非正式的角度来看，可以假定，英国脱欧促使欧洲走出舒适区。英国脱欧或多或少但不可避免地有助于在关于欧盟未来的辩论中促进自我反省。勉强的成员国的退出引发了政治和社会风暴，这是很自然的。显然，少数派意见有其代价。然而，它对于对话是必不可少的。主流国际媒体预计，随着"拖拖拉拉和无知"的俱乐部成员退出游戏，欧盟的一体化（向着更联邦主义的方向）将更加顺利和迅速。亲欧盟的声音认为，欧洲项目将再次启动。有人说，欧洲共同军队的主要对手将离开谈判桌，欧盟政治和实践合作将重新恢复。当然，这显然还有待观察。

体制问题已经成为欧盟议程的首要问题，这自然也赋予了V4轮值主席国以协调任务。四个国家强烈欢迎图斯克领导的议程（2017年10月提出），为重新完善的欧洲决策机制设定了愿景。维谢格拉德集团国家主要目标是在欧盟中建立共识。如前所述，欧盟的政治方向应该是欧洲理事会和成员国的自由裁量权。

六 负责任地处理难民危机

自2015年大规模难民危机开始以来，维谢格拉德四国对这一复杂问题采取了负责任的立场，并站出来寻求全面的解决方案，充分关注不同类型难民之间的差异，强调安全是未来欧洲解决方案的一个关键方面。保护申根边界，从而保护整个欧洲，是V4在政治辩论中的关键共同立场，也是联合行动的起源。正是本着解决难民问题根源的精神，V4国家在欧盟非洲信托基金（EU Trust Fund for Africa）内资助了一个3500万欧元的项目，旨在加强利比亚的综合边境管理。

为了维护和加强欧洲安全，匈牙利轮值主席国任期的目标是继续进行基于理性的活动，同步与难民有关的V4合作，并将相关建议传达到欧盟层面的决策当中。欧盟应该恢复其安全复原力和自卫意识。必须制定和追求全面有效的应对难民挑战的办法。由于难民是当代欧盟议程上最紧迫的问题之一，关于欧盟难民政策及其未来庇护制度的决定必须在欧洲理事会一级通过协商一致作出。V4 仍然强烈反对未来的强制和自动迁移机制。2015 年，在没有就如何解决危机达成一致意见的情况下，强迫成员国进行强制迁移的做法出现了错误，这只会加剧成员国之间的严重分歧。此外，难民安置已被证明是处理难民危机的一个不起作用的工具，因此将其纳入未来的系统将是一个严重的错误，这是所有 V4 国家所共有的立场。

七　匈牙利维谢格拉德轮值主席国任期内的欧盟政策协调

作为 V4 轮值主席国，匈牙利强调就欧盟最紧迫的议程协调各国立场。其目标是通过在欧洲理事会会议前组织 V4 总理协调会议，在欧洲理事会一般会议前举行特别的 V4 磋商，在欧洲联盟理事会及其筹备机构（部长、国务秘书、核心人物）协调 V4 在欧洲理事会会议上的立场，确保所有利益攸关方（如成员国和欧盟机构）采取有效、建设性和一致的联合行动，并准备联合声明和非正式文件来表达共同的政治路线。

欧洲事务国务秘书处的 V4 轮值机构与政府政策主管部门合作，持续关注 V4 轮值主席国任期的发展情况，并综合了若干事件所产生的政治立场。这里我们重点介绍一些最重要的内容。

（一）欧盟改革

V4 领导人的政治立场符合 2017 年 10 月图斯克主席的领导人议程。在 2018 年 1 月 26 日布达佩斯举行的 V4 首脑会议上，四位总理通过了一项联合宣言，重点关注欧洲的未来、体制问题以及难民挑战（见上文）。在 2018 年 2 月 23 日的非正式欧洲理事会上，四个国家也团结在一起，主要关注机构问题，如种子候选人机制和跨国名单的概念。

(二) 难民

2017年7月19日，于布达佩斯通过了一项V4国家总理的联合声明，在难民问题的内部和外部维度划出了红线。维谢格拉德集团国家的主要立场在谈判期间保持不变：回到申根，拒绝任何强制性的难民安置制度，停止非法难民。特别是在2017年12月，四个国家承诺为欧盟非洲信托基金（EU Trust Fund for Africa）提供3500万欧元时，V4的实际团结得到了体现。

(三) 凝聚政策（Cohesion policy）

为了支持凝聚政策及其欧洲附加价值，"V4+克罗地亚"部长们于2018年2月2日在布达佩斯通过了一份联合立场文件，宣布凝聚政策发挥了重要作用。

(四) 多年度财政框架（MFF）

关于2018年1月提交欧盟委员会的下一个多年度财政框架，V4是唯一一个采取联合立场的国家集团。保障传统政策资源是V4国家的共同利益，因此V4支持扩大最惠国的规模，以便欧盟能够同时应对新出现的挑战和长期优先事项。

(五) 共同农业政策（CAP）

农业在匈牙利作为V4轮值主席国的议程中占有相当高的地位。V4与保加利亚、罗马尼亚和斯洛文尼亚的部长们于2017年6月2日在华沙通过了一项联合声明，强调了在2020年之后维持CAP的重要性。V4还于2017年7月18日在布鲁塞尔与波罗的海国家达成了一项协议。"V4+克罗地亚"宣言的主要立场于2018年1月25日形成，宣布了共同利益：维持两个支柱、综合和共同的政策结构是关键，而新的挑战只能通过额外的预算来消除。BIOEAST倡议还于2017年9月21日引起了V4与保加利亚、罗马尼亚、克罗地亚和斯洛文尼亚农业部部长的协调响应；一致认为该倡议应遵循适当的路线图纳入欧盟地平线 2020 计划（Horizon 2020）。

（六）食品的双重质量

继捷克倡议之后，V4 总理于 2017 年 7 月 19 日在布达佩斯①采取了共同立场，以解决任何在食品和其他产品领域出现双重质量标准的趋势。这一立场敦促欧洲委员会制定一项法律解决方案，以纠正生产者的欺骗行为。在 2017 年 10 月 13 日②布拉迪斯拉发首脑会议的间隙，时任斯洛伐克总理罗伯特·菲佐强调，欧洲不能有第一和第二类消费者③。任何形式的歧视都必须消除，因为这在关于欧洲未来的辩论中也很重要。合作伙伴一致认为，联合研究中心④将负责优化行动的协调。

八　案例研究——V4 国务秘书和欧盟事务特别代表为欧盟事务举行的非正式会议（2017 年 10 月，布达佩斯）

负责欧盟事务的 V4 国务秘书和欧盟事务特别代表讨论了他们对欧盟未来的共同立场。在下一个多年度财政框架下，与会者一致认为，维护当前框架的结构是四个国家的首要利益。关于能源政策，会议欢迎匈牙利在 V4 轮值主席国任期内就欧盟能源管理的条例草案和可再生能源指令提出一个共同的 V4 立场。

---

① 《捷克、匈牙利、波兰和斯洛伐克总理关于食品和其他商品质量的双重标准的联合声明》，2017 年 7 月 19 日，V4 官网，http://www.visegradgroup.eu/calendar/v4-statement-on-dual。

② 《布拉迪斯拉发将于 2017 年 10 月 13 日至 9 月 29 日主办就食品质量双重标准开展讨论的峰会》，V4 官网，http://www.visegradgroup.eu/news/bratislava-to-host-170929。

③ 《FICO 呼吁停止食品质量的双重标准》，2017 年 10 月 13 日，V4 官网，http://www.visegradgroup.eu/news/co-calls-for-an-end-to。

④ 《已成立联合研究中心，以制定协调检验方法的标准》，https://g8p1kplyr33r3krz5b97d1-wpengine.netdna-ssl.com/wp-content/。

国务秘书和特别代表还讨论了塔林数字峰会的后续行动以及英国脱欧问题。这次会议在很大程度上有助于拟订一个 V4 共同方针，该方针涉及看似紧迫的欧洲政治问题的政治和技术方面，即修订《劳务派遣指令》（the Posting of Workers Directive）。匈牙利于 2017 年 10 月 10 日制定了一个关于修订该指令的 V4 通用方法，以参加 2017 年 10 月 23 日在就业、社会政策、卫生和消费者权益委员会（EPSCO）举行的部长级辩论。V4 国家甚至在政治"嘘声"（bush fght）中设法达成一致立场，并在谈判中尽可能地表达该立场。

参考文献

"Bratislava to host summit on dual quality food on October 13", 2017 September 29, http://www.visegradgroup.eu/news/bratislava-to-host-170929.

"Fico calls for an end to double standards in food quality", Visegradgroup. eu, 2017 October 13, http://www.visegradgroup.eu/news/fico-calls-for-an-end-to.

Joint Research Centre has been established to develop guidelines for harmonisedtesting approach, See: European Commission Action to Tackle Dual Quality Food Issues, https://g8fip1kplyr-33r3krz5b97d1-wpengine.netdna-ssl.com/wp-content/uploads/2017/07/DUAL-FOOD-Non-pa-per.pdf.

Joint statement of the Prime Ministers of the Czech Republic, Hungary, Poland and Slovakia on dual quality of foodstuffs and other commodities, 2017 July 19, http://www.visegradgroup.eu/calendar/v4-statement-on-dual.

The Rome Declaration, 2017 March 25, http://www.consilium.europa.eu/en/press/press-releases/2017/03/25/rome-declaration/.

V4 Statement on the Future of Europe, 2018 January 26, http://v4.gov.hu/accessibility/download/f/5c/02000/Joint%20Statement%20on%20the%20Occasion%20of%20the%20Summit%20of%20V4%20Prime%20Ministers%20on%20the%20Future%20of%20Europe.pdf.

第八章 欧盟中 V4 的声音

维罗尼卡·约维亚（Veronika Jozwiak）

一 V4 加入欧盟的重要意义

随着欧盟（以及更早的北约）成员国身份的实现，V4 国家已经完成了维谢格拉德合作的主要目标之一。2004 年，维谢格拉德集团所有四个成员国加入欧盟，一直是决定各国未来合作可能性的主要因素。争取"全面参与欧洲政治和经济体系以及安全和立法体系"[1]的共同目标已被列入该组织的创始文件——1991 年的《维谢格拉德宣言》。然而，该文件为维谢格拉德集团设定了更广泛的目标，四个国家宣称要捍卫他们的价值观，这既构成其身份认同，又构成他们想要为之贡献的欧洲共同体的基础。该宣言唤起了诸如法治、基本人权、团结、宽容、从事经济事业的自由以及没有仇恨、民族主义和仇外心理的正常运转的社会等一系列价值观。因此欧洲一体化不仅是维谢格拉德集团的政治目标，也是加入西方自由民主共同体并追赶其文明发展水平的意愿的表达。从这个角度来看，加入欧盟并不是终极目标，对于捷克、匈牙利、波兰和斯洛伐克来说，这只是迈出的重要一步。如果我们回顾维谢格拉德合作 26 年的历史，随着时间的推移，价值观似乎已经成为一个越来越不具有决定性的因素，而一个更加务实的因素已经开始占据主导地位。

---

[1] "Visegrad Declaration", 1991, http://www.visegradgroup.eu/documents/visegrad-declarations/visegrad-declaration-110412.

2004年以后，维谢格拉德合作需要一个新的总体思路，使整个集团统一起来，尽管成功与否的可能性并不确定。许多人怀疑在该集团内部能否维持加入欧盟之前的密切关系和信息流通。对维谢格拉德集团的普遍怀疑也再次出现，对未来合作的意义提出了质疑。事实上，V4国家相互竞争的野心和利益冲突是阻碍共同行动的因素。事实上，自1991年以来，对维谢格拉德地区的不同看法、不明朗的经济和政治状况一直在分裂该集团。2004年是V4本可以走自己的路，在欧盟内部以不同的形式建立自己的联盟的时刻。尽管如此，V4仍然是一个基于共同利益、协商和务实合作的有效平台。

二 定义维谢格拉德合作的作用

2004年以后，维谢格拉德集团继续作为维持成员国之间双边关系的补充平台。共同利益也有助于缓解双边关系中的紧张局势，如匈牙利和斯洛伐克之间的紧张关系。对于每一个维谢格拉德集团国家来说，该组织仍然是高级别政治对话和跨境部门合作最重要的区域形式。经验表明，在某些V4成员国特别感兴趣的领域开展更大的V4活动有助于在其他领域获得支持（例如，V4支持东部区域的欧洲邻国政策，也支持巴尔干地区的欧盟扩大政策）。这也意味着削弱区域合作对任何V4国家都没有好处。

加入欧盟后不久，V4模式在各种欧盟论坛上也被证明是一个有用的工具：从专家到总理级别，V4国家之间的会议数量在加入欧盟后显著增加。自2004年以来，维谢格拉德集团领导人通过了三项主要的联合声明，大体上确定了他们希望在欧盟一级进行合作的领域。

第一份声明于2004年5月12日发表（加入欧盟后几天），将V4组织视为一个在共同利益领域进行欧盟一级磋商的工具[①]。《合作指南》将很多注意力放在了欧盟采取的外部行动上（包括有关新的欧

[①] "Guidelines on the future areas of Visegrad Cooperation", 12 May 2004, http://www.visegradgroup.eu/cooperation/guidelines-on-the-future-110412.

盟对西巴尔干地区的邻国政策和战略的工作）；在司法与内政领域（特别是边境管理）和国防政策方面的合作（为发展战略稳定计划和欧盟—北约关系做出贡献）。他们还寻求在欧洲经济区（EEA）内开展新形式的经济合作，并就加入欧洲货币联盟（EMU）的准备工作进行磋商。所有这些目标都表明这四个国家决心通过共同努力充分融入欧洲。当时，维谢格拉德集团在欧盟层面最紧迫的共同目标是：尽早加入申根地区，消除进入欧洲单一市场的所有障碍。同时，加入欧洲货币联盟被列入国家层面的议程。

第二份是在2011年维谢格拉德集团成立20周年之际签署的《布拉迪斯拉发宣言》[①]，明确表达了愿意进一步发展欧盟一级相互合作的意愿。当时，尽管欧盟面临着经济衰退和移民涌入等严峻挑战，但《里斯本条约》明确概述并确认了欧盟的改革。这也是就下一次多年度财政框架（MFF）谈判的年份。因此，联合声明主要强调了V4内部的趋同，强调了欧盟凝聚政策和共同农业政策作为最惠国待遇的组成部分的重要性。V4还强调了四项基本自由的进一步发展，以及就国内安全问题（打击恐怖主义、人口与毒品贩运、非法移民和极端主义）的合作。就欧盟的外部行动而言，该宣言表示致力于在战略稳定框架内进行更紧密的合作。

27个欧盟成员国于2017年3月《罗马条约》签署60周年纪念之际发表了《罗马宣言》[②]，同时V4发表了第三份联合声明，其主要关注欧盟未来的不确定性。V4对英国脱欧公投、难民危机以及乌克兰东部武装冲突所引起的关注，给出了与欧盟其他国家类似的答案。V4呼吁团结一致，维护申根地区以及欧盟单一市场的成就。他们还敦促完

[①] The Bratislava Declaration of the Prime Ministers of the Czech Republic, the Republic of Hungary, the Republic of Poland and the Slovak Republic on the occasion of the 20th anniversary of the Visegrad Group, 15 February 2011, http://www.visegradgroup.eu/2011/the-bratislava.

[②] Joint statement of the Heads of Governments of the V4 countries, "Strong Europe-Union of Action and Trust", Input to Rome Declaration 2017, 25 March 2017, https://www.premier.gov.pl/les/les/joint_ statement_ of_ the_ heads_ of_ governments_ of_ the_ v4_ countries_ 0. pdf.

成数字单一市场建设。此外，V4 将安全与防务政策和欧洲邻国政策定义为两个最重要的领域。在即将举行的多年度财政框架（MFF）谈判中，他们还强调了欧盟凝聚政策在研究与创新、基础设施和教育政策中的不可替代作用。然而，该声明仅从广义上提及欧盟的体制改革，没有具体说明任何细节，这表明 V4 在这个问题上缺乏共识。

三　扩大合作的形式

与老成员国相比，V4 的快速经济增长帮助维谢格拉德集团在加入欧盟后表现积极。在 2004 年前后，V4 国家考虑推动该集团成为一个更加制度化的次区域合作框架，类似于比荷卢经济联盟（BENELUX）或北欧理事会（Nordic Council）。为了与榜样比荷卢经济联盟建立更紧密的联系，V4 集团做出了巨大的努力。然而，加入欧盟后的合作证明，在实践中，维谢格拉德集团国家更适合较小程度的制度化，以便他们能够自由地选择他们希望共同努力解决的问题。时至今日，该集团的这种弹性仍被视为其最大的价值之一。

自 2007 年以来，由于波兰的努力，V4 与立陶宛、拉脱维亚和爱沙尼亚的合作已成为惯例。在这一年，V4 同波罗的海国家总理举行了第一次会议[①]。由于在加强东部的欧洲邻国政策层面上的共同利益，以及对共同能源政策的支持和对俄罗斯的共同态度，波兰成为波罗的海国家在 V4 中最紧密的伙伴。维谢格拉德集团国家（主要是由于波兰的倡议）加强了与瑞典在东部邻国领域的合作。同时，匈牙利更希望与奥地利和斯洛文尼亚以 "V4 +" 形式进行更密切的合作，还有与克罗地亚在安全问题、西巴尔干的欧洲一体化以及最近的移民问题上进行更密切的合作。保加利亚和罗马尼亚则是 V4 在农业问题上的合作伙伴。

[①] Mateusz Gniazdowski, "Poland's Policy in the Visegrad Group", In: *Yearbook of Polish Foreign Policy 2008*, pp. 162 – 193. Ed.: Sławomir Dębski, The Polish Institute of International Affairs, Warsaw, 2009, p. 173.

V4合作为其成员国提供了能够影响欧盟内大国的能力，但是其潜力还不足以直接影响欧盟的政治进程。以"V4+"形式建立联盟提高了维谢格拉德集团国家的合作效率。随着时间的推移，该组织的声音转化为投票权的力量也在不断变化。根据《尼斯条约》（2003年2月1日起生效）中规定的理事会投票制度，4个国家共有58张加权选票（波兰27张、匈牙利12张、斯洛伐克7张、捷克12张），与德国和法国的总和相同。加上波罗的海国家，他们持有73票，再加上罗马尼亚和保加利亚为97票，而反对多数（需要阻止由合格多数投票作出的决定）只需要93票。这使得"V4+"形式成为欧盟潜在的政策制定者。然而，根据《里斯本条约》（自2014年11月1日起生效）的现行决策规则，实施了一个简单的、双重多数的制度，即"获得欧盟理事会55%以上的成员国支持，且支持国人口代表至少65%的欧盟总人口"①。该条款规定：增加欧盟四个最大成员国的投票权，但这是以牺牲较小成员国和作为一个整体的V4的利益为代价。因此，与包括最大的成员国在内的众多成员国结成联盟已成为一种必要。"凝聚力之友"（Friends of cohesion）组织就是一个很好的例子，它说明了这一变化带来的差异。该组织由2014—2020年的最惠国待遇谈判中的15个最惠国组成，包括V4、保加利亚、克罗地亚、爱沙尼亚、希腊、拉脱维亚、立陶宛、马耳他、葡萄牙、罗马尼亚、斯洛文尼亚和西班牙。在先前的投票权制度中，只有足够数量的成员国同意才能达到合格的多数。反过来，在目前的双重多数制中，这个团体只能获得162票。另外，第二个要求也没有得到满足，因为目前这些成员国仅占欧盟人口的34%②。然而，作为一项规则，欧洲理事会的决定仍应以协商一致的方式通过③，虽然在CFSP领域（V4已将其定义为其欧盟层面合作的一个重要领域）主要是通过一致同意通过的。

---

　　① "Treaty on European Union", Art. 16 (4).
　　② Tomasz Dubowski, "Visegrad Group-common goals and potential at the level of the European Union", Selected issues, In: *Ten years of the Visegrad Group Member States in the European Union*. Ed.: Agnieszka Piekutowska, Iwona Wrońska, Oficyna Wydawnicza ASPRA, 2015, p. 19.
　　③ "Treaty on European Union", Art. 15 (4).

同样，如前所述，影响力不能总是仅以投票权来表达。

四　V4 在欧盟层面的成功

2004 年后 V4 合作的历史表明，当它在欧盟层面上更多地致力于寻求共同解决方案时，就已经取得了最大的成功。波兰从 2008 年担任 V4 轮值主席国以来，一直提倡采取建设性的、以共同体为基础的做法，这种做法最符合 V4 的利益，不仅对个别成员国有利，而且对整个欧盟也有利。也正是在这个时候，V4 通过正式化和建立 V4 各级会议机制，在欧盟层面的合作中获得了更大的动力。

尽管经济衰退，但与其他欧盟成员国相比，波兰的经济表现也令人印象深刻。波兰加强了其在欧盟的政治地位，与该国的密切合作也增加了其 V4 伙伴的政治影响力。在这种情况下，波兰更容易说服 V4 的其他成员国相信，在强大的欧盟中建立一个有效的 V4 集团的看法。深化欧洲一体化是当时波兰外交政策战略的一部分，波兰本着这种精神继续协调 V4 在当前欧盟事务上的工作。这一时期 V4 主要是作为谈判联盟发挥作用，并有能力建立更广泛的联盟，以满足国家和地区利益。在即将举行的欧盟预算谈判中，欧盟需要团结一致，这也促使政府间的合作更加密切。自 2011 年以来，V4 领导人定期在欧洲理事会会议之前就其立场进行磋商。

五　多年度财政框架谈判

多年度财政框架的谈判始于 2011 年 6 月，委员会的预算提案公布，该提案要求在 2014—2020 年为凝聚政策拨款 3360 亿欧元，约占该时期欧盟总支出的三分之一[1]。最终分配给凝聚政策的金额为 3250 亿欧元，

---

[1] Publications of the European Union, "European Commission proposal for the 2014 – 2020 Multiannual Financial Frame work", 29 June 2011, http://ec.europa.eu/budget/library/biblio/publications/2011/m 2011/KV3112884ENN-web.pdf.

约占总支出的34%，但比2007—2013财政年度减少了近9%，并且比委员会的提案减少了140亿欧元[①]。英国被认为是谈判的主要赢家之一，该国与荷兰、丹麦、瑞典和德国结盟，获得了预算的额外削减。与此同时，波兰成为凝聚政策支出的最大受益者，2014—2020年的总拨款超过770亿欧元（增加约100亿欧元）。在V4国家中，只有波兰和斯洛伐克设法增加了凝聚基金。斯洛伐克名列第二，匈牙利则在人均上成为第五大凝聚政策受益者。捷克凝聚基金的开支被削减[②]。

总而言之，可以说，V4国家和其他新的中东欧欧盟成员国未能成功阻止凝聚基金名义上的减少。然而，他们在可用资金中获得了一定比例的收益。波兰在说服德国和英国认识到凝聚政策对于促进欧盟整体经济增长和竞争力的重要性方面发挥了关键作用。

六　V4参与欧洲邻国政策和扩大政策

事实证明，国家外交政策利益的欧洲化是V4的另一个有效工具。他们参与欧洲邻国政策和扩大政策，一方面是将V4中某些国家的外交政策目标上传到欧盟议程。另一方面，为寻求共同目标，V4成员国承担了向其东部和南部邻国提供转型援助的角色。

自2004年以来，支持东部邻国一直是V4议程的一部分，尽管在V4成为欧盟成员国的前几年，该集团塑造这些欧盟政策的潜力还未得到充分挖掘。由于东部政策本身的变化，2007年V4开始改变做法。波兰当时提出了在东部邻国设立维谢格拉德领事馆的想法[③]，但这一想法最终被驳回。真正的变化是在2008年，波兰加强了与瑞典的合作，启动了"东部伙伴关系计划"。通过将中欧地区利益纳入欧

[①] Michael Baun-Dan Marek, *Cohesion Policy in the European Union*, Palgrave, 2014, p. 62.
[②] Baun-Marek, p. 100.
[③] Joanna Kamińska, "Poland. The new agenda setter", In: Michael Baun-Dan Marek (ed.), *New Member States and the European Union. Foreign Policy and Europeanization*, Routledge, 2013, p. 32.

盟议程，对欧盟东部政策给予更多政治上的关注，以形成全面的欧盟政策，这也是 V4 的最大成就之一。

在加入欧盟后的几年里，欧盟邻国政策（ENP）的东部面向显然是波兰对外议程的首要问题。与此同时，匈牙利试图将其在西巴尔干地区的外交利益与欧盟扩大政策联系起来[①]。V4 成员国在政治上支持南部邻国加入欧盟和北约的愿望，加入北约和欧盟都被认为是加强政治稳定和安全的最佳工具。V4 为西巴尔干国家的法律和行政准备提供援助。同时，V4 以团体身份加入了这些提议，并鼓励欧盟和北约都实行"开放政策"。V4 联盟的建立增加了这些地区融入欧盟的潜力。然而，尽管对于匈牙利、斯洛伐克和捷克的外交政策而言，西巴尔干地区是其利益所在地，波兰却比较不情愿，对候选国和潜在候选国的支持仍然相当被动。华沙认为，西巴尔干一体化与东部伙伴关系计划存在相互竞争。一些分析人士则提出了相反的观点，他们认为，V4 在西巴尔干地区的更多参与将总体上促进周边地区的区域合作[②]。目前，面对西巴尔干地区不断出现的新挑战，包括大规模难民危机和内部政治危机，V4 仍维持支持该地区获得欧盟成员资格的观点[③]。

七　V4 担任欧盟理事会轮值主席国

所有维谢格拉德集团国家都已经担任过欧盟理事会的一任轮值主

[①] Csaba Törő, "Hungary. The Europeanization of policy perspectives and purposes", In: Michael Baun-Dan Marek (ed.), *New Member States and the European Union. Foreign Policy and Europeanization*, Routledge, 2013, p. 39.

[②] Mateusz Gniazdowski, "Bałkany Zachodnie: sprawa środkowoeuropejskiej solidarności The Western Balkans: a matter of Central European solidarity", *Polski Przegląd Dyplomatyczny*, 2008/2, p. 13.

[③] 参见 V4 Ministers in Joint Article, "We Offer You Our Helping Hand on the EU Path", Visegradgroup. eu, 2015 November 11, http://www.visegradgroup.eu/calendar/2015/v4-ministers-in-joint; "the Visegrad Group Joint Statement on the Western Balkans", Visegradgroup. eu, http://www.visegradgroup.eu/calendar/2016/the-visegrad-group-joint; "V4 Foreign Ministers' Joint Statement on the Western Balkans", Visegradgroup. eu, 2018 October 11, http://www.visegradgroup.eu/calendar/selected-events-in-2017-170203/v4wb6-joint-statement.

席国，这是一个证明他们有能力领导和组织理事会工作的机会。作为轮值主席国，各国在地区一级咨询了各自的方案，并愿意关注地区利益。

在2009年上半年捷克担任欧盟理事会轮值主席国期间，批准了《里斯本条约》。这也是乌克兰和俄罗斯之间发生天然气冲突的时期。从波兰的角度看，捷克对2009年5月在布拉格发起的"东部伙伴计划"的支持至关重要。此外，捷克对农业政策改革的看法与波兰的利益相违背并最终退出①。

匈牙利和波兰于2011年先后担任欧盟理事会轮值主席国，也为欧盟合作的区域层面做出了贡献。在V4和双边层面（自从2008年），已就他们的方案和优先事项进行了磋商。磋商主要侧重于经济政策，特别是2014—2020年多年度财政框架谈判的筹备工作。波兰按照其作为主席国的优先事项完成了欧盟预算的第一阶段工作：它有助于通过欧洲委员会的折中建议，作为进一步谈判的基础。所谓的"六个一包"（six-pack，也在匈牙利任期内谈判），这是一整套旨在增强欧盟经济治理的法规，也在波兰任期内通过。波兰在东部伙伴关系方面最重要的成就是批准了与乌克兰签订的《联系国协定》文本，并与格鲁吉亚和摩尔多瓦展开了贸易协定谈判。从V4的角度来看，欧盟的扩大政策也已成为优先事项——西巴尔干、冰岛和土耳其当时都已被列入议程。在匈牙利轮值主席国任期内，欧盟与克罗地亚完成了新的谈判章节。而在波兰担任轮值主席国期间，克罗地亚签署了加入条约。

斯洛伐克在英国脱欧公投之后，于2016年7月开始担任欧盟理事会轮值主席国，此时正值关于欧盟改革的辩论。其任职方案的重点是加强欧洲经济，深化单一市场，并致力于欧洲移民和庇护政策。斯洛伐克的意图是让V4参与未来欧洲一体化的讨论，并在V4和欧盟

---

① Anna Doliwa-Klepacka, "Experiences of the Presidency of the Viserad States", In: *Ten years of the Visegrad Group Member States in the European Union*, Ed.: Agnieszka Piekutowska, Iwona Wrońska, Oficyna Wydawnicza ASPRA, 2015, p. 27.

委员会之间进行调解。在 2016 年 9 月 16 日于布拉迪斯拉发举行的欧洲理事会非正式会议期间，维谢格拉德集团提出了"灵活团结"的概念，斯洛伐克作为轮值主席国进一步将其发展为"有效团结"并加以推动。关于欧盟应对难民挑战，V4 的建议是基于这样一个假设，即欧盟成员国应自愿选择他们希望如何帮助解决危机。根据这一概念，寻求庇护者的重新安置仅仅是表达团结的可能方式之一。各国还可以在移民压力下向成员国提供财政捐助，增加对欧盟机构的捐助，承担遣返被驳回庇护要求的申请人的责任，或与邻国就接待庇护者的设施、处理和审查申请进行共享[①]。

八 利益分歧

在能源问题、与俄罗斯的关系以及支持乌克兰方面，V4 成员国在欧盟一级的政治分歧明显可见。对这些问题的不同立场证明，在某些领域的个体国家利益高于 V4 的团结。在欧盟机构改革的讨论中也证明了 V4 缺乏政治共识，这在 2007 年[②]通过《里斯本条约》的过程以及目前关于一体化未来的辩论中都被证明。

从 2010 年开始，正式建设一条南北天然气走廊的计划就已经摆上了议事日程。欧盟委员会批准了这个倡议，将其作为欧盟能源基础设施的重要组成部分，这大大提高了该地区和整个欧盟的能源安全。虽然在 2009 年天然气危机之后，通过采取一些新的法规，并在该区域各国之间建立互联网络，V4 国家的能源供应安全有所提高，但这一供应走廊尚未建立。这使得人们对 V4 国家在减少对俄罗斯天然气依赖方面是否真正有用产生怀疑，尽管他们都呼吁加强能源安全，并

[①] Jolanta Szymańska, "Prospects for compromise on reform of the Common European Asylum System", *PISM Bulletin*, 12 (952), 2 February 2017, http://www.pism.pl/publications/bulletin/no-12-952#.

[②] Michal Kořán, "V4 cooperation from the point of view of the Czech Republic", Centre for European and Transatlantic Affairs, 2013, http://www.cenaa.org/data/databaza/KORAN-nal.pdf.

主张将建立共同的能源政策作为建立欧盟单一市场所必需的改革之一。与此同时,波兰自 2014 年以来一直呼吁在欧盟内建立一个能源联盟,与俄罗斯就天然气合同进行联合谈判,但尚未得到其 V4 合作伙伴的支持。波兰的目标是保持 V4 的统一,以反对北溪二号管道的建设,该项目旨在通过波罗的海连接俄罗斯和德国。2016 年 10 月,V4 各国的总统签署了一份反对该项目的声明。

V4 国家对东部伙伴关系的联合支持一直持续到 2014 年克里米亚危机。此后,对冲突的评估和支持乌克兰的参与程度取决于每个 V4 国家与俄罗斯的双边关系。尽管他们都支持欧盟对俄罗斯的制裁,但斯洛伐克总理罗伯特·菲佐(Robert Fico)和匈牙利总理欧尔班·维克托都质疑制裁的有效性。

对俄罗斯的不同看法也影响了安全与国防领域的 V4 合作。除波兰外的 V4 国家并不认为俄罗斯是军事威胁。尽管 V4 欧盟战斗群自 2016 年开始运作,但捷克、匈牙利和斯洛伐克决定仅向波罗的海国家派遣一支象征性的部队,而 V4 为北约在波兰、爱沙尼亚、拉脱维亚和立陶宛增强军事存在的共同努力迄今为止都失败了。

九 当前的挑战

2015—2017 年,欧盟面临的多重危机在很大程度上影响了 V4 合作。英国脱欧公投引发了全欧洲关于一体化未来的辩论,而叙利亚战争导致了一场严重的难民危机,欧盟对此没有一个有效的答案。V4(连同其他成员国)拒绝执行欧盟司法和内务理事会(JHA Council)于 2015 年 9 月 22 日[1]通过的关于在各成员国强制迁移 12 万寻求庇护者的决定[2]。

---

[1] Council of the European Union, "Council decision establishing provisional measures in the area of international protection for the benefit of Italy and Greece", 22 September 2015, http://data.consilium.europa.eu/doc/document/ST-12098-2015-INIT/en/pdf.

[2] 参见 Stepper Péter, "the Visegrad Group and the EU agenda on migration: A coalition of the unwilling?", *Corvinus Journal of International Affairs*, 2016/1, pp. 76–77.

因此，V4将合作重点放在欧盟议程中的政治问题上。维谢格拉德的合作因此变得高度政治化。此外，基于在许多政治问题上观点的相似，波兰的贝娅塔·希德沃（Beata Szydło）和匈牙利的欧尔班·维克托政府加强了双边关系。而他们的斯洛伐克和捷克的合作伙伴则做出了努力，使自己与波兰—匈牙利"联盟"区别开来，特别是在欧盟委员会于2016年1月对波兰立法程序启动调查之后。

对V4的不同看法也阻碍了合作。在有关欧盟未来的辩论中，波兰将V4视为紧密的盟友。对于匈牙利而言，宁愿将该组织视为巩固国家地位的工具，而欧尔班总理本人则是欧盟保守派政治运动的领导人。捷克一直将V4更多地视为追求国家利益的临时工具，而不是政治联盟，而欧元区唯一的V4成员国斯洛伐克明确表示，该国选择深化欧洲一体化，并且认为与其欧洲政策相比，V4的重要性是次要的。

在2015年难民危机高峰期，V4在移民问题上的坚定立场成为该集团的统一主题。V4似乎已经放弃了他们早期与欧盟统一立场的决策。在2016年9月的布拉迪斯拉发峰会之前，V4没有表现出任何妥协的意愿，并保持其拒绝难民配额的顽固立场，而实际上，直到2016年布拉迪斯拉发峰会前，V4也没有任何其他解决方案。此外，匈牙利利用移民问题以及针对危机采取的V4联合行动，加强其区域和欧盟层面的政治地位[1]。这种做法对维谢格拉德集团在欧盟的形象产生了负面影响。V4开始被认为是欧盟弱点的来源之一，它对欧盟的决定提出质疑，并质疑欧盟的决策过程本身。此外，看上去欧盟无法执行难民配额决定（尽管不能只归咎于V4）将使整个欧盟的建设承受巨大压力。

但是，V4在移民问题上并不像看上去那样统一。尽管他们都拒绝强制迁移制度，但捷克和斯洛伐克仍然接受了自愿迁移计划中来自希腊和意大利的少数寻求庇护者。这将他们与波兰和匈牙利区别开来，后者不接受基于欧盟迁移概念的庇护要求。

波兰前公民纲领党政府（Civic Platform government）宣布参与自

---

[1] Veronika Jóźwiak, "the Visegrad Group from Hungary's perspective", *PISM Bulletin*, 86 (936), 13 December 2016, http：//www.pism.pl/publications/bulletin/no-86-936#.

愿的欧盟迁移计划，然而该承诺被波兰前总理贝娅塔·希德沃撤销。因此，我们可以得出结论，波兰拒绝强制迁移，但在自愿移民承诺方面，他们可能会向共同的欧洲庇护系统提供一些帮助。外交部长阿法尔·切帕利斯基（Czapliński）在接受《世界报》采访时的评论也支持了这一预期。捷克还同意参与欧盟的移民安置计划（重新安置来自土耳其的叙利亚难民）。

英国脱欧公投后，V4国家也试图影响关于欧洲一体化未来的辩论。所有国家都认为，如果仍对所有成员国开放，则可以根据《欧盟运作条约》加强合作。他们还同意，应加强各国议会在欧盟决策过程中的作用，以提高其合法性，并进一步强调欧洲理事会的关键作用。然而，对于如何改革欧盟内部组织还没有达成共识。波兰呼吁进行欧盟条约改革，以增加欧盟理事会的作用，限制欧盟委员会的政治影响力，但未能就这一概念将整个集团团结起来。

十　前景

当V4提出了自己的构想，并使最大的成员国相信，他们不仅愿意确保狭隘的地区利益，而且致力于惠及整个欧盟时，V4在影响欧盟层面的政治上最为成功。两个无可争议的成功例子是：吸引欧盟对其东部和东南部邻国的关注，并在2014—2020年的多年度财政框架中给予一定比例的凝聚基金。尽管V4也设法将他们自己处理难民危机的观点上传到欧洲议程，并采取更具对抗性的态度阻止了强制性的迁移，但这种方法的政治成本可能很高。

维谢格拉德集团不仅需要在特定合作领域为了共同利益而共同行动，还需要维持V4团结的政治利益。欧盟理事会2017年10月关于修订劳务派遣指令的决定[①]表明，由于附加的政治因素，V4在欧洲政

---

① 修订欧洲议会和理事会1996年12月16日关于在提供服务的框架内派遣工人的第96/71/EC号指令的提案，http：//ec.europa.eu/social/BlobServlet？docId=15293&langId=en。

策事务上难以维持统一。例如，在这个案例中，捷克和斯洛伐克倾向于与法国一起投票（法国是修正案的发起人），特别是在面临关于未来一体化的辩论时。这也表明，务实的利益高于区域团结。波兰是最大的 V4 国家，自然有最大的机会在政治上将利益驱动和 V4 合作结合起来，并利用其在欧盟舞台的影响力。然而，在华沙拥有强大的欧洲和地区地位之前，波兰的 V4 合作伙伴不会承认波兰是该地区的领导人。

即将到来的关于欧盟未来的辩论可能会导致 V4 成员国的分裂。如果在欧元区改革等关键问题上，一些 V4 成员国将决定加入一个实现更深层次一体化的成员国集团，而其他 V4 成员国选择退出，那么即将到来的关于欧盟未来的辩论可能会导致 V4 成员国分道扬镳。这将分裂维谢格拉德集团，并产生持久的后果，因为其成员国的利益将出现严重分歧。然而，2017 年 11 月，这四个国家与其他 19 个成员国签署了《关于在安全与防务领域建立永久结构性合作（PESCO）的通知》。广泛参与 PESCO 意味着国防领域不会出现差异化的一体化。欧元区改革的内容尚不清楚。

维谢格拉德集团仍然是欧盟一级磋商的有效平台。V4 国家应寻求其他欧盟成员国的支持，在不同的组织中建立更广泛的联盟，并在最大的欧盟成员国的参与下，就共同关心的问题建立更广泛的联盟。然而，临时联盟在通过欧盟议程推动 V4 优先事项方面的有效性可能与他们使用的语言有关。经验表明，采用温和的、寻求折中的方法会带来更好的结果。

参考文献

Baun, Michael-Dan, Marek, *Cohesion Policy in the European Union*, Palgrave, 2014.

Council of the European Union, "Council decision establishing provisional measures in the area of international protection for the benefit of Italy and Greece", 22 September 2015, http：//data. consilium. europa. eu/doc/document/ST-12098-2015-INIT/en/pdf.

Doliwa-Klepacka, Anna, "Experiences of the Presidency of the Viserad States",

In: *Ten years of the Visegrad Group Member States in the European Union*, Ed. : Piekutowska, Agnieszka-Wrońska, Iwona, Oficyna Wydawnicza ASPRA, 2015.

Dubowski, Tomasz, "Visegrad Group—common goals and potential at the level of the European Union", Selected issues, In: *Ten years of the Visegrad Group Member States in the European Union*, Ed. : Piekutowska, Agnieszka-Wrońska, Iwona, Oficyna Wydawnicza ASPRA, 2015.

Gniazdowski, Mateusz, "Bałkany Zachodnie: sprawa środkowoeuropejskiej solidarności (The Western Balkans: a matter of Central European solidarity)", *Polski Przegląd Dyplomatyczny*, 2008/2.

Gniazdowski, Mateusz, "Poland's Policy in the Visegrad Group", In: *Yearbook of Polish Foreign Policy 2008*, Ed. : Sławomir Dębski, Polish Institute of International Affairs, Warsaw, 2009.

Joint statement of the Heads of Governments of the V4 countries, "Strong Europe-Union of Action and Trust", Input to Rome Declaration, 25 March 2017, https://www.premier.gov.pl/files/files/joint_statement_of_the_heads_of_governments_of_the_v4_countries_0.pdf.

Jóźwiak, Veronika, "The Visegrad Group from Hungary's perspective", *PISM Bulletin*, 86 (936), 13 December 2016, http://www.pism.pl/publications/bulletin/no-86-936#.

Kamińska, Joanna, "Poland. The new agenda setter", In: Michael Baun-Dan Marek (ed.), *The New Member States and the European Union. Foreign Policy and Europeanization*, Routledge, 2013.

Kořán, Michal, V4 cooperation from the point of view of the Czech Republic, Centre for European and North Atlantic Affairs, 2013. http://www.cenaa.org/data/databaza/KORAN-final.pdf.

Publications Office of the European Union, European Commission proposal for the 2014—2020 Multiannual Financial Framework, 29 June 2011, http://ec.europa.eu/budget/library/biblio/publications/2011/mff2011/KV3112884ENN-web.pdf.

Stepper, Péter, "The Visegrad Group and the EU agenda on migration: A coalition of the unwilling?", *Corvinus Journal of International Affairs*, 2016/1, pp. 76 – 77.

Szymańska, Jolanta, "Prospects for compromise on reform of the Common European Asylum System", *PISM Bulletin*, 12 (952), 2 February 2017, http://

www. pism. pl/publications/bulletin/no-12-952#.

Szymańska, Jolanta, "CJEU dismisses complaints by Slovakia and Hungary on refugee relocation", *PISM Spotlight*, 50/2017, 7 September 2017, http://www. pism. pl/publications/spotlight/no-50-2017.

The Bratislava Declaration of the Prime Ministers of the Czech Republic, the Republic of Hungary, the Republic of Poland and the Slovak Republic on the occassion of the 20th anniversary of the Visegrad Group, 15 February 2011, http://www. visegradgroup. eu/2011/the-bratislava.

Törő, Csaba, "Hungary. The Europeanization of policy perspectives and purposes", In: Michael Baun-Dan Marek (ed.), *The New Member States and the European Union. Foreign Policy and Europeanization*, Routledge, 2013.

Treaty on European Union, Official Journal C 326, 26 October 2012, 0001 – 0390.

Visegrad Declaration, 15 February 1991, http://www. visegradgroup. eu/documents/visegraddeclarations/visegrad-declaration-110412.

Visegrad Declaration, 12 May 2004, http://www. visegradgroup. eu/documents/visegraddeclarations/visegrad-declaration-110412.

第九章 维谢格拉德集团关于欧盟事务的政策制定

佩尔·佩特·施密特 安纳梅里亚·施泰纳-伊斯基
(Pál Péter Schmitt Annamária Steiner-Isky)

一 前言

维谢格拉德合作不仅仅是基于共同地缘政治利益的共同区域倡议。它是中欧身份认同的完整精华,是构建未来,同时促进共同战略目标的典范。在1991年2月5日维谢格拉德合作正式建立时,首先必须摆脱旧制度的束缚。当时苏联军队撤离,这四个国家获得了期待已久的自由。在20世纪90年代早期和后期的历史性时刻中,捷克、匈牙利、波兰和斯洛伐克之间进行的合作除了代表共同利益外,还保留了中欧根深蒂固的价值观。

过去的历史给维谢格拉德集团国家留下了长期的阴影,并逐渐渗透进了他们共同的身份。20世纪的历史一定程度上增强了进行区域合作以建设未来的必要性。这就需要总结并评估我们共同的过去,这些经验甚至在今天仍然渗透到V4的决策程序和真正的政治活动中。

在汉语中,"危机"一词由两个字组成,一个代表危险,另一个代表机遇。是危险还是机遇取决于我们。在2016年6月英国举行脱欧公投之后,很多人就欧洲的未来提出了一些想法,所有这些想法都是支持欧洲的,旨在建立一个更强大、更能应对危机的欧盟。这在2017—2018年匈牙利担任维谢格拉德集团轮值主席国任期内并无不同,其旨在根据布拉迪斯拉发宣言和罗马宣言,与欧盟机构和其他成员国加强合作。

但是，维谢格拉德地区必须对整个欧盟的未来提出全面的构想的法律依据和基础是什么？首先，这四个国家已经在经济发展方面做了相当多的工作；匈牙利和该地区其他国家的经济发展不仅前景良好，而且已经使V4达到马斯特里赫特标准，并对欧洲的竞争力做出了显著贡献。这就是匈牙利作为V4轮值主席国任期内所说的"由强大成员国组成的强大欧盟"的含义。

尽管如此，维谢格拉德集团国家过去和现在都经常被视为欧盟政治方向的批评者。这是一个模糊的说法，因此具有误导性。为了更好地理解匈牙利对欧盟未来的看法，我们应该在欧盟的概念和结构上，更准确地说是在欧盟某些方面的运作上有所区分。

维谢格拉德集团一直致力于欧洲概念和各种条约建设。2003年，全国公民投票使匈牙利变成欧盟成员国。在匈牙利，没有一个政治组织主张"退出欧盟"。匈牙利公众对成为欧盟成员国的支持率始终保持在80%左右，匈牙利社会是对欧盟支持率最高的社会之一[1]。

然而，这并不意味着匈牙利和维谢格拉德集团不能就布鲁塞尔或其他成员国的具体政策提出不同观点或发表自己的意见，甚至提出替代性方案。比其他人更直言不讳并不等于质疑欧盟的共同价值观。在欧盟，辩论是正常的，只要是基于非歧视和理性的，V4总是欢迎并参与其中。然而，公开的情绪化辩论对欧洲统一来说是一种危险。

V4国家是欧元区成功的既得利益者，他们在2017年11月举行的对外事务理事会会议上签署了正式文件，以启动一项共同防御倡议"永久结构性合作"（PESCO）[2]，V4遵循欧盟的路线，支持欧盟委员会关于英国脱欧的做法。V4对欧盟的支持清单还很长，并将继续下去。

---

[1] 参见 Pew Research, Post-Brexit, Europeans More Favorable Toward EU, 2017 June 1, http://www.pewglobal.org/2017/06/15/post-brexit-europeans-more-favorable-toward-eu/.

[2] European Council, "Defence Cooperation", 2017 November 13, http://www.consilium.europa.eu/en/press/press-relea-ses/2017/11/13/defence-cooperation-23-member-states-sign-joint-noti cation-on-pesco/.

另外，当涉及中欧一些众所周知的具体利益时，人们越来越普遍的感觉是，这些利益被其他成员国无视了。关于强制性难民配额的问题和对劳务派遣指令的修订就是两个很好的例子。

当谈到欧盟一体化已经取得的成果时，我们也看到了令人担忧的趋势。申根体系正被临时的边界管制所瓦解，行使自由流动权正成为西欧政治语言中的"社会倾销"（social dumping）。因此，匈牙利担任V4轮值主席国的一个最重要的目标是保护欧盟一体化所取得的实实在在的成果，这些成果对欧洲和V4地区的公民都很重要，也使欧盟取得成功，包括凝聚政策和共同农业政策。

二 发现协同效应

V4关于"欧洲的维谢格拉德"的总体目标是探索和利用成员国和欧盟职权之间的协同效应，以提高公民的安全和福利。为此有必要采用基于共识的方法，这意味着欧洲理事会应根据领导人议程和罗马进程确定欧盟的政治方向。如果欧盟在一体化方面走得太快，将无法实现新的目标，从而引发另一场危机。

欧洲理事会主席唐纳德·图斯克（Donald Tusk）在2017年10月提出的领导人议程中指出，雄心壮志不应导致分裂[①]。V4非常赞同这一点。埃马纽埃尔·马克龙总统和欧盟委员会主席让-克劳德·容克也认为，必须克服欧盟东西方之间的裂痕，欧洲合作应该以成员国的平等为基础。在此基础上，匈牙利和V4提出了可分为三步的构想。

第一，欧盟应保留以条约为基础的传统政策，这些政策已被证明能够实现融合（自由流动、申根、凝聚政策、共同农业政策）。2020年之后为这些领域提供资金应该和应对新挑战一样重要。

第二，欧盟应在成员国达成共识的基础上，在为整个欧洲带来附加价值的领域继续前进。维谢格拉德集团在许多领域支持"更多的欧

---

① Donald Tusk, "Leader's Agenda", 2017 October 1, http://www.consilium.europa.eu/en/policies/tallinn-leaders-agenda.

洲"，例如，数字化、PESCO、反恐怖主义、保护外部边界、进一步在西巴尔干地区扩张等。在同一情况下，一个单独的欧元区预算的附加价值是值得怀疑的。

第三，如果无法达成共识，应在条约的保障下（例如，单一市场的完整性、非歧视）加强合作。有差异的一体化是长达数十年的现实，过去的经验（如欧元区和申根）表明，这一成功可能会激励其他国家加入。

三 新欧盟的批评者或先驱？

现在很多人都在问，是什么使得长达27年的V4合作取得成功？这一问题是合理的，因为这四个国家是各个领域中的竞争者，而且作为曾经的东方集团的成员国，他们曾遭受过历史性的创伤。维谢格拉德集团的重要性不仅体现在其有效的政治合作和杰出的经济表现中，还在于其深层次的原因，即相互尊重、地理位置和中欧身份认同上。相互尊重意味着这四个国家永远不会强迫自己站在共同立场上。这一合作的力量在于灵活性。这是一个关键因素，使该集团能够找到有关欧盟伙伴关系的共同点。

只要看一眼地图，地缘政治因素的重要性就不言而喻了。从基础设施发展到经济融合，该地区各国将始终享有共同的利益。从这个意义上说，即使这四个国家没有做出任何特殊的努力，维谢格拉德合作也将发挥作用。

而且，我们可以放心地假设维谢格拉德身份是完整的，可以作为成功的政治合作的蓝图。中欧身份与欧洲身份并不背道而驰，而是对欧洲身份的补充，它有助于建立更丰富的欧洲文化和社会。维谢格拉德合作是"多样性统一"原则的光辉典范，在今天，当我们的共同价值观面临重大挑战时，这一点尤为重要，因为这些挑战可能会影响我们欧洲大陆在未来几十年的形象。

不过，为什么V4有时被普遍视为欧盟一体化的批评者呢？如果我们的政治情绪冷静下来，根据事实分析形势，我们可以看到两个主要原因。

首先，匈牙利自2010年以来采取了不遵循欧盟委员会一般准则的经济措施。匈牙利有一个运作良好的"匈牙利模式"，它建立在四个支柱的一致性和平衡性之上，即竞争力、"工作福利社会"、人口统计（包括家庭政策）和身份认同。

尽管我们欢迎欧盟政治议程中社会层面日益增长的重要性，但匈牙利看重自己国家的成功模式，不想用新的欧洲社会支柱取代它。在同样的情况下，在应对经济和人口挑战时，依靠内部资源，而不是诸如移民等外部因素，这是一个关键目标。

第二个原因更为抽象。2015年，欧洲一体化史上第一次有来自新成员国的有力政治观点成为主流——维谢格拉德关于非法大规模移民的立场。这是欧洲政治中的一个新现象。如果遵循这一思路，我们可能会得出这样的结论：欧洲在社会层面上的真正统一尚未实现。我们都必须为此努力。

欧洲在政治上团结一致，我们之间的经济联系日益紧密。我们致力于在欧盟实现融合与统一。然而，V4成员国在争取统一的过程中，仍然必须克服双重标准和社会倾销的耻辱观念。提醒大家，2004年众多国家"大爆炸"式加入欧盟是成功的，它使欧盟更加强大，单一市场更大。这也是为什么中欧最重要的目标之一就是维护申根条约和自由流动的权利。由于我们的国家被困在铁幕后40多年，该地区的公民也倾向于对这些政策有象征性和情感上的依恋。

四 身份和文化方面："从V4的视角来看"

"从V4的视角来看"——匈牙利担任V4轮值主席国期间主持的一次美术展览于2018年2月至3月在布鲁塞尔举行。欧盟的机构中心尚未见过以如此规模的美术活动来展示维谢格拉德四个国家的当代艺术。这场社会文化展览展示了该地区真正的共同精神遗产中跳动的艺术之心，为V4以中欧身份与未来欧洲战略目标的有趣融合提供了一个光辉的例证。

中欧认同既是一种旧现象，也是一种新现象。这对居住在该地区的人们来说是显而易见的。但在欧洲大陆，特别是在布鲁塞尔的社会和文化语境中，这是一个新的特点。中欧身份并不违背欧洲身份，而是与之互补。它有助于丰富欧洲文化。在欧洲，我们为世界著名的艺术和科学成就以及我们打算保存并传给后代的生活方式而自豪。这些价值观今天面临着重大挑战，这些挑战可能会在未来几十年内影响欧洲大陆的形象和生活方式。因此，作为V4轮值主席国，匈牙利认为不仅要在国家层面上，而且要在欧洲层面上以现代的态度展现共同遗产的"最佳实践"，这一点至关重要，我们可以在未来几十年内继续发扬光大。因此，维谢格拉德集团国家美术展是"多样统一"原则的光辉典范。匈牙利总理府自豪地支持此次活动，旨在促进欧盟、匈牙利与整个V4之间的联系。策展人、艺术家和工作人员以及相关机构对这一独特展览给予持续性支持，使这一构想在V4与欧盟关系的社会文化层面留下印记。

五　案例研究：增强国家议会的作用

维谢格拉德议会欧洲事务委员会代表于2017年9月25日在萨罗斯帕克举行的会议结论包括关于加强各国议会在欧盟中作用的建议。

通过的文件：

●指出在瞬息万变的世界中，欧盟及其机构需要适应挑战，并记住，历史已经多次证明，欧盟是一个生机勃勃的有机体，能够自我发展和调整。文件强调必须将各国议会纳入有关欧洲联盟未来的讨论中。

●强调必须在欧洲和国家一级加强对欧盟立法和政治程序的民主控制，为了提高欧盟决策过程的合法性，应考虑国家议会的更重要作用。

●承认现任欧盟委员会的政策在改善其与各国议会的关系方面发挥的作用，特别是通过增加欧盟委员会专员对成员国的访问次数，并强调这一对话支持各国议会在国家和欧盟政策中行使其职权。

- 认为在整个欧盟决策过程中充分尊重辅助性和比例性原则是其根本，在这方面，各国议会进行的辅助性监测构成了主要保证。指出辅助性监测是由各国议会这些政治机构实施的，因此，所提出的合理意见不应被单纯地视为法律分析工具，而应被视为具有政治和经济背景。欧盟委员会主席最近成立的特别工作组应进一步考虑合理意见的双重性质。

在匈牙利担任V4轮值主席国任期内，四个国家认为，重要的是加强成员国议会对欧盟立法的总体民主监督，以及引入"红牌"（或是"绿卡"）程序，这一点很重要。2018年1月26日通过的关于欧洲未来的V4联合声明宣布，可以通过引入红牌系统来加强各国议会对欧盟的民主控制。

六 关于欧洲未来和V4代表性的辩论

匈牙利担任V4轮值主席国期间同意维护欧盟27国统一的必要性，如2017年3月的《罗马宣言》所阐述的那样。在涉及成员国利益和未来的跨领域问题上，他们需要根据《罗马宣言》中的目标达成一致决定。维谢格拉德集团非常重视欧盟的座右铭"多样性统一"，并认为欧洲的优势在于多样性，同时尊重民族身份和共同的文化遗产。因此，维谢格拉德集团一直关注德国和其他成员国之间的谈判。为了欧盟改革进程和欧洲经济的运行，在面临挑战时需要稳定的政府。倡导"强大成员国的强大欧洲"是V4政治哲学的基石，它还包括必须尊重成员国的国家身份和战略利益，这一点决不能被推翻。

V4以一种开放和务实的方式呈现了一种亲欧洲和务实的态度，使其具有比较优势。不需要"大改革计划"来"让欧洲再次伟大"，但我们必须回到使欧盟成为20世纪人类杰出成就之一的原则和目标。

建立欧盟的元勋们打算把联合的欧洲建立在强大民族国家之间的合作、相互信任以及欧洲国家民主平等的基础上。国家元首和政府首脑一致支持2017年10月的领导人议程，包括其中的警告——"我们应谨慎行事，不要陷入不必要的制度或理论辩论中"①。

创新的思想和概念并不少，但首先且最重要的是，V4 鼓励人们重新尊重条约中规定的职责分工和职权范围。同样重要的是遵守自己的规则并停止有选择地应用这些规则（例如，在预算纪律方面）。恢复条约中规定的机构间平衡至关重要：委员会应避免提出涉及成员国基本国家主权或与欧洲理事会的政治路线相冲突的建议。必须加强各国议会参与欧盟决策，从而加强辅助性、问责制和透明度原则。

重要的是，匈牙利担任 V4 轮值主席国时召集四位总理进行小组讨论，以对比他们对欧洲未来的看法。布达佩斯 V4 峰会于 2018 年 1 月 26 日在匈牙利总统府的中心大楼城堡花园举行。除匈牙利和斯洛伐克总理外，捷克总理安德烈·巴比什（Andrej Babiš）和波兰总理马泰乌什·莫拉维茨基（Mateusz Morawiecki）首次参加了独立的 V4 峰会（即与布鲁塞尔无关的峰会）。在首脑全体会议上，各国总理讨论了 2018 年 2 月 23 日欧洲理事会非正式会议议程上提出的与欧盟有关的事项，包括与欧盟机构法和 2020 年后新的欧盟多年度财政框架（MFF）有关的事项。除上述内容外，各国政府首脑就移民问题最新进展交换了意见，并通过了一份关于欧盟未来的联合声明。

继 2018 年 1 月 26 日在布达佩斯举行首脑会议之后，四个国家的总理就拒绝非法移民、进一步扩大欧盟的必要性以及维谢格拉德合作的成功达成了一致意见。欧尔班·维克托（Orbán Viktor）总理强调，欧洲需要"重新规划"。匈牙利总理表示，移民问题的辩论将从欧洲阶段转向全球阶段，欧洲也必须对此作出回应。斯洛伐克总理罗伯特·菲佐（Robert Fico）强调说，V4 是四个成功的国家，四个成功的故事，一个亲欧洲的集团。此外，他否认了由于 V4 国家有时意见不同而引起的指控。他还指出，在就欧盟配额问题作出决定时，由各国元首和政府首脑组成的欧洲理事会被部长理事会绕过。此外，他还表示，在移民危机中，匈牙利做了他所期望的事情：保卫申根边界。捷克总理安德烈·巴比什强调，必须听取所有成员国的意见，他们应

---

① Tusk (2017).

该对欧洲的决策有更大的影响力。关于移民问题，他说匈牙利是第一个解决移民问题的国家。波兰总理马泰乌什·莫拉维茨基说，欧洲应该由主权国家组成，这些主权国家在国家一级作出决定，但要不断与其他成员国合作，建立一个统一的市场。关于联合军事力量，他说，这样的力量之所以必不可少，不仅是因为来自东方的侵略危险，而且是因为恐怖主义和移民危机。各国总理就欧盟的扩大表示统一立场。他们表示应加快西巴尔干地区一体化。

七 案例研究：2018年2月23日欧洲理事会非正式会议之前，V4国家在欧盟机构问题上的立场

在唐纳德·图斯克（Donald Tusk）主席的领导人议程框架内，2018年2月23日欧洲理事会非正式会议讨论了欧盟的制度问题，如欧洲议会的组成、跨国名单的想法和"种子候选人"机制（"Spitzenkandidaten" mechanism）。V4在谈判之前，就这些问题提出了几点看法。V4认为这些提议的几个要素值得怀疑。V4提出的问题与确保欧盟运作和决策的民主合法性问题密切相关，以期引起人们对欧洲公民与欧盟机构以及成员国之间距离扩大的风险的关切。V4一贯主张加强欧洲统一的方式是坚持一体化的核心原则：成员国之间不歧视，平等对待成员国，不论其规模、经济实力、文化、地理位置、国内政治偏好或对某些问题的看法。就欧盟的未来和体制问题而言，V4国家多次表示致力于条约和欧盟的机构间平衡。此外，欧洲理事会应在确定欧盟政治优先事项方面发挥领导作用，而欧盟委员会应主要坚持其作为"条约守护者"的角色。

（一）"种子候选人"制度（The "Spitzenkandidaten" system）

该制度旨在由各政党在欧洲议会选举中提出欧盟委员会主席候选人，此外获胜者必须由欧洲理事会选举产生。该制度的支持者引用了2014年的先例，当时各国元首和政府首脑选举让-克劳德·容克为

委员会主席，恰巧他也是获得支持率最高的欧洲人民党提议的候选人。另一个观点与《欧洲联盟条约》第 17 条有关，该条假定欧洲理事会在提出欧盟委员会主席候选人时要考虑到欧洲议会的选举。

虽然欧洲议会及其政治团体承认该机制获得的普遍支持，但预计该提案在遵守条约方面存在很大问题。通过剥夺欧洲理事会的选择自由和提议欧盟委员会主席候选人的特权，它将从根本上改变条约所规定的体制平衡。第 17 条明确规定了欧洲理事会的自由裁量权的范围，该范围不受任何限制，唯一的例外是要考虑欧洲议会选举结果。尽管如此，欧洲议会中代表比例的特征以及随之而来的难以获得明确选举结果的困难，也使国家元首和政府首脑更加需要必要的回旋余地。因此，欧洲理事会提名非"种子候选人"的候选人不仅符合条约，而且是确保委员会主席有效选举的必要条件。通过实现一种不合理但显著的"渐渐"的权限转移，该机制也会违反比例原则。

在 2018 年 2 月的欧洲理事会会议上，欧洲理事会表示，考虑到欧洲议会选举的结果，将保留其酌情提名委员会主席的特权。这一结果对 V4 国家来说是可以接受的。

（二）跨国投票名单

与"种子候选人"机制有关并以此为基础，于 2015 年出现了建立跨国名单或欧洲选区的想法。2017 年，法国政府在其关于重新调整由英国脱欧引起变动的 73 个欧洲议会席位的建议中重新提出了这一建议，即除了在代表不足的国家中重新分配 23 个席位之外，还将建立 50 个席位的跨国名单。因此，欧洲公民有可能投两票：一票是国家名单，另一票是跨国名单。该名单由至少 9 个成员国的候选人组成，国籍和性别各不相同。针对许多成员国的严重分歧，一些成员国支持这一倡议，如最近的《南部欧盟国家宣言》（Southern European Union Countries）所表明的那样。

然而，跨国名单的概念在原则和合法性方面引起了严重关注。首先，引入这一机制将扩大欧洲公民与欧洲决策者之间的距离，并为不负责任的权力铺平道路，因为建立的新的欧洲议会议员类别，他们不属于任何选区，因此对选民不承担直接责任和问责。因此，跨国名单将被视为欧盟走向权力集中，并将塑造一个遥远而不透明的联盟的形象，而不是一个民主而负责的联盟。此外，引进欧洲议会的一等和二等成员是不可接受的，此外，该制度很可能对较小的成员国不利。最后，由于媒体的负面曝光，这样的名单最有可能有利于国际知名的极右翼候选人。

从法律角度来看，V4 认为，引入这样一个名单并不适合欧洲机构当前的体制结构和平衡，因此需要修改条约。此外，引入一份跨国名单将破坏按比例分配席位的必要性，并会破坏在选举前一年就分配"常规"席位达成的分配协定。此外，对于男女性别交替的要求将违反大多数成员国关于非歧视的宪法规定以及《欧洲联盟条约》第 2 条。

根据 V4 国家的立场，欧洲理事会拒绝了为 2019 年的欧洲议会选举引入跨国名单的想法。

（三）欧洲议会席位的分配

在每次欧洲议会选举之前，都会根据人口统计和不断变化的成员国数量，在成员国之间重新分配欧洲议会席位。至于 2019—2024 年的议会任期，真正棘手的问题也受到了脱欧和随后撤销 73 个英国席位的影响。欧洲议会的提案是想取消 51 个席位，将剩余的 22 个席位分配给从人口来看未被充分代表的国家。"没有国家失去席位"这一原则本来是可行的，而且该提案还计划在 2024 年选举前通过一个永久分配机制。

维谢格拉德集团敦促放弃永久分配机制这一想法，并主张在每个立法机关保持透明和民主的政治讨论。V4 认同"没有国家失去席位"的原则。二月份欧洲理事会的最终成果符合这些主要优先事项。

八 结论

2017 年和 2018 年将成为欧洲的希望和复兴之年，前提是我们坚定地履行我们的共同议程,并向我们的公民表明,欧盟在那里保护和捍卫他们。当前的地缘政治背景使得这种联合比以往任何时候都更加必要。正如欧盟领导人在《罗马条约》签署60周年之际在罗马会晤时所说的:"我们相信欧洲的未来掌握在我们手中,欧盟是实现我们目标的最佳工具。因此,让我们抓住时机,比以前更加努力地工作,以满足我们公民的关切。现在该行动了。"[1]

维谢格拉德集团的诞生可能被视为命运的安排。这是地区共同的历史命运,为四国的友好务实合作铺平了道路。为了理解现在并为将来行事,必须首先掌握和理解过去。维谢格拉德的身份并不是临时的政治辩论和政治僵局,而是完整无缺的,可以作为地区政治合作走向成功的蓝图。

匈牙利作为V4轮值主席国时刻准备着对话,并在欧洲政治舞台上有着共同的目标:使欧盟更加强大,更有竞争力。维谢格拉德集团过去以及现在仍然是一个负责任的行动者,具有亲欧洲和现实的立场,旨在维护一体化已经取得的成果,努力实现保持多样性的统一(尊重宪法传统),并为欧盟发展提供增量。相互信任、地区利益和共同身份认同是V4的基础,在匈牙利担任轮值主席国任期内,V4作为欧盟内部稳定和增长的成功代表的形象得到了加强。对"强大国家的强大欧洲"概念的认识和认可取得了前所未有的增长,成为有关欧盟未来政治辩论的合法内容。V4为在布拉迪斯拉发和罗马发表的关于欧盟未来的宣言贡献了建设性的政治信息。我们对中欧国家模式成功案例的论证也充分基于该地区的客观经济数据(预算赤字低于3%,创纪录的低失业率,经济增长约4%)。

维谢格拉德集团设法在欧盟议程中的大多数问题上建立和维持统一,无论其现任国家政府的政治立场如何。在2018年1月26日举行的布达佩斯峰会上,V4总理通过了一项联合声明,讨论欧洲的未来。V4的立场和建议总结为六点,以期建立一个更强大、更安全的欧洲。

---

[1] Jean-Claude Juncker-Frans Timmermans, "State of the Union 2017", https://ec.europa.eu/commission/sites/beta-political/les/letter-of-intent-2017_en.pdf.

维谢格拉德集团国家共同出资 3500 万欧元，为欧盟非洲基金（EUTF Africa Fund）加强利比亚综合边境管制的项目提供资金。V4 合作的一个关键主题是多年度财政框架。在匈牙利主持下协调的联合立场文件已送交欧洲委员会，并通过了关于农业和凝聚政策的联合声明。

匈牙利轮值主席国任期的一个主要目标是为维谢格拉德地区的数字化提供更多的支持。2018 年 1 月 26 日在布达佩斯举行的首脑峰会上通过的联合宣言强调了创建数字单一市场的优先权，针对数字时代的挑战，并为此提供了适当的欧盟资金。2018 年 1 月 25 日在布达佩斯举行的区域数字峰会超越了 V4 模式。

维谢格拉德集团国家仍然坚定地支持单一市场的四大自由，他们将重点放在欧洲的竞争力上，如加强派遣工人和运输人员的竞争力。在 2017 年 10 月 23 日举行的就业事务部部长理事会会议上，匈牙利领导 14 个欧盟成员国加强了团结。原先的协议使派遣工人处于不利地位，因此运输部门应当重新设计其法律框架。这一举措也有助于维护匈牙利运输部门的利益。

参考文献

Tusk, Donald, Leader's Agenda, 2017 October 1, http://www.consilium.europa.eu/en/policies/tallinn-leaders-agenda.

European Council, Defence Cooperation, 2017 November 13, http://www.consilium.europa.eu/en/press/press-releases/2017/11/13/defence-cooperation-23-member-states-sign-joint-notification-on-pesco/.

Juncker, Jean-Claude-Timmermans, Frans, State of the Union 2017, https://ec.europa.eu/commission/sites/beta-political/files/letter-of-intent-2017_en.pdf.

Pew Research, Post-Brexit, Europeans More Favorable Toward EU, 2017 June 1, http://www.pewglobal.org/2017/06/15/post-brexit-europeans-more-favorable-toward-eu/.

第十章　实践中的维谢格拉德合作：
机制、成果和外部政治背景

吕泽尔·安德烈斯·梅特（Lázár András Máté）

一　导言

本章讨论了 V4 在实践中的合作，包括其各个领域、机制和成果，重点讨论了 2004 年以后，尤其是 2017—2018 年匈牙利作为 V4 轮值主席国期间的情况。为了更好地理解用于准确评估 V4 的背景，本章介绍了维谢格拉德集团作为当代区域合作模式的主要基本特征，以及由此产生的挑战。本章还概述了最近影响 V4 议程、合作强度和形象的一些决定性因素。本书当中的一些章节详细讨论了某些时期的 V4 合作或者 V4 的具体政策领域，而这一章则从内部视角概述了当今的维谢格拉德合作。

维谢格拉德已成为并将继续作为加强中欧合作的持久性框架。要了解这种可能会异常持久却不断变化的模式，最重要的是掌握 V4 的实际工作方式以及 V4 的成果，这一模式已经成为欧洲政治中的一个长期性的影响因素。下面将简要介绍维谢格拉德合作的某些基本特征，以准确分析合作当中存在的困难和实践成果。维谢格拉德合作最近外部知名度的增长来源于它面临的最新挑战（主要是由于四个国家对 2015 年席卷欧洲的难民危机的联合反应），因为 V4 与难民危机的关联引起了令人惊讶的高度关注，即使对以前没有或很少对此集团感兴趣的人也是如此。事实上，V4 首次与诸如难民问题这样一个具有争议性的中心话题联系在一起，并因此在一个高度政治化的背景下获得了外界的关注，这是一个全新的现象。尽管V4从未针对单一问题开展合作，但最近它经常被错误地描述为这样。此外，在过去几年中，与V4有关的讨论往往不会适当区分作为一个整体的维谢格拉德集团和作为四个独立国家的维谢格拉德集团成员国，这四个国家本身的政治发展也备受争议。由于这些趋势，对V4进行中立客观的回顾变得更加重要。

维谢格拉德合作开展已近三十年，在完成其初始战略目标（相互协助的政治和经济转型、加入北约和欧盟）之后，目前与V4相关的活动包括众多方面，四国在多个维度、多个领域并且以多种形式进行合作。从广义上讲，今天的V4仍然包括了政府/国家和非政府两个层面。具体包括外交政策和"V4+"关系、欧盟政策的协调、其他部门政策的合作（从能源到交通、国防、经济、农业、地区政策等）和议会间对话，以及四个国家机构、非政府组织和个人在其他方面的合作。"V4+"与第三国的合作，以及基于V4这一"品牌"并从中获取利益的种种活动代表着上述各个方面日益多元化的相互关联。就主要活动类别而言，V4广泛地涵盖了对国际发展交换意见和共同做出反应、分享经验和国家政策、职位协调和联合游说（非正式和书面的）、维持联合机构、管理联合项目，以及各种形式的V4对外的联合表述。

二　从全局角度看V4：基本特征和分析挑战

综上所述，考虑到为V4和"V4+"对话提供平台的高度多样化的各种论坛，实际上，V4多样的议程中几乎没有什么固定的议题。此外，这些议程的数量和组成方式会随着时间的推移而变化，不同领域的合作强度也会随之变化。V4的另一个主要特征是参与合作的利益相关者人数众多且多样，这代表了分析上的困难，但也解释了V4为何具有持久力。从总理到政府官员、外交官、专家、市政当局、州政府和其他机构代表，以及各种非政府组织、协会和联合会、智囊团，甚至私营公司的参与者都已经并将继续参与V4/"V4+"活动。

第十章 实践中的维谢格拉德合作：机制、成果和外部政治背景　　149

因此，应用全局视角在分析 V4 当前的效果或者前景时是必不可少的，尽管这同时也具有高度的挑战性。

V4 的去中心化、松散的制度化特征以及其议程上的众多问题使得所有的分析即使不是不可能的但也是困难的。此外，V4 在不同维度和不同级别上的合作都相当自主化。在特定领域中的合作取得成功并不需要在（所有）其他领域重复类似的密切合作。此外，即使没有自上而下的投入，政府/国家机构之间的中低级合作（当然也包括非政府组织）通常都能很好地发挥作用（事实上，V4 国家高度重视这一点，因为这是该模式灵活性的关键）。另一个决定性因素是 V4 严格遵守自愿原则和它的补充性质。维谢格拉德合作不会取代参与国的双边关系，只会作为参与国的双边关系和他们在其他政府间平台中的参与的补充[①]。维谢格拉德合作从未被设计用来取代四个国家各自的国家野心、立场和努力，这是维谢格拉德合作一个非常重要却被人忽视的特点。四个国家在所有问题上达成政治协议，并不是维持永久合作的先决条件，只有基于共同利益形成的 V4 协议才会使集团从一致步伐采取行动。这也意味着，在一定时期内，某些领域的合作会减缓甚至暂时停止。而同时，其他领域的合作也不会中断[②]。这就是为什么在评估 V4 的成果和前景时，如果强调某个特定领域的合作存在暂时性不足，或者通过挑选一些 V4 国家存在不同立场的政治敏感问题来进行判断，得出的结论会被误导。

同样重要的是要强调维谢格拉德合作的低调和"软性"特征。事实上，这不是一种异常现象或合作表现不佳的迹象，而是这种合作的"内在"因素。除了一些重要的例外情况，例如难民危机，V4 绝大部分的协商和合作项目都是隐秘进行的。因此，维谢格拉德合作通常在 V4 国家的政治家发表政治声明时受到公众关注，这些政治声明通常

[①] V4 的这一基本原则已在 1991 年的维谢格拉德宣言中明确宣布："宣言的签署国声明，他们的合作绝不会干涉或限制他们与其他国家的关系，也不会针对其他任何政党的利益。"

[②] 这通常被专家和外交官称为"不同意的艺术"，实际上四个国家的官员认为这是 V4 的力量所在。

涉及一个特定的政治议题（通常不是合作本身）。当然，从某种意义上说，这是非常正常的，因为 V4 框架内的大多数共同的努力都可以被称为"软性"行动，主要包括职位协调、分享专业知识、联合的政治游说以及根据国际形势向外部伙伴表达利益诉求，而不是建立联合机构（重要的例外）或发起联合投资和大型项目。V4 国家各自的抱负以及他们的经济地位（在许多方面他们是彼此的竞争对手）也解释了为什么"硬合作"（例如，在经济领域中）尚未成为维谢格拉德的决定性方面。因此，V4 的"结构"主要由个人互动和长期的人际网络构成，而不是"硬"资产、基础设施开发或其他物质产出。因此，当 V4 合作产生的结果可以被定义为"有形的"，并且合作以汇集各国资源的联合项目的形式进行时，会更为引人注目（参考后面的案例）。

当今维谢格拉德合作面临着另一个趋势，这种趋势使从外部理解 V4 变得更加复杂。尽管在过去几年中，V4 的议程和知名度有了很大的提高，但其主要功能在很大程度上基本保持不变，包括用于合作的资源数量。如上所述，V4 仍然是一个非正式的、具有补充性和自愿性的平台，没有永久性的机构框架和联合预算。忽视这一点通常会导致人们对 V4 的期望与感知到的成功之间的冲突，这一冲突表现为质疑 V4 的生存能力并指出其缺乏所谓的"真正的成果"。由于各种原因，包括不切实际的期望以及政治动机，维谢格拉德合作曾多次被宣布过时和终止。但是，即使 V4 有"濒死的体验"，其总是在"复活"之后，证明了这种模式的重要性[1]。关于 V4 合作结束的预测似乎总是没有关注维谢格拉德合作的基本特征和实际能力。总的来说，V4 经受住了时间的考验，或者，用菲恩（Fawn）的话来说，"维谢格拉德合作是有目的的"，因为"它避免了政府间组织在野心勃勃或者过

---

[1] Rick Fawn, "The International Transformation and Re-regionalization of 'Eastern Europe'", In: *Developments in Central and East European Politics 5.* Ed: Stephen White-Paul G. White-Judy Batt, Duke University Press, 2013, pp. 119 – 138.

度扩张方面常见的危险"①。在这种情况下,使观察家们感到惊讶的是,维谢格拉德集团于 2011 年"进入了它的第三个十年"。作为一项备受尊重和有效的区域倡议,维谢格拉德的声誉不断提高②。换句话说,维谢格拉德合作已经成为"一个对于维谢格拉德集团的成员国及其在欧盟的合作伙伴来说理所当然的存在"③。想要在迅速变化的政治环境中,理解这种非正式合作模式或许并不寻常的持久存在,需要定期对广泛使用的"维谢格拉德"一词所实际涵盖的内容进行盘点。

三 实践中的维谢格拉德:领域、机制、进化和适应

维谢格拉德作为一个政治合作项目始于 1991 年,旨在协调各国为实现既定目标而付出的努力。当时三个维谢格拉德集团国家的领导人决定联合行动来实现这些目标④。设想的联合行动包括与欧洲机构合作协调活动,定期就安全问题进行磋商,在 V4 地区的公民、机构、教堂等之间建立自由联系、发展经济合作、发展基础设施、开展生态合作、促进信息自由流通、就媒体和文化价值观开展合作、保障少数族群权利的合作、促进地方自治和建立次区域联系。《维谢格拉德宣言》规定,目标将"通过在各个级别,以各种形式举行的会议和磋

---

① Rick Fawn, "Visegrad: Fit for purpose?", *Communist and Post-Communist Studies*, 2013/September, pp. 339 – 349.

② Tomáš Strážay, "Visegrad-Arrival, Survival, Revival", In: *Two Decades of Visegrad Cooperation-Selected V4 Bibliography*, Ed: Břetislav Dančák et. al. Bratislava, International Visegrad Fund, 2011, p. 35.

③ "2011/12 Czech V4 Presidency report", http://www.visegradgroup.eu/documents/annual-reports/czv4-pres-eng-nal.

④ 这些目标包括完全恢复国家独立、民主和自由;消除旧制度的各个方面;建立议会民主制和现代自由市场经济;以及"充分参与欧洲政治和经济体系以及安全和立法体系"的战略目标。当时三个维谢格拉德集团国家的领导人宣称"尊重各国特点并协调各个方面,增加实现预期目标的机会,努力实现目标",参见"Visegrad Declaration", 1991, http://www.visegradgroup.eu/documents/visegrad-declarations/visegrad-declaration-110412.

商来实现",这仍然是当今 V4 的主要工作机制。

在维谢格拉德经历"休眠"期之后①,随着 1999 年该合作形式的第一次"复兴",V4 获得了更为详细和持久的合作议程和合作机制,包括按照捷克、波兰、匈牙利和斯洛伐克的顺序由各国轮流出任的年度轮值主席国制②。随后在 2000 年迈出了非常重要的一步,建立了维谢格拉德集团的第一个联合机构——国际维谢格拉德基金。在另一个不稳定的合作期之后,V4 的下一次"复兴"发生在 2004 年 V4 国家加入欧盟之后③。也就是在那时,维谢格拉德领导人重申他们的合作意愿,并重新确定了作为欧盟内的合作平台的形式④,未来合作的某些领域和机制再次被正式列出⑤。领导人呼吁进一步发展合作的第一个主题是"V4 区域内的合作"。这包括:文化、教育、青年交流和科学领域;通过国际维谢格拉德基金加强 V4 的社会层面合作;跨境合作;基础设施;环境;打击恐怖主义、有组织犯罪和非法移民的斗争;申根合作;灾害管理;审查劳工,社会政策中合作的可能性,分享发展援助方面的经验;包括军工在内的国防合作。"欧盟内部的合作"被视为 V4 合作的一个关键的、独立的方面,这在以下方面具有重要意义:经过一些修改和对当前情况的不断适应,V4 一直

---

① 参见 Martin Danger eld, *Subregional Economic Cooperation in Central and Eastern Europe: The Political Economy of CEFTA*, Edward Elgar Publishing, 2001.

② Contents of Visegrad Cooperation approved by the Prime Ministers' Summit Bratislava on 14th May 1999, http://www.visegradgroup.eu/cooperation/contents-of-visegrad-110412.

③ 观察家们注意到,关于合作的悲观预测大约发生在 V4 加入欧盟的进程中,包括低估了 V4 的持久力和有用性。加入欧盟后,V4 议程似乎为 V4 内部和外部事务的合作开辟了许多新途径,而且似乎已经产生了一种实质性的合作议程,这种议程在加入欧盟前的阶段没有被各国政府所重视。Martin Dangerfield, "The Visegrád Group in the Expanded European Union: From Preaccession to Postaccession Cooperation", In: *East European Politics and Societies: and Cultures*, 2008/Summer, pp. 630 – 667.

④ "捷克共和国、匈牙利共和国、波兰共和国和斯洛伐克共和国总理关于维谢格拉德集团国家加入欧洲联盟(2004 年 5 月 12 日)合作的声明",四国称《克罗梅日什宣言》表达了继续合作以及实现 V4 主要原目标的政治意愿,http://www.visegradgroup.eu/documents/visegrad-declarations/visegrad-declaration-110412 – 1.

⑤ "关于未来维谢格拉德合作领域的指导方针",根据《克罗梅日什宣言》通过,以确定未来合作的领域和机制,http://www.visegradgroup.eu/cooperation/guidelines-on-the-future-110412.

与欧盟紧密联系。在这一合作机制下，V4 国家表示愿意就当前的欧盟问题进行磋商和合作，促进 CFSP 的发展，包括其后的邻国政策（"更广泛的欧洲—新邻里"）以及欧盟对西巴尔干的战略；在司法和内政以及申根问题上进行合作，包括对外边境的保护和管理、签证政策；在欧洲经济区内的经济领域进行合作，就各国加入欧洲货币联盟的准备工作进行磋商；并就欧洲安全和防务政策进行合作。将"与其他伙伴合作"这一广泛目标纳入进来，是扩大"V4＋"合作形式的一个重要部分，这也是此后合作的一个决定性部分。在这一点上，"V4＋"与感兴趣的中欧国家、欧盟和北约候选国以及有抱负的国家进行"V4＋"合作（"支持欧洲和欧洲—大西洋观点所必需的改革"），其他区域结构、国家和组织成为未来的重点合作地区。"北约与其他国际组织的合作"包括与北大西洋公约组织、欧安组织、其他组织（联合国、欧洲理事会、经合组织等）的磋商、信息交流和合作，与跨大西洋安全有关的、以打击恐怖主义为重点的新的安全挑战，以及国际组织和机构中就候选人资格开展相互支持。

2004 年的文件中不仅系统地列出了未来 V4 合作的领域和机制，也在一定程度上加强并修订了 1999 年商定的机制。在政府合作领域，加强了轮值主席国方案，以确保合作连续性，并在每届轮值主席国任期结束时举行年度总理峰会。该文件还设想，各国总理和外交部长在国际活动前偶尔举行非正式会议，以 V4 和"V4＋"形式举行其他部长会议。加强 V4 国家在布鲁塞尔和其他相关论坛（欧安组织、联合国、欧洲委员会、经合组织、世贸组织等）与欧盟和北约常驻代表和协调员的沟通①。此外，国际维谢格拉德基金及其组织内部的合作、各国元首定期会议和四个国家的议会也被分别包括在内。

尽管此前存在种种困难，但 V4 证明，该区域确实需要并有潜力开

---

① 国家协调员的一个合作机构（自 1999 年以来已经存在），四国外交部各有一个，负责从横向角度跟踪、促进和协调 V4 合作，包括与政府、总统和议会方面以及国际维谢格拉德基金相关的任务。

展自愿、非正式、长期和多层次的合作。随着欧盟的扩大增强了区域集团的作用，以及维谢格拉德集团已成为中欧的一个标志性的组织，V4 国家深信，在加入欧盟后重振其合作是有益的。① 回顾 2004 年建立的 V4 合作的领域和机制，可以明显看出：从那以后，合作的范围和主题，特别是 V4 和"V4+"会议的频率都有了很大的提高。事实上，自 2004 年加入欧盟以来，第一届（波兰）V4 轮值主席国任期内，具有政治意义的高级别会议和其他磋商的频率已经超过了最初计划的（最低）水平，这表明对维谢格拉德模式的有机发展存在很高需求。在接下来的几年中，除了四个国家的总理、外交部长和外交官定期会晤外（通常邀请如奥地利、斯洛文尼亚、保加利亚、罗马尼亚、波罗的海国家、斯堪的纳维亚国家和比荷卢三国、美国、西巴尔干以及东欧国家、日本、以色列等第三方参加会议），涉及各部委政策（环境、国防、内政、区域发展、司法、金融、经济、劳工事务、农业、运输基础设施、能源、旅游、文化、教育、健康）的 V4 对话也加强了。

从专利局、中央审计局、税务与海关当局、民防服务、灾害管理机构、农业商会和科学院这几类不同的国家行为体的长期合作可以明显看出，越来越多的利益相关者将维谢格拉德合作视为一种自然而然且实用的合作模式。与此同时，V4 国家扩大了国际维谢格拉德基金的活动范围和资源。这一点之所以重要，不仅是因为它象征性地致力于维持一个联合机构，而且明确表明 V4 有意完成该地区内的可实现的项目目标，V4 的外部"目标"国家也逐渐获益，V4 对南部和东部邻国以资助补助金项目和奖学金的形式提供帮助。几乎不可能列举 V4 框架下发起和/或完成的所有会议和联合项目，特别是在 2010 年之后（有些人认为这一年是合作新"复兴"的开始②）。

V4 的官方议程，包括主要优先事项、政策目标和其他具体目标

---

① Annual report on the Activity of the Polish presidency of the Visegrad Group in 2004/2005, http://www.visegradgroup.eu/documents/annual-reports/2004-2005-polish-110412.

② 参见 Janusz Bugajski, "Visegrád's Past, Present and Future", *Hungarian Review*, 2011/3 or Robert Kron, "Thoughts on the Visegrad Group: A view from the Potomac", *Visegrad Revue*, 2012.

以及计划中的措施，都在 V4 轮值主席国方案和执行报告中有充分的记录①。这些清楚地表明了 V4 加入欧盟后合作的连续性和复杂性，以及维谢格拉德合作逐渐涵盖越来越多的主题和形式。值得注意的是，V4 国家认为无须就 2004 年后的未来合作发布一份全面的新文件②。轮值主席国制度确保了（1）每个国家都可以根据其国家优先事项对轮值任期内 V4/"V4＋"框架中要追求的具体目标进行重新排序/重新制定或微调；（2）轮值主席国可以制定最新的目标，对迅速变化的政治环境作出反应；（3）每个国家都考虑到前一任轮值主席国的优先事项、成果和正在进行的项目。即使存在前文提到的能力与目标问题，以及缺乏制度化框架和对进行中的项目的集中监管，这意味着持续的进展不是自动发生的，而是取决于现任主席国的雄心壮志和资源水平，但 V4 轮值主席国制度在总体上是成功的，无论如何都是一个可持续的合作框架。

将加入欧盟后的 V4 合作分为几个阶段虽然有些肤浅，但出于分析的原因，必须注意到 2010—2014 年是一个合作相对密集和富有成果的时期，其重点是注重结果导向的合作，以加强 V4 所在地区以及与其非欧盟邻国——西巴尔干地区和东部伙伴关系地区的联系。V4 共同的努力不仅成功地协调了各国在欧盟关键事项（例如，多年度财政框架、凝聚政策、共同农业政策、气候政策）的立场，还确保了传统的、尽管在政治上鲜为人知的部门合作的连续性（例如，内政和内部安全、环境、税收与海关、旅游业、健康、教育、文化和体育等领域），并重申/进一步发展联合立场和行动，以支持西巴尔干的欧盟/北约一体化和东部伙伴关系的成功；而且还要在 V4 议程上确定更接

---

① 这些计划和年度报告均可在线获取：http：//www.visegradgroup.eu/documents/presidency-programs；http：//www.visegradgroup.eu/documents/annual-reports。
② 2011 年布拉迪斯拉发宣言是一个例外，但是，它的主要目的是庆祝 V4 成立 20 周年，更多是一系列政治声明，承认以前的成功，并重申继续在各种"传统"领域进行系统的合作。参见"the Bratislava Declaration of the Prime Ministers of the Czech Republic, the Republic of Hungary, the Republic of Poland and the Slovak Republic on the occasion of the 20th anniversary of the Visegrad Group", 2011 February 15, http：//www.visegradgroup.eu/2011/the-bratislava。

近"硬合作"的战略性重要事务,如发展交通运输与能源基础设施(特别是南北走廊)、国防合作和经济合作。与此同时,维谢格拉德基金的方案有效地推动了民间社会交往的发展。此外,一些有影响力的第三国和欧盟机构(法国、德国、英国、比荷卢三国、日本等)参与了"V4+"高级别对话,凸显了维谢格拉德合作日益受到外界关注和认可。总的来说,维谢格拉德合作似乎正在蓬勃发展,其路线是由其成员自觉选择的,周围环绕着一种友善的国际气氛。

四 谋事在人,情势如何?外部挑战对维谢格拉德合作的影响

如果要寻找加入欧盟后 V4 合作的重要里程碑,可以从主题重点以及 V4 的知名度和外部形象两个方面进行尝试,2014 年在几个方面都是一个转折点,这可以提出强有力的论据。如前所述,维谢格拉德合作总是与外部因素(主要是所有 V4 国家都希望加入的国际组织,如欧盟和北约)联系在一起,而且由于 V4 的非正式性,政治环境始终对其产生重大影响。然而,在 V4 的第一个十年中,只有内部问题(主要是斯洛伐克和捷克的国内政治原因)对合作提出了挑战,而第二个十年(更准确地说是 1999—2014 年)带来了合作的复兴和深化,这两个十年之间存在着相当大的差异[1],维谢格拉德合作的最新时期始于 2014 年,当时集团外部的情况在很大程度上决定了合作的内容和强度。尽管早期的 V4 官方文件已经提到了将外部危机作为参照点(尤其是在 2009—2010 年前后,当时 V4 希望共同应对"国际金融与经济危机、欧元区问题和欧盟邻国的新发展"[2]),但从 2014 年开始,

---

[1] 关于V4合作通常划分的几个主要阶段,参见 Martin Dangerfield, "V4: A new brand for Europe? Ten years of post-accession regional cooperation in Central Europe", *Poznań University of Economics Review*, Vol. 14, No. 4, 2014, http://www.ebr.edu.pl/pub/2014_4_71.pdf.

[2] "Annual Implementation Report of the Program of the Presidency of the Slovak Republic in the Visegrad Group (1 July 2010 – 30 June 2011)", http://www.visegradgroup.eu/documents/annual-reports/v4-annual-report-2010.

第十章　实践中的维谢格拉德合作：机制、成果和外部政治背景　157

外部挑战在维谢格拉德合作中造成的影响一路飙升。从 2014 年年初开始的乌克兰危机、从 2015 年开始的难民危机以及从 2016 年开始（与其他两个仍在进行中的重大挑战同时进行）的英国脱欧问题（包括之前对欧盟进行改革的尝试以及随后对欧盟未来的辩论）主要影响了 V4 的合作内容、发展前景与外部形象。影响最大的是难民危机与 V4 的相关联合。上述挑战对维谢格拉德合作的影响多种多样，有关这些挑战的文献和媒体报道广泛（相当丰富，包括直率、大胆的预测和粗略的陈述）。

虽然本章无法分析这一现象的每一个方面，但的确打算引起人们注意三方面的因素，这些因素来自外部危机对 V4 的突然影响，这也对当今的维谢格拉德合作产生了实际影响。第一，所有这三个危机/挑战都是如此核心和在政治上如此重要的问题，作为从其成员的协调行动中获得了力量的区域合作形式，维谢格拉德集团受到内部和外部期望的约束，必须在政治和实践层面共同加以应对。因此，在上述时期，所说的外部形势强烈地主导了轮值主席国的方案、高级别 V4/"V4+"会议议程和 V4 联合政治宣言（V4 合作的政治方面）的内容，以及联合项目的重点（V4 合作的具体产出方面），将注意力和资源从 V4 内部事务转移到对外部因素的反应。V4 的这种新的"危机管理"模式自然限制了长期规划的可能性，长期规划对于在缺乏法律约束机制的情况下巩固早期成果至关重要。第二，由于对 V4 的政治关注日益增加，许多专家和观察家开始将 V4 国家之间关于外部发展（乌克兰、移民、脱欧和"欧盟未来"辩论）的一致程度视为最重要的指标，即使这不是维谢格拉德合作成功的唯一有意义的指标，也是未来崛起的唯一指标。第三，V4 发现自己处于一种新的形势下，它需要且必须在外部的关注或压力加剧的情况下，作为一个整体，处理核心和政治敏感性议题。除此之外，在难民危机问题上，V4 首次以其基于安全和主权的方法，以及对强制性移民配额的坚决反对，确立了明显的非欧盟主流立场。这使 V4 获得了前所未有的关注度。有人甚至说，"欧盟机构和其他欧盟成员国第一次充分承认了 V4 的存在"①。这是对 V4 看法的明显转变，即使此前也有迹象表明大家对该集团的关注有所增加②。专家们过去指出，如果没有高度的共鸣和熟悉度，V4 就没有可能会像欧盟或北约③那样"产生相同程度的分裂利益"，但情况已不再如此。"维谢格拉德"这个词在其历史上第一次在欧洲层面上被高度政治化。促使 V4 或与之相关的活动本身往往被描述为某种反主流的政治声明，容易受到欧洲主要伙伴的反对。因此，很容易理解为什么 V4 的一些政治人物最近开始权衡他们以维谢格拉德身份参与政治讨论的利弊。当然，这（加上一系列国内因素，如各国政府的更迭或改组）是最近一段时间四国日常合作面临的挑战。

另外，维谢格拉德集团第一次成为一个能够改变欧洲现状的参与者。对于 V4 来说，这是一个不可预见的、无缘无故的情况，即"跃升至一个新的水平"——也就是说，在作为一个非正式的区域平台"默默无闻"了这么多年之后，成为一个游戏规则的改变者——碰巧发生了与难民等问题有关的事情。可以说，今天的维谢格拉德合作在某种程度上仍然处于危机管理模式，但是，在发展应对外部挑战的能力的同时，它还保留了其显著的复杂性和连续性，这是合作的长期优势。尽管外部政治环境非常复杂且具有挑战性，但过去几年，连续 4 届轮值主席国都有意识地试图取得新的合作成就，同时也减轻了上述

---

① Tereza Novotná-Zuzana Stuchlíková，"Czechia：From a V4-Enthusiast to a V4-Sceptic and Back Again"，In：*The Future of the Visegrad Group-Mapping the Interests within the V4*，p. 10. Ed：Dr. Ania Skrzypek-Dr. Maria Skóra，Foundation for European Progressive Studies，Brussels，2017，http：//www. progressives-zentrum. org/wp-content/uploads/2018/03/e-Future-of-the-Visegrad-Group_ 2018_ ebook. pdf.

② V4 进行协调的例子包括法国前总统萨科齐对这四个国家的知名"警告"："不要养成在峰会前协调的习惯"，EUobserver，2009，November 4，http：//euobserver. com/news/28928。2009 年 11 月 4 日，欧洲委员会主席何塞·曼努埃尔·巴罗佐在维谢格拉德成立 15 周年之际发表了令人鼓舞的话语："欧盟欢迎维谢格拉德集团加强新成员国之间以及与其他成员国开展合作的方法。"（José Manuel Barroso，"Is Visegrad Regional Cooperation Useful for the European Union?"，2006，http：//www. visegradgroup. eu/the-visegrad-book/barrosso-jose-manuel-is）

③ Rick Fawn，*Visegrad*：*Fit for purpose?*，2013，p. 340.

困难带来的风险，并在所有传统政策领域保持合作，甚至在 V4 议程中加入新的议题，如数字化和创新。

虽然上述危机和挑战都没有得到解决，实际情况仍然要求 V4 采取行动，但维谢格拉德集团还在高层政治领域设立了一个新的目标，即成为欧盟未来的积极塑造者。由于这个主题在一个单独的章节中有所描述，因此在这里只需要注意，从 2016 年开始，V4 总理不仅在某些欧盟政策上，而且在更广泛的主题之上表述了他们的联合立场，包括欧盟的未来、欧盟未来的运作、优先事项、基本原则和价值观，这是一个具有政治意义的新实践。除了政治宣言和 V4 及 "V4 +" 形式的会议（如与欧盟委员会主席或欧洲理事会），V4 政府首脑还参加了一系列公开小组讨论，提出了他们对欧洲未来的看法①。

五 维谢格拉德合作的活动和成果：以 2017—2018 年匈牙利担任 V4 轮值主席国为例

综上所述，可以理解的是，目前与维谢格拉德有关的讨论主要集中在政治上，然而，这并不能使针对 V4 合作具体实践的研究变得不那么重要。这一部分在不详尽地叙述 V4 近三十年合作的情况下，从成果的角度概述了维谢格拉德合作是如何运作的，即 V4 国家从合作中获得的利益。除了前面的例子外，2017—2018 年，匈牙利在担任轮值主席国任期内强调了当代 V4② 合作的多样性，尽管存在诸多挑战。接下来，分类介绍与 V4 相关的成果以及用于实现目标的机制和具体的例子。值得注意的是，下面重点介绍了加入欧盟后的时期和政府相关的领域，因此没有详细说明其他重要的非政府和议会间对话，

---

① Europe needs to replan, http：//v4. gov. hu/europe-needs-to-replan, and the Budapest declaration of the V4 on the future of Europe, http：//v4. gov. hu/joint-statement-on-the-occasion-of-the-summit-of-v4-prime-ministers-on-the-future-of-europe.

② 匈牙利作为轮值主席国任期为 2017 年 7 月 1 日至 2018 年 6 月 30 日，以四大支柱为基础：维谢格拉德在欧洲区域的合作、维谢格拉德的地区性合作、维谢格拉德的数字化合作和维谢格拉德的全球性合作。轮值主席国的目标根据这些合作支柱分组，http：//v4. gov. hu/download/d/7d/02000/Hungarian％20V4％20Presidency％20Programme. pdf。

或那些通常被认为是维谢格拉德合作最初时期最大政治成果的"产出",即共同努力废除华沙条约和经互会,为更快的民主转型而进行合作,以及《中欧自由贸易协定》(1992年)① 的启动,相互协助加入北约与欧盟(2004年),协调加入申根地区(2007年),和V4对该地区良好双边关系的贡献。

通过协调立场影响欧盟的决策(包括战略方向、部门政策和立法)是政治方面V4最重要的活动,也产生了具体成果,这构成了维谢格拉德的协调性,但公众是观察不到的,因此很难从学术上衡量它的成功。各种会议的主要目的是了解彼此的立场,并就各国利益进行协调。实际上,V4国家的政府官员定期举行各级会议,几乎让各自国家的所有部委参与讨论欧盟议程中的主题问题、提案和立法草案。在欧洲理事会会议之前召开的V4总理级别协调会议,实际上已经成为一种自发性的会议,这是尤其重要的。除了在四国首都举行的活动外,四国的总理、部长、国务秘书、欧盟事务特别代表、大使和常驻布鲁塞尔的外交官也在各欧盟机构的会议前进行协调。在V4或扩大的"V4+"形式中分享立场(大多时候涉及志同道合的区域合作伙伴,如斯洛文尼亚、克罗地亚、罗马尼亚和保加利亚)通常是V4在制定立场时的第一步。当然,只有在国家立场一致或接近的情况下,才有可能形成一个V4的联合立场,而磋商本身则是帮助各国调整自己的立场和制定谈判策略的重要参考点。尽管这种区域协调并没有得到足够的重视,但实际上有助于在欧盟内部找到妥协和共识,从而在更广泛的意义上体现了附加价值。对于最常讨论的具有政治意义的议题,观察家们普遍认为,在欧盟的多年度财政框架、凝聚政策、共同农业政策、外交政策(支持欧盟扩大和建立东部伙伴关系,方法是确保这些议题位于议程高位,并促成欧盟资源被分配给相关的欧盟方案),以及能源和交通基础设施相关问题,还有最近的移民问题和解决欧盟产品双重质量问题(当然,还有V4关于欧洲的未来的声明)等方面,V4协调尤为激烈,但往往取得了成功。就有形的公共产出

---

① 1992年签署的协议文本参见 http://www.worldtradelaw.net/a/agreements/ce a.pdf。

第十章 实践中的维谢格拉德合作：机制、成果和外部政治背景   161

而言，几份 V4 部长级声明、非立场文件和致欧盟机构和/或其他成员国的联合信函显示了 V4 在欧盟建立联合立场的能力。最近这些旨在共同塑造欧盟政策的合作案例①包括：

- 关于加强共同安全和防务政策的《布拉迪斯拉发宣言》(2015 年 6 月)；
- V4 总理关于修改劳务派遣指令的联合声明（2017 年 5 月)；
- 关于食品双重质量的联合总理声明（2017 年 7 月)②；
- 维谢格拉德农业部部长联合声明以及与保加利亚、罗马尼亚关于 2020 年后可再生能源指令的联合声明（2017 年 9 月)；
- 关于 2020 年后多年度财政框架 V4 优先事项的非正式文件（2018 年 1 月)；
- 维谢格拉德集团和克罗地亚农业部部长于委员会关于粮食和农业未来的联合声明（2018 年 1 月)；
- 维谢格拉德集团和马耳他向欧盟委员会主席、欧洲议会和现任欧盟轮值主席国保加利亚提交的关于修改劳务派遣指令的联合总理函（2018 年 2 月)③；
- V4、克罗地亚和罗马尼亚关于凝聚政策的联合部长声明（2018 年 2 月)④；

---

① 参见现任 V4 主席国官网和/或维谢格拉德集团的网站，http：//www.visegradgroup.eu/documents/official-statements。

② http：//www.visegradgroup.eu/calendar/v4-statement-on-dual。值得注意的是，欧盟委员会于 2018 年 4 月采取了与产品双重质量有关的行动；一些观察员提到了 V4 在提请欧盟委员会注意该问题，参见 https：//euobserver.com/political/138631；http：//www.radio.cz/en/section/curra rs/new-european-directive-aims-to-end-practice-of-dual-quality-of-foods-and-other-products；http：//www.bbc.com/news/world-europe-43741545。

③ 联合总理函件涉及修改"劳务派遣指令"的机构间谈判，并表达了签署方对委员会关于公布运输部门发布规则适用性的拟议解决方案的共同关注。有关委员会的提案遭到拒绝。Visegrad Bulletin-review of major events of the 2017/18 Hungarian V4 Presidency，May 2018.

④ http：//www.visegradgroup.eu/calendar/2018/joint-statement-of-the-180329.

- 关于人工智能的 V4 联合文件（2018 年 4 月）①。

此外，部门合作、分享经验、协调政策是 V4 活动的重要组成部分，为四个国家带来利益。这方面体现了 V4 的信息共享性质，而这从一开始就是维谢格拉德合作的核心，其内容和强度不断根据当前需求进行调整。最初，四国政府与欧盟和北约一体化有关的众多任务都是重点，而今天的议程集中在欧盟/北约义务和其他国家政策的实施上，以期分享良好做法和发现协同作用。因此，前一点所述的多层次会议也旨在履行这一职责。V4 或以"V4+"形式定期进行讨论，内容上包括与传统 V4 领域相关的政策，从经济和金融到领土发展、基础设施、国防，以及文化、健康、教育、家庭政策、青年事务和体育等不那么"政治"的领域，还有最近的区域政策和数字化。每个轮值主席国任期的部门会议数量各不相同（每年一般有 2—3 个部长/国务秘书级别会议和每个政策领域的几个较低级别会议），但可以肯定地说，迄今已举行了数百次磋商。最初是临时会议，然后是定期会议，使四国政府官员之间的非正式个人联系网络合并，这很容易成为 V4 最重要的长期成果之一。在一些特别重要的领域，特别是经济、能源、基础设施和创新领域，V4 在若干情况下决定加强合作，比如通过采用合作备忘录、路线图和建立仍然非正式但更为结构化的框架，如永久或临时工作组、特遣部队和其他形式的合作。要强调最近的一些案例，请参见：

- V4 天然气论坛和区域天然气市场整合路线图（成立于 2013 年）②；
- 关于建立维谢格拉德集团国家间运输联系高级别工作组的

---

① 参见 http://nk.gov.hu/the-o ce/press-releases/hungary-has-joined-the。
② 路线图参见 www.visegradgroup.eu/calendar/2013/v4-road-map-eng；V4 天然气论坛参见 http://acer.europa.eu/en/Gas/Regional_%20Intiatives/South_South-East_GRI/15th_SEE_SG/Document%20Library/1/Point%204.2%20V4%20Gas%20Forum%20-%202013-12-12%20-%20Milan.pdf。

谅解备忘录（2014 年 3 月）；

●创新和初创企业领域的谅解备忘录（2015 年 10 月），该备忘录促成了 V4 创新工作群的成立（处理 V4 国家的启动策略）；

●V4 内政部部长关于建立难民危机应对机制的联合声明（2016 年 11 月）；

●V4 总理关于在创新和数字事务中相互合作的联合意向宣言（华沙宣言）（2017 年 3 月）；

●维谢格拉德集团与保加利亚、克罗地亚、罗马尼亚和斯洛文尼亚农业部部长关于中东欧生物经济中基于知识的农业、水产养殖和林业倡议"生物 AST"的联合声明（2017 年 9 月）；

●与欧盟研究和创新框架方案"地平线 2020"计划相关的 V4"地平线 2020"合作小组①；

●维谢格拉德集团国家经济事务部长关于经济合作未来的联合声明（侧重于数字化、工业、金融问题、统计）（2018 年 4 月）。

防务合作作为一个早期的标志性合作领域，以其高度结构化的方式和丰富的实际成果，在 V4 各合作领域内具有特殊性②。多年的各领域协调、高水平的政治协调（1999 年以来）、金融危机、关于能力发展的新的合作概念，以及北约的智能防御和欧盟的"汇集与分享"使合作更加紧密。2013 年，V4 总理关于加强 V4 安全与防务合作的布达佩斯声明开启了新的篇章，随后通过了 V4"长期愿景"——一份加强防务合作的框架文件，详细阐述了相应的行动计划，以及关于编制 V4 旗舰防务项目 V4 欧盟战斗群的文件。确定了合作的三个主

---

① 参见 2017—2018 年匈牙利担任 V4 轮值主席国的计划。
② 基本信息参见 http：//www.visegradgroup.eu/about/cooperation/defence。后来的发展在 V4 轮值主席国计划和年度报告中得到了充分记录。该主题也有广泛的学术报道。

要领域和若干次区域①，这为合作奠定了基础，是迄今为止在 V4 框架内组织最为系统的部门合作领域。自 2018 年 5 月以来，V4 一直在准备 V4 欧盟战斗群在 2019 年下半年的下一次待命（在 2016 年第一次成功待命之后），为此，V4 国防部部长正在最终确定相应的技术协议；V4 国防计划小组正在最终确定一份谅解备忘录，以满足 V4 共同的北约成员能力目标，即 V4 联合后勤支援小组总部的建设。

空间发展也可以作为一个特殊领域加以强调，在这一领域中，V4 合作产生了一种基于共同接受的"V4 + 保加利亚 + 罗马尼亚"战略的结构。② 在更技术（但有实践成果）的层面上，V4 在税收和海关领域的多级合作③也蓬勃发展。

V4 的联合机构是一个例外而不是 V4 框架内的一个规则。然而，从维谢格拉德集团国家为共同事业调动各国大量资源和对机构实行联合的意愿和能力来看，这些机构对于获取有形的利益尤为重要。迄今为止，已经建立了两个永久性的 V4 联合机构：一个是国际维谢格拉德基金④（自 2000 年起），位于布拉迪斯拉发，另一个是维谢格拉德专利研究所，设在布达佩斯（自 2016 年起）。此外，位于开普敦的"维谢格拉德之家"⑤（自 2010 年以来，V4 用于外交和领事目的的共享建筑）虽然不是一个单独的机构，但也是 V4 长期实践合作的例

---

① 分主题为：欧盟第四联合作战小组；防务规划合作；联合训练与演习；联合保障与防务工业；军事教育；联合空域保护；阵地协调；通信战略。

② "Common Spatial Development Strategy of the V4 + 2 Countries", 2014, http://www.v4plus2.eu/pdf/Common-Spatial-Development-Strategy-of-the-V4-2-Countries-21032014.pdf; 更多 V4 轮值主席国计划参见 http://www.v4plus2.eu/en/。

③ 税务和海关合作是轮值主席国负责事务中的传统部分，由于税务/海关办事处合作的实用性，V4 各国都可以从中获益。根据目前的 V4HUPRES 计划，V4 税务和海关合作涉及广泛的主题，如金融欺诈、矿物油欺诈和低报出口；共同训练；V4 货物道路运输监控系统；各种欧盟论坛的税务协调行动；经验分享，信息共享等。

④ https://www.visegradfund.org/.

⑤ 参见"维谢格拉德之家在开普敦开始运行"，2010 年，http://www.kulugyminiszterium.hu/kum2005/Templates/HirSablon.aspx?NRMODE = Published&NRORIGINALURL = % 2Fkum% 2Fen% 2Fbal% 2Factualities% 2Fspokesman_ statements% 2FVisegrad_ eng_ 100325.htm&NRNODEGUID = % 7BF1A34EDE-0B7D-414F-B4D1 574C8A46B7BC% 7D&NR-CACHEHINT = NoModifyGuest&printable = true。

子。国际维谢格拉德基金（IVF）由四国外交部协调，由一个秘书处运作，其重要任务是通过资助联合补助金项目、艺术家驻留计划、奖学金和其他倡议（例如智库合作），加强 V4 内部非政府关系。除这一基本使命之外，在过去的十年中，国际维谢格拉德基金逐渐成为创建 V4 与西巴尔干和东部伙伴关系国家相关的联合外交政策的一个重要工具（即通过分享经验支持这些地区的民主转型和加入欧洲一体化），方法是有针对性的补助金计划和奖学金。经过几次增加后，国际维谢格拉德基金目前的年度预算为 800 万欧元，由四国政府提供资金。维谢格拉德集团通过国际维谢格拉德基金所花费的金额（超过 8000 万欧元）是相当可观的，因此这些项目的间接影响使区域合作成为广大的非政府行动体的日常现实。另外，维谢格拉德专利研究所是一个具有更高技术特征的政府间 V4 机构，通过使该地区的专利申请更容易、更便宜，为该地区的公民提供了明确的直接利益。①

具体的联合项目和倡议，代表了 V4 框架中的"第 2 类合作"，因为维谢格拉德集团活动内容中的绝大多数（"基本层面"）具有协调和协商（和"比较抽象"）的性质。通过共同投入人力/财政资源，共同项目超越了政治对话，而此类项目并不仅局限在一个或多个具体的政策领域。与政治产出相比，此类项目的数量非常少，通常不代表维谢格拉德成功合作的基本特征。但是，他们证明了 V4 能够在需要时临时"切换到下一个层次"进行合作。举例来说（并非详尽无遗），近期具有重大政治意义的举措包括在 2015—2016 年的难民危机中开展的实际的 V4 合作（通过派遣来自 V4 国家的警察和军事人员向匈牙利边境管制提供协调援助）②；V4 向位于"西巴尔干路线"的国家提供技术援助以进行边境管制；V4 国家协调增加了对欧盟紧急

---

① "那些从任何 V4 国家提交（VPI）申请的人都能够以更容易、价格更低廉的方式保护他们的创新，预计提交国际申请的费用也会下降。专利申请人可以用母语进行沟通。"参见布拉迪斯拉发 V4 国家工业产权代表会议通过的关于建立联合 V4 专利研究所的新闻声明，2015 年 2 月 26 日，http：//www.visegradgroup.eu/calendar/2015/the-visegrad-group-v4。VPI 网站：http：//vpi.int/index.php/en/。

② 2015—2016 年度有关该主题的新闻报道非常广泛。参见 Zalan Eszter, "Eastern EU states agree joint border patrols", *EUobserver*, 2015 October 15, https：//euobserver.com/migration/130711。

信托基金（EU Emergency Trust Fund）的捐款，并通过财政手段在非洲着重解决出现非正常移民和流离失所者的根本原因（EUTF for Africa），以及对 Frontex 和欧洲庇护支持办公室（专家）捐款①；V4 向欧盟非洲紧急信托基金联合捐款 300 万欧元②；最近，V4 决定联合通过欧盟非洲紧急信托基金对利比亚资助 3500 万欧元，该项目旨在提供有效的边境管制③，以表明他们在处理非法移民问题上与意大利团结一致（这可以被认为是迄今为止在 V4 框架中联合调动的前所未有的资源）。在目前的匈牙利 V4 轮值主席国任期内，将正式宣布在肯尼亚农业领域开展受 EUTF 管辖的第一个真正的国际联合开发项目（金额约为 200 万欧元，计划为当地 1500 人创造就业机会）。V4 框架下的大量具体项目是非政府或政府部分参与的项目，其中一些项目与维谢格拉德基金有关联。④ 例如，一些项目旨在促进 V4 地区的创新创业公司在该地区以及重要的全球创业中心（如美国、荷兰等）的流动、发展和外部推广。它们代表着一个最新的、进步的 V4 活动领域，通常得到维谢格拉德基金（visegrad fund）和现任轮值主席国的支持，有助于促进 V4 的发展并提供潜在的经济效益。⑤ 在科学领域，有法

---

① 捷克政府："维谢格拉德集团的国家将增加对非洲的贡献，并加强 Frontex 和 EASO 的能力"，2015 年 11 月 12 日，https：//www.vlada.cz/en/media-centrum/aktualne/countries-of-the-visegrad-group-will-increase-their-contribution-to-africa-and-strengthen-capacities-of-frontex-and-easo-136913/。

② "V4 sign memorandum of cooperation concerning EU fund for dealing with the causes of African migration"，Hungarian MFA，2016 April 7，http：//www.kormany.hu/en/ministry-of-foreign-a airs-and-trade/news/v4-sign-memorandum-of-coop-eration-concerning-eu-fund-for-dealing-with-the-causes-of-african-migration。

③ The leaders of the V4 countries have decided to provide significant support to Libyan border security，Hungarian V4 Presidency webpage，2017，December 14，http：//v4.gov.hu/the-leaders-of-the-v4-countries-have-decided-to-provide-signifcant-support-to-libyan-border-security；Visegrad Bulletin-review of major events of the 2017/18 Hungarian V4 Presidency，2018/May。

④ 由于没有联合的 V4 预算和政治合作的联合机构，维谢格拉德基金及其秘书处和预算实际上已成为 V4 基于项目的支柱的核心，尽管这不一定是其 2000 年建立时的初衷，当时的预期是以民事合作作为其主要任务。V4 政府，主要是外交部，已经要求基金组织支持/制定具有部门/外交政策相关性的项目。但是，政府机构没有资格获得基金的支持。

⑤ 继类似的早期活动之后，目前的 V4HUPRES 在 2017 年支持了 "V4 创新之旅"，以及 2018 年的 "校园创业 V4 世界巡回赛"（http：//startupcampus.hu/en/global-tour/），以促进 V4 国家创业公司在主要的国际创业生态系统中的联合展示。在维谢格拉德基金的支持下启动 V4 创业指导计划也正在讨论中。

第十章 实践中的维谢格拉德合作：机制、成果和外部政治背景　167

国参与的关于第四代核反应堆的维谢格拉德核合作计划倡议①是注重项目产出的一个重要例子。此外，有几个项目以"V4+"模式进行，涉及第三方合作伙伴，这些合作伙伴已经开始了基于项目的更紧密的合作（见下文中的"V4+日本""V4+韩国"和"V4+以色列"项目）。在数字化领域，V4智能平台最近启动，这是一个旨在创建专业共同体的项目，并通过联合项目，以使选定的数字服务（如电子交通、停车场、旅游业）在V4区域内可互操作，这是一种非常罕见的公私合营倡议，保证了公民层面的切实利益。

"V4+"伙伴关系、外交政策合作（包括国际发展）可能在V4历史上经历了最高水平和最快速度的强化，也是需要四国政府（主要是外交部）最积极努力的一部分。迄今为止，包括一次性和定期会议等形式，50多个国家和地区②参与了"V4+"模式的磋商，其中许多国家是以国家集团形式参与的，不包括国际机构的代表（欧盟、北约等）。值得注意的是，其中包括所有其代表作为一个集团与V4进行会面的国家，从专家级到中级官员（大多数会议都在这些级别上举行）再到部长（无论是最常参与"V4+"活动的外交部还是其他部委），以及总理/国家元首。与少数国家或集团开展的"V4+"形式高级别会议成为常规做法（如中东欧国家、BENELUX、NB8、西巴尔干、东部伙伴关系、日本、韩国等），这些对话也促成了基于项目的合作伙伴关系。关于内容，"V4+"磋商的主要目标通常是就当前具有政治和安全重要性的区域或全球问题，或非欧盟"V4+"伙伴国与欧盟的关系交换意见。经验表明，欧盟内部合作伙伴和V4共同将"V4+"形式视为讨论当前欧盟问题立场的有用平台——在农业、凝聚政策、空间发展、环境、交通和能源等部门政策方面，邻近的中欧和东欧国

---

① 参见"VINCO project description"，https://cordis.europa.eu/project/rcn/196922_en.html；http://project-vinco.eu/。

② 所涉及的国家和地区包括（排名不分先后）：西巴尔干（6国）、东部伙伴关系（6国）、比荷卢（3国）、北欧波罗的海（8国）、中亚（5国）、保加利亚、克罗地亚、罗马尼亚、斯洛文尼亚、奥地利、德国、法国、意大利、英国、希腊、瑞士、西班牙、以色列、日本、韩国、加拿大、美国、澳大利亚、土耳其、埃及、中国大陆、中国台湾地区、巴勒斯坦、俄罗斯、印度、巴西、墨西哥。

家是最常见的"V4+"合作伙伴。非欧盟合作伙伴,尤其是西巴尔干和东部伙伴关系(EAP)国家,以及日本、韩国,最近还有以色列和埃及等全球合作伙伴,认为 V4 很重要,部分原因是其对欧盟外部关系的影响力。作为部长级和总理级会议的具体成果,"V4+"联合政治宣言对第三国和 V4 特别有价值:双方在各自的立场上获得更大的知名度。[1] 如果双方都有意愿,联合项目或更详细的协调机制可以在"V4+"框架中启动。传统上,西巴尔干和东部伙伴关系区域,尤其是乌克兰,在过去十年中对于 V4 的联合外交和安全政策优先事项,以及在加强地区稳定的重要性和这些地区的欧洲/跨大西洋取向上与维谢格拉德集团国家拥有相同观点的"V4+"伙伴国家拥有特殊地位。因此,除了外交部长、外交部政治负责人和其他级别的经常性的"V4+西巴尔干"和"V4+东部伙伴"会议外,V4 还利用其可支配的联合工具(主要是维谢格拉德基金),向这些地区提供具体援助(分享转型经验、欧盟/北约一体化专门知识、良好的治理专门知识、支持区域合作、促进人民间的接触),补充双边活动。受 V4 的启发和支持,最近根据维谢格拉德基金的模式建立了西巴尔干基金(WBF)[2],这是一个由阿尔巴尼亚、波斯尼亚—黑塞哥维那、科索沃、北马其顿和塞尔维亚维持的政府间机构,对加强西巴尔干地区非政府合作做出了特别重要的贡献。维谢格拉德基金在东部伙伴关系地区和西巴尔干地区的支持活动吸引了一些志同道合的"V4+"合作伙伴的注意,这些合作伙伴在成功谈判后成为这些活动的捐助国(迄今为止包括:荷兰、美国、瑞典、德国、瑞士、加拿大、韩国)。

在其他情况下,少数几个全球合作伙伴,如日本(自 2003 年起)和最近的韩国(自 2014 年起)以及以色列(自 2017 年起)与维谢格拉德集团进行了结构性的合作,主要合作领域和会议频率在最高级

---

[1] 参见 www.visegradgroup.eu。
[2] 由六方协议于 2015 年建立的西巴尔干基金(http://westernbalkansfund.org/)于 2017 年开始在当前的 V4HUPRES 下开展业务,旨在支持西巴尔干地区实体实施小型非政府联合项目。西巴尔干基金背后的理念来自匈牙利和其他 V4 国家专家;在其建立过程中,V4 通过维谢格拉德基金向西巴尔干基金提供了强有力的政治支持和技术援助。

第十章 实践中的维谢格拉德合作：机制、成果和外部政治背景

别的文件中进行了规定。通过这些合作伙伴，推出了几项有形的"V4+"计划（例如，"V4+日本"高级材料联合研究计划、"V4+韩国"化学联合研究计划、"V4+韩国"创新知识共享计划、正在筹备的"V4+以色列"地区发展工作组和年轻创新者培训计划、"V4+以色列"反恐工作组）。除了这些实际的好处之外，不断增长的"V4+"合作伙伴网络也使 V4 在欧盟内增加了曝光度。

V4 的联合展示和外部推广，换句话说，建立"V4 品牌"并从中获利也是维谢格拉德合作从一开始就有的目标[1]，尽管这一雄心（与其他领域相似）并没有得到制度的支持（例如，北欧合作的例子[2]）。在 V4 区域内，维谢格拉德合作的推广主要与维谢格拉德基金资助的项目有关，或就目前匈牙利担任轮值主席国期间而言，V4 国家分别为这些计划投入了巨大的精力。除了前面描述的"V4 品牌建设"的政治方面，V4 的外部推广[3]除了旅游促销合作也需要共同资助的营销活动，V4 国家的联合推广是临时性的，主要是通过四国驻第三国大使馆的合作（取决于当地 V4 合作的水平和可用资源）。不仅偶尔举行政治或文化活动，还举办商业推广活动，这在 V4 国家不太注意得到的遥远市场尤其实用（如亚洲）。与 V4 的所有其他方面一样，轮值主席国负责发起 V4 国家使馆的活动。在目前的匈牙利任期内，匈牙利驻全世界使馆在 V4 框架下举行/协调的活动数量远远超过一百次，包括联合外交磋商（与东道国官员的 V4/"V4+"联合会议）、政治/专业讨论，以及文化、美食和其他活动。尽管规模较小，这些联合展示的机会都很好地证明了维谢格拉德集团作为一个合作框架如

---

[1] 参见"Towards the maintaining of the Visegrad regional prole（"image—PR"）"，载 1999 年 5 月 14 日布拉迪斯拉发总理峰会上通过的"Contents of Visegrad Cooperation"，http://www.visegradgroup.eu/cooperation/contents-of-visegrad-110412。

[2] 例如，2016 年，北欧部长理事会建立了一个创意联盟，在国际上推广北欧品牌。参见"Creative dream team to brand the Nordic Region"，December 5, 2016, http://www.norden.org/en/news-and-events/news/creative-dream-team-to-brand-the-nordic-region。

[3] 在合作的其他方面，V4 国家的旅游组织/机构根据联合制订的年度营销计划，在距离遥远的国家开展联合宣传活动。在此之前，还开发了一个通用网页和一个智能手机应用程序。

何在实际和经济上协助或增强 V4 国家各自的努力,同时只要这四个国家作出决定,也能使整个维谢格拉德集团受益。

参考文献

2011/12 Czech V4 Presidency report, http: //www. visegradgroup. eu/documents/annual-reports/czv4-pres-eng-final, pp. 630 – 637.

Bratislava Declaration of the Prime Ministers of the Czech Republic, the Republic of Hungary, the Republic of Poland and the Slovak Republic on the occasion of the 20th anniversary of the Visegrad Group, 2011 February 15, http: //www. visegradgroup. eu/2011/the-bratislava.

Budapest Declaration of the V4 on the Future of Europe, 2018 January 26, http: //v4. gov. hu/joint-statement-on-the-occasion-of-the-summit-of-v4-prime-ministers-on-the-future-of-europe.

Czech Government, Countries of the Visegrad Group will increase theircontribution to Africa and strengthen capacities of Frontex and EASO, 2015, November 12, https: //www. vlada. cz/en/media-centrum/aktualne/countries-of-the-visegrad-group-will-increase-their-contribution-to-africa-and-strengthen-capacities-of-frontex-and-easo-136913/.

Europe needs to replan, 2018 January 26, http: //v4. gov. hu/europe-needs-to-replan.

Guidelines on the Future Areas of Visegrad Cooperation, adopted in connection to the Kroměříž Declaration, to set the areas and mechanisms of future cooperation, http: //www. visegradgroup. eu/cooperation/guidelines-on-the-future-110412.

Honor, Mahony, "Sarkozy Warns Visegrad Countries Not to Make a Habit of Pre-Summit Meetings", EUobserver, 2009, November 4, http: //euobserver. com/news/28928.

Hungarian MFA, V4 sign memorandum of cooperation concerning EU fund for dealing with the causes of African migration, 2016 April 7, http: //www. kormany. hu/en/ministry-of-foreign-affairs-and-trade/news/v4-sign-memorandum-of-cooperation-concerning-eu-fund-for-dealing-with-the-causes-of-african-migration.

Hungarian V4 Presidency: The leaders of the V4 countries have decided to provide significant support to Libyan border security, 2017, December 14, http: //v4. gov. hu/the-leaders-of-the-v4-countries-have-decided-to-provide-significant-support-to-libyan-

第十章 实践中的维谢格拉德合作：机制、成果和外部政治背景

border-security.

Bugajski, Janusz, "Visegrád's Past, Present and Future", *Hungarian Review*, 2011/3.

Robert Kron, "Thoughts on the Visegrad Group: A view from the Potomac", *Visegrad Revue*, 2012.

Jeszenszky, Géza, *Kísérlet a trianoni trauma orvoslására-Magyarország szomszédsági politikája a rendszerváltozás éveiben*, Osiris, Budapest, 2016, pp. 119 – 120.

Barroso, José Manuel, Is Visegrad Regional Cooperation Useful for the European Union?, 2006, http://www.visegradgroup.eu/the-visegrad-book/barrosso-jose-manuel-is.

Dangerfield, Martin, *Subregional Economic Cooperation in Central and Eastern Europe: The Political Economy of CEFTA*, Edward Elgar Publishing, 2001.

Dangerfield, Martin, "The Visegrád Group in the Expanded European Union: From Preaccession to Postaccession Cooperation", In: *East European Politics and Societies: and Cultures*, 2008/Summer.

Dangerfield, Martin, "V4: A new brand for Europe? Ten years of post-accession regional cooperation in Central Europe", *Poznań University of Economics Review*, Vol. 14, No. 4, 2014, http://www.ebr.edu.pl/pub/2014_4_71.pdf.

Polish Presidency of the Visegrad Group in 2004/2005, Annual Report on the Activity, http://www.visegradgroup.eu/documents/annual-reports/2004 – 2005 – polish-110412.

Presidency of the Slovak Republic in the Visegrad Group (1 July 2010 – 30 June 2011), Annual Implementation Report of the Program, http://www.visegradgroup.eu/documents/annual-reports/v4-annual-report-2010.

Fawn, Rick, "The International Transformation and Re-regionalization of 'Eastern Europe'", In: *Developments in Central and East European Politics 5*, Ed: Stephen White-Paul G. White-Judy Batt, Duke University Press, 2013, pp. 119 – 138.

Fawn, Rick, *Visegrad: Fit for purpose? Communist and Post-Communist Studies*, 2013/September, pp. 339 – 349.

Novotná, Tereza-Stuchlíková, Zuzana, Czechia: From a V4 – Enthusiast to a V4 – Sceptic and Back Again. In: The Future of the Visegrad Group-Mapping the Interests within the V4. 10. Ed: Dr. Skrzypek, Ania-Dr. Maria Skóra, Foundation for European

Progressive Studies, Brussels, 2017, http://www.progressives-zentrum.org/wp-content/uploads/2018/03/The-Future-of-the-Visegrad-Group_ 2018_ ebook. pdf.

Strážay, Tomáš, "Visegrad-Arrival, Survival, Revival", In: *Two Decades of Visegrad Cooperation-Selected V4 Bibliography*, Ed: Břetislav Dančák et. al. , Bratislava, International Visegrad Fund, 2011, p. 35.

Zalan, Eszter, "Eastern EU states agree joint border patrols", EUobserver, 2015 October 15, https://euobserver.com/migration/130711.

第十一章　V4国家在2004—2017年面临的能源政策挑战

安德烈·奥斯科（Andrey Nosko）

一　从区域角度介绍欧盟内部的能源政策

法律背景和任务部门：环境、竞争和竞争力、效率、供应安全

欧洲国际合作在历史传统上以国防和能源为中心，这体现在欧盟的三项创始条约中有两项涉及能源（欧洲煤炭和钢铁共同体、欧洲原子能共同体）。于1991年发表的《维谢格拉德宣言》是组建维谢格拉德集团的文件，其中也包括了协调维谢格拉德集团国家能源系统发展的目标。

加入北约和欧盟是维谢格拉德集团国家合作历史的一个重要部分。当V4中的三个国家于1999年3月加入北约（捷克、匈牙利和波兰，斯洛伐克于2004年3月加入），2004年5月四个国家全部加入欧盟时，他们应对能源政策挑战的政策和政治背景就发生了变化。尽管他们的能源基本面变化有限[1]，但他们的地缘政治和监管条件发生了显著变化。在加入欧盟进程中，候选国必须将欧盟立法纳入其国内的法律制度，并成为欧盟和北约重要的国际政治结构的一部分。加入这两个组织，特别是加入欧盟，为他们提供了政策机会，但也为其国内政策的制定设定了界限。加入欧盟迫使他们广泛制定大量的法律法

---

[1] Andrej Nosko, *Energy Security in Transition: Coping with Energy Import Dependence in the Czech Republic, Slovakia and Hungary*, Central European University, 2013.

案，也给其行政当局的行政能力和议会造成了极大压力。欧盟能源政策所依据的最终法律基础是《欧洲联盟运作条约》（TFEU，又称"里斯本条约"）。[1] 该条约为包括能源市场在内的内部市场的建立和运作提供了一个法律基础（授权欧盟采取行动）。具体而言，《里斯本条约》的任务是维护和改善环境，以及保持成员国之间的团结精神。条约中列出的具体政策目标包括：

- 确保能源市场的运作（关于内部能源市场的详细情况，见《里斯本条约》[2] 第 114 条）；
- 确保欧盟能源供应安全[3]；
- 提升能源效率和促进节能，发展新能源和可再生能源[4]；
- 促进能源网络互联[5]。

然而，欧盟各机构通过《里斯本条约》第 192（2）（C）条在能源领域所能做的工作受到很大限制，该条要求理事会[6]采取一致行动，从而使大部分能源政策在一个有效的政府间领域实现。此外，欧盟提供了一项重要的豁免权，因为能源政策措施"不应影响成员国决定开

---

[1] Consolidated Version of the Treaty on the Functioning of the European Union (TFEU), 115/47 C § 2008, 194.

[2] Ibid..

[3] 参见《欧洲联盟运作条约》（2008）第 122 章："在不损害条约规定的其他任何程序的情况下，理事会根据委员会的提议，可本着成员国之间的团结精神，决定适合经济情况的措施，尤其是在某些产品（特别是能源领域）的供应出现严重困难时"和"如果一个成员国因自然灾害或无法控制的特殊情况而遇到困难或受到严重威胁时，理事会可根据委员会的建议，在某些情况下向有关成员国提供联盟财政援助。理事会主席应将所作决定通知欧洲议会"。

[4] See Protocol (No. 37) on the financial consequences of the expiry of the ECSC treaty and on the Research fund for Coal and Steel, http://eur-lex.europa.eu/legal-content/EN/TXT/?uri=CELEX%3A12008M%2FPRO%2F37.

[5] See Article 194, and Articles 170 – 172 of TFEU for details on energy networks.

[6] 欧盟理事会，又称部长理事会；不要与欧洲理事会混淆。For introduction see *The European Council and the Council in a Nutshell-Consilium*, 2014, http://www.con-silium.europa.eu/en/documents-publications/publications/2014/european-council-council-nutshell/。

发其能源的条件、在不同能源来源之间进行选择以及确定其能源供应的总体结构的权利"。《里斯本条约》第 216—218 条规定了欧盟的对外能源政策。①

可以看到，欧盟的缔造者在允许欧盟于能源领域采取行动和维护欧盟成员国选择其国内能源政策的主权之间左右为难。这一事实或许是欧盟能源政策制定中最重要的挑战。鉴于这些法律限制，欧盟一级最广泛的能源政策的进展是在自愿协调的基础上，通过建立单一市场，得到基础设施建设方面的财政补贴或具体技术的支持。然而，这些限制在危机时期最为明显。2009 年 1 月欧盟经历了一次最严重的天然气供应中断，当时俄罗斯切断了对欧洲的天然气供应，欧盟国家，主要是东欧国家遭遇了重大的天然气供应中断危机。

二 利益与联盟的潜力

欧盟建立在不断的妥协和遍布许多政策领域的松散的联盟基础之上。维谢格拉德集团国家在欧盟内部促进其能源政策的相关利益上面临的挑战主要来自两个方面：第一，维谢格拉德集团国家与布拉格以西的国家在国家利益和对威胁的感受上存在着重大差异；第二，维谢格拉德集团国家自身在国家利益上存在重要的区别和差异。

从捷克智库国际事务协会（AMO）② 对 V4 外交政策专业人士进行的调查可以看出：V4 国家 86.3% 的政策制定者认为能源安全对他们国家的外交政策很重要，其中 6.6% 的受访者认为 V4 在该领域的合作是成功的（45.1% 认为部分成功，37.3% 认为部分不成功和 4.9% 认为明显不成功）。

如何解释这种差异呢？说明 V4 各成员国在能源政策利益上的差异以及他们优先考虑其能源政策目标的方式是一个诱人选择；或是

---

① 《欧洲联盟运作条约》（2008）。
② Vít Dostál, *Trends of Visegrad Foreign Policy*, Association for International Affairs 2015, https：//trendyv4.amo.cz/files/pa-per_ en.pdf.

关注 V4 成员国能源结构以及其它基本面上的差异。不过基本面因素可以解释其中的一些差异，但它们并不能提供完整的解释。① 这些国家处理能源安全问题的不同方式，在一定程度上可以用他们的精英与俄罗斯的关系和国家占有的遗产来解释。② 这似乎也影响了他们对欧盟最重要的当代能源政策项目能源联盟（Energy Union）③ 的立场。

让我们看看能源政策相关利益的异同：首先，进行天然气和石油这两种最敏感的主要能源贸易的基础设施在西欧发展得相当密集。这使得存在一个运作相当良好的国内天然气和石油市场，可以确保市场工具在发生中断时平衡供求。尽管在过去几年中进行了大量投资④，东欧的基础设施仍然落后。对于俄罗斯天然气的传统进口路线是从东方流向西方的欧洲经济体，额外的限制是这些过境路线不允许双向流动。尽管如此，这一缺陷在很大程度上已经得到解决，至少在欧盟内部是这样（由于与俄罗斯天然气公司的合同规定，在欧盟外部边境的一些进口边境点，反向流动仍然受到限制）。其次，西欧大部分成员国的制造业反映了 20 世纪 70 年代的石油危机和旨在提高能源效率的相关价格信号。在此期间，那些曾经是经互会（COMECON）成员国的欧盟成员国没有受到石油危机的一些影响，他们的经济也没有立即对此进行反思。这使得欧盟东部成员国拥有比西方国家更多的能源密集型产业。然而，石油危机在很大程度上导致了东欧集团的解体，因为这些国家被迫接受贷款，使工业生产保持与危机前一样的水平。在过去的 20 年里，情况已经有了很大的改善，但是维谢格拉德集团（和其他中欧国家）还有很多事情要做。

这些差异，以及 V4 各国与现在仍然重要的能源供应国俄罗斯的

---

① Nosko（2013）.

② Ibid..

③ Andrej Nosko and Matúš Mišík, "No United Front: The Political Economy of Energy in Central and Eastern Europe", In: *Energy Union*, International Political Economy Series, London: Palgrave Macmillan, 2017, pp. 201-202.

④ Nataliia Slobodian, "A direct access of a new source of gas would be a game-changer on the V4 markets", *Visegrad Insight*, 2016/1.

关系的历史，塑造了在欧盟内部的决策潜力和偏好，以及他们对能源联盟的立场，还有这些国家想要从中获得的好处。正如笔者在其他西欧国家所观察到的那样①，我们看到了三种类型的国家——俄罗斯中立型、俄罗斯怀疑型和俄罗斯友好型；而在欧盟东部，我们看到的主要是两种类型的国家：俄罗斯友好型（奥地利、塞浦路斯、希腊、匈牙利和斯洛伐克）和俄罗斯怀疑型（波兰、爱沙尼亚、立陶宛和罗马尼亚）。此外，还有一个无常的群体，包括捷克、保加利亚，偶尔还有拉脱维亚，他们在俄罗斯友好型和俄罗斯怀疑型之间摇摆不定，这取决于政府和掌权的个别政治精英。② 可见，维谢格拉德集团国家对俄罗斯的态度是有差别的，这也影响了他们在欧盟内部制定能源政策时的偏好。

对俄罗斯持怀疑态度的国家（包括波兰）更倾向于能源联盟，以此强调供应的安全性，并希望看到能源联盟以及欧盟委员会发挥更大的作用，提高他们相对于俄罗斯的市场议价地位。

包括匈牙利在内的俄罗斯的热情"倡导者"，还有部分斯洛伐克人，都对将能源联盟作为一项安全增强措施的可能性持怀疑态度，而且对于欧盟共同立场对俄罗斯的利益产生的影响更为敏感。匈牙利尤其直言不讳地表达了该国对能源联盟的消极立场，特别是欧盟委员会关于在签署能源协议之前审查这些协议的建议。匈牙利的选择是通过俄罗斯供应商③以扩大其核电站，并加强与俄罗斯在能源方面的合作，进一步增加对欧盟以外主要能源供应商的依赖。

第三类国家，包括捷克、保加利亚和拉脱维亚，在其立场上摇摆不定，并根据当权的政府或当权派成员的立场改换门庭。在这个模棱两可的群体中，主要是中右翼政府从能源供应安全和重商主义角度更

---

① Nataliia Slobodian, "A direct access of a new source of gas would be a game-changer on the V4 markets", *Visegrad Insight*, 2016/1.
② Ibid. .
③ World Nuclear Association, "Nuclear Power in Hungary | Hungarian Nuclear Energy", 2017 August 1, http：//www.world-nuclear.org/information-library/country-profiles/countries-g-n/hungary.aspx.

倾向于能源联盟，以对抗其相对于俄罗斯的结构性弱点。

捷克在其立场上更接近西欧国家，主要是因为捷克已经拥有更加多元化的能源系统，而且还因为其作为德国在欧盟内部的天然气过境路线的地位。当其他维谢格拉德集团国家抗议俄德两国增强北溪管道运力（the capacity of the Nordstream pipeline）的计划时，捷克立场的差异性尤其明显。[①]

三　需求和供给的形态

在审视国内能源消耗结构时，四个维谢格拉德集团国家在区域标准上非常相似，但在能源安全问题上存在的一些重要差异影响了他们的偏好。这些相似和差异应该通过观察他们对煤炭和天然气的依赖和对核能的态度进行分析。

（一）天然气

在维谢格拉德集团国家中，只有匈牙利国内的天然气产量可观，这也仅仅是在未来开采非常规天然气来源的情况下才能达到理想水平。此外，波兰（以及与匈牙利接壤的罗马尼亚）的非常规天然气开采也有着不错的前景。尽管如此，这尚未成为维谢格拉德集团国家的一种可行能源。在维谢格拉德集团国家中，匈牙利的天然气在最终能源消耗中所占的份额最高（32%）。[②] 匈牙利的天然气在居民能源消耗中所占比例也最高，这既反映了国内天然气生产的存在，也反映了国内广泛的天然气分销网络的存在。从区域来看，匈牙利对天然气的依赖程度仅与罗马尼亚相当；尽管如此，匈牙利的天然气进口量（2014

[①] Chris Johnstone, "Problems in the Pipeline for Prague over Nord Stream Ⅱ", *Radio Prague*, 2015 April 12, http://www.radio.cz/en/section/curraffrs/problems-in-the-pipeline-for-prague-over-nord-stream-ii.

[②] International Energy Agency, "Energy Policies of IEA Countries-Hungary 2017 Review", https://www.iea.org/publications/freepublications/publication/EnergyPoliciesofIEACountriesHungary2017Review.pdf.

年为 740 万立方米）几乎是罗马尼亚（50 万立方米）的 15 倍。①

天然气消费占比最低的是波兰（14%，主要用于居民消费）。② 天然气居民消费占比排名从高至低依次为波兰、匈牙利、捷克和斯洛伐克，由于对供应中断的高度敏感性，保持居民用气供应是极为重要的。波兰排名最高是因为超过三分之一的天然气被家庭消耗。然而，考虑到波兰以天然气为基础的能源消耗不到总量的十分之一，这在绝对意义上是微不足道的。

（二）煤炭

对于波兰和捷克而言，由于煤炭在能源生产方面的份额、褐煤火力发电厂的地位③以及煤炭开采部门雇佣劳动力的社会影响，其褐煤生产是十分重要的。这对波兰来说尤为重要，但在捷克也同样不容忽视。因此，波兰和捷克对碳减排政策特别敏感，往往倾向于投资所谓的"清洁"煤炭技术，如碳开采和封存技术。匈牙利和斯洛伐克的大部分煤炭需要进口，然而，斯洛伐克的煤炭生产（褐煤）有限，主要是因为由于政治原因得不到足够的补贴。④

（三）核能

捷克、斯洛伐克和匈牙利境内均有经营核电站。波兰有计划成为核能生产国，但在 1990 年这个计划却被弃置，并且将一个反应堆容器卖给了匈牙利。目前，波兰参加了与立陶宛、爱沙尼亚和拉脱维亚

---

① International Energy Agency, "Energy Policies of IEA Countries-Hungary 2017 Review", https://www.iea.org/publications/freepublications/publication/EnergyPoliciesofIEACountriesHungary2017Review.pdf.

② International Energy Agency, "Energy Policies of IEA Countries-Poland 2016 Review", https://www.iea.org/publications/free-publications/publication/Energy_Policies_of_IEA_Countries_Poland_2016_Review.pdf.

③ Jan Ondrich, "ČEZ Unplugged: Czech Market Place", 2010, http://www.czechmarketplace.cz/en/2518.cez-unplugged.

④ Simona Blehová, "Ako Všetci Dotujeme Neefektívne Bane", 2015 June 8, https://ekonomika.sme.sk/c/7848435/ako-vsetci-do-tujeme-neefektivne-bane.html.

联合在立陶宛的原伊格纳利纳发电厂所在地建造一座新的维萨吉纳斯核电站（Visaginas Nuclear Plant）的项目。① 此外，他们的现任领导还提到，计划每五年建造三座核电站，第一座将于2029年建成。②

捷克、斯洛伐克和匈牙利是欧洲核能论坛（ENEF）的主要成员国，该论坛是由斯洛伐克总理菲佐（Fico）和捷克总理托波拉内克（Topolanek）于2007年建立的。核能对维谢格拉德集团国家的重要性在欧盟国家中仅有法国可与之相媲美。④ 在西欧成员国中，目前只有法国（Flamanville 3）⑤ 和芬兰（Olkilouto 3）⑥ 在建设核反应堆，这些反应堆都是法国阿海珐公司（Areva）生产的。这两个项目都面临着技术挑战、严重的预算超支以及工期拖延。

四　已经做了什么：项目和进展

前面详尽说明了欧盟各国的利益和分歧，他们在能源政策领域也取得了一些可观察的成果。当评估能源政策方面的成就时，有必要分别考察2009年之前和之后的一段时间，因为在2009年发生了重大天然气危机，因而此后的政策制定相比以往有了重大突破。

---

① World Nuclear Association, "Nuclear Power in Lithuania | Lithuanian Nuclear Energy", 2017 October 4, http：//www.world-nu-clear.org/information-library/country-profiles/countries-g-n/lithuania.aspx.

② Sam Morgan, "Poland to Treat Coal Addiction by Embracing Nuclear Power", EURACTIV, 2017 September 11, https：//www.euractiv.com/section/electricity/news/poland-to-treat-coal-addiction-by-embracing-nuclear-power/.

③ World Nuclear Association, "First European Nuclear Energy Forum", November 28, 2007, http：//www.world-nuclear-news.org/newsarticle.aspx?id=14462.

④ European Nuclear Society, "Nuclear Power Plants in Europe", 2016, https：//www.euronuclear.org/info/encyclopedia/n/nucle-ar-power-plant-europe.htm.

⑤ World Nuclear Association, "Nuclear Power in France | French Nuclear Energy", 2017 October 4, http：//www.world-nuclear.org/information-library/country-profiles/countries-a-f/france.aspx.

⑥ World Nuclear Association, "Plans for New Nuclear Reactors Worldwide", 2017 October 4, http：//www.world-nuclear.org/information-library/current-and-future-generation/plans-for-new-reactors-worldwide.aspx.

(一) 2004—2009 年，加入欧盟之后，天然气危机之前，安全供应

维谢格拉德集团国家加入欧盟以来直到 2009 年，在提高能源安全方面相对平缓。其能源政策的重点主要是针对降低碳强度和满足加入欧盟的条件。

在基础设施发展方面，这一时期修建了北溪天然气管道，使得德国能够绕过维谢格拉德集团国家直接进口俄罗斯的天然气。与此同时人们还讨论了南部走廊天然气管道的路线选择，争论主要集中在欧盟支持的纳布科（Nabucco）天然气管道和俄罗斯支持的南溪（South Stream）天然气管道这两个相互竞争的项目之间。维谢格拉德集团国家在这两个项目中的作用相当复杂，而且仅有匈牙利同时参与了这两个南部走廊管道项目。

(二) 2009—2017 年，天然气危机之后

2009 年 1 月，从俄罗斯到欧盟的最重要的天然气进口管道被彻底关闭，这在和平时期的欧洲是史无前例的。[①] 由于这种独特的情况，一些欧盟国家被迫严格限制其工业生产。斯洛伐克是当时受创最严重的国家，损失估计有 10 亿欧元，或者说在危机期间每天损失 1 亿欧元。[②] 据信，斯洛伐克与天然气减产相关的经济衰退导致了国民生产总值（GDP）增长率下降了 1%—1.5%。[③] 欧盟各国对此次危机的应对是多方面的：在政策方面，2010 年欧盟立法通过了《天然气供应安全规则》（the Security of Gas Supply Regulation）[④]，以帮助预防和应

---

① Simon Pirani-Jonathan Stern-Katja Yafimava，*The Russo-Ukrainian Gas Dispute of January 2009*: *A Comprehensive Assessment*，Oxford Institute for Energy Studies，2009. 这次关闭发生在乌克兰与俄罗斯之间的价格和政治争端期间，但影响到了供应链下游所有其他国家。

② Alexander Duleba，"Poučenia z Plynovej Krízy v Januári 2009"，*Slovak Foreign Policy Association*，2009，http：//www.sfpa.sk/dokumenty/publikacie/281.

③ Nosko (2013).

④ Regulation (EU) No. 994/2010，2010 October 20 and 2004/67/EC Text with EEA Relevance，http：//eur-lex.europa.eu/eli/reg/2010/994/oj.

对供应中断①,这项政策工作是在 2014 年欧盟委员会发布其能源安全战略②时完成的。在基础设施方面,这些政策措施得到大量财政资源的支持,最初的形式是将经济复苏一揽子计划的一部分转向能源基础设施投资。③ 后来以"连接欧洲设施"计划(Connecting Europe Facility)④ 的形式实现了许多共同利益项目(Projects of Common Interest, PCI),这在实际上改变了欧洲,特别是维谢格拉德集团国家的能源基础设施格局。

维谢格拉德集团国家利用这一机会实施了两项相辅相成的战略。首先,维谢格拉德四国启动了财政支持,促进现有的东—西天然气运输基础设施反向流动的技术能力的增长。其次,他们支持开发新的跨境互联管网,这是通过政治营销的方式助力这些互联管网形成南北走廊,并在走廊的两端连接两个液化天然气码头(波兰的是 Świnoujście,克罗地亚的是 Krk)。⑤

这两项基础设施方面的发展不仅构成了增加供应安全的战略性、系统性变革,而且也是对互联能源市场的重大贡献。欧盟范围的能源

---

① European Commission,"Energy-Secure Gas Supplies, DG Energy", 2017 January 10, https://ec. europa. eu/energy/en/top-ics/imports-and-secure-supplies/secure-gas-supplies.

② Ibid. .

③ 参见 Regulation (EC) No. 663/2009, 2009 July 13, http://eur-lex. europa. eu/Lex UriServ/LexUriServ. do? uri = O-J: L: 2009: 200: 0031: 0045: EN: PDF。

④ European Commission,"Connecting Europe Facility", Innovation and Networks Executive Agency, https://ec. europa. eu/inea/en/connecting-europe-facility.

⑤ 尽管专家们明白技术上没有必要将横跨欧洲大陆的两个液化天然气码头连接起来,但这一宣言在政治上颇具吸引力且易于沟通,这也是为什么南北互联互通被用作一系列增加市场流动性的其他离散项目的总称。Andrej Nosko et al. ,"Energy Security", Visegrad Security Cooperation Initiative, 2010, http://www.visegradgroup.eu/download.php? ctag = download&do cID = 139; European Commission,"Communication from the Commission to the European Parliament and the Council: European Energy Security Strategy", 2014, http://eur-lex. europa. eu/legal-content/EN/TXT/PDF/? uri = CELEX: 52014DC0330&%20from = EN; European Commission: List of Actions Selected for Receiving Financial Assistance under the First CEF Energy 2015 Call for Proposals, 2015, https://ec. europa. eu/energy/sites/ener/files/documents/CEF_ Energy_ 2015_ call_ for_ proposals. pdf; European Commission,"Commission Delegated Regulation (EU) 2016/89", 2015 November 18. and Amending Regulation (EU) No. 347/2013, http://eur-lex. europa. eu/legal-content/EN/TXT/? uri = CELEX%3A32016R0089。

联盟项目①是影响能源政策的最新发展。欧洲项目的目标是确保欧洲拥有安全、可负担得起和供应方友好的能源,并以五个政策领域构成的一揽子计划,将新项目下的大部分现有政策工作结合起来:第一,安全、团结和信任;第二,一个完全整合的内部能源市场;第三,能源效率;第四,气候行动(低碳经济);第五,研究、创新和竞争力。除了为与能源相关的政策工作进行新的宣传推广之外,为了实现更好的协调,欧盟还委托斯洛伐克外交官马洛什·谢夫乔维奇(Maroš Šefčovič)担任欧洲能源联盟委员会副主席。

五 结论:未来的挑战和机遇

尽管维谢格拉德集团国家的能源安全在过去十年中有了显著提高,但它仍是维谢格拉德集团国家的一个首要任务。在天然气这一最容易受到破坏的能源领域,所有 V4 国家现在都已建立了良好的联系,并且能够从东西方进口足够数量的天然气,从而得以应对供应中断。虽然国内能源市场的运作并不完美,但邻近地区(特别是位于波兰波罗的海沿岸)新的跨境天然气互联管网和液化天然气终端已大大改善了天然气的供应,并提高了供应的多样化以及在因政治或技术原因而中断时的快速恢复能力。一旦期待已久的克罗地亚亚得里亚海沿岸的液化天然气接收站以及中欧和东欧国家南北之间更多天然气互联管网建设完成,这一情况将得到进一步改善。

维谢格拉德集团国家的跨境电力联网现已得到升级,进一步升级的协议也已达成,并且正在施工当中。包括联接维谢格拉德集团国家与西欧(如德国与波兰和捷克之间的连接)、从匈牙利经斯洛文尼亚到意大利,以及从德国经捷克到达奥地利,还有 V4 内部的联网,比如匈牙利与斯洛伐克间的三条电力联网线路。

维谢格拉德集团国家从欧盟获得了重要的经济支持以提升他们的

---

① European Commission, "Energy Union and Climate Text", https://ec.europa.eu/commission/priorities/energy-union-and-climate_en.

能源安全。当波兰提出申请时，欧盟也发挥了政治影响力，支持该国与俄罗斯天然气公司（Gazprom）就天然气进口合同进行谈判。

即使欧盟成员国的身份为改善维谢格拉德集团国家的能源安全提供了充足的机会，但是他们之间的分歧依然存在。值得注意的是维谢格拉德集团国家对核能的看法。虽然波兰是唯一一个在本土没有进行核能生产的国家，但波兰参与了波罗的海地区的一个项目，并且有自己的核计划。目前，波兰的政治领导层表达了要从2029年开始建造3座核反应堆的目标。[①] 匈牙利寻求通过向当前正在受到欧盟制裁的俄罗斯贷款来扩大核能生产，并由俄罗斯国有企业俄罗斯国家原子能公司（Rosatom）[②] 提供技术支持，这一做法不仅是与欧盟其他国家相比，甚至在维谢格拉德集团内部，都可以被视为有些怪异的选择。

即使得到了欧盟的支持，但与西欧国家以及其最重要的能源供应国俄罗斯相比，维谢格拉德集团国家仍然处于不同的地位。一方面，欧盟内部存在要求能源市场更加透明和正常运转的压力。另一方面，维谢格拉德集团国家的执政精英面临着为那些将相当部分可支配收入用于能源消费支出的居民提供低成本能源的压力。此外，还有来自获得非市场优惠或与俄罗斯建立"特殊"关系的诱惑。[③] 虽然这可能会给那些谈判此类协议的人带来某些个人利益，但从历史的角度来看，这反而会导致这些国家的公民面临更高的能源价格。[④]

展望未来，和所有其他国家一样，维谢格拉德集团国家必须适应技术革命，或者我们甚至可以称之为数字能源革命。其在两个方面可能最具颠覆性：可再生、低可变成本发电的指数增长，可以通过光伏

---

① Morgan（2018）.

② Sara Stefanini, "UK, France Blazed Trail for Hungary Nuclear Deal", *POLITICO*, 2017 January 11, http：//www. politico. eu/article/hungary-nuclear-approval-expected-thanks-to-uk-and-france-precedent/.

③ Margarita M. Balmaceda, "Corruption, Intermediary Companies, and Energy Security： Lithuania's Lessons for Central and Eastern Europe", *Problems of Post-Communism*, 2008/4, pp. 16 – 28.

④ Nosko（2013）；Laszlo Lovei et al. , "The Costs of Corruption for the Poor-The Energy Sector", *Public Policy for the Private Sector*, 2000, pp. 1 – 8.

太阳能发电的指数增长加以说明；技术创新，可以通过结合信息技术和能源的专利申请的增长来了解。[①]

1991年维谢格拉德集团国家的能源强度是欧盟的272.3%，到2014年下降到欧盟的191.2%。考虑到维谢格拉德集团国家的能源强度仍接近欧盟的两倍，即使维谢格拉德集团国家的人均能源消耗量增加到西欧发达国家的水平，其能源总消耗量也有可能下降。能源效率的提高、欧盟插电式混合动力和电动汽车的持续快速增长（见图11-1），以及能源网络的智能化（包括能源生产的分散化、虚拟电厂、需求响应以及削减服务提供商的出现），都有可能进一步降低维谢格拉德集团国家的总体能源消耗，并迅速改变其能源需求。

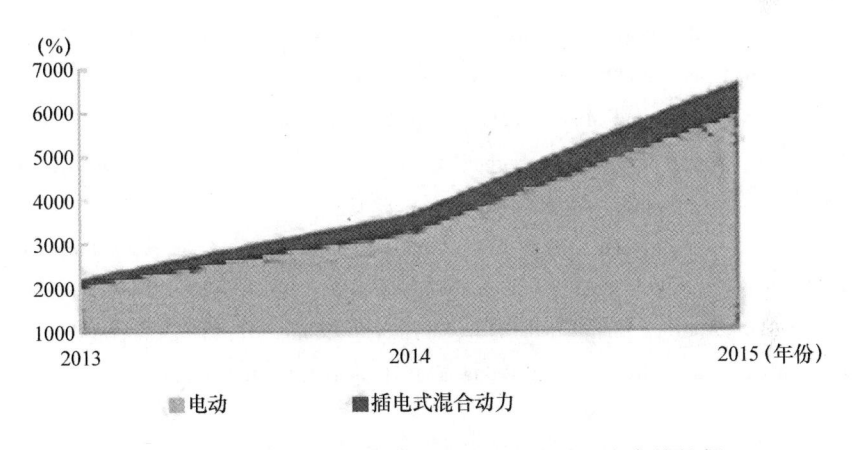

图 11-1 欧盟新电动汽车和插电式混合动力汽车的份额

我们预计供应安全、电网稳定和碳价格之间的协调方式将会发生变化。维谢格拉德集团国家需要特别注意的能源技术，包括与微型智能电网相结合的先进能源储存、分布式虚拟化发电，以及先进管理和削减需求。预期电池成本的降低将允许战略储备类电力管理以及降低

---

① Simone Tagliapietra-Georg Zachmann，"Reinforcing the EU Energy Industry Transformation: Stronger Policies Needed"，Brue-gel，2017 September 21，http://bruegel.org/2017/09/reinforcing-the-eu-energy-industry-transformation-stronger-policies-needed/.

对已安装的峰载容量的要求。

这种颠覆性①的指数型创新很有可能使大量的能源技术和投资被淘汰。这对于公共事业和大型基础设施投资（如管道和发电厂）来说尤其危险。维谢格拉德集团国家应特别注意通过公开融资或政府担保的对能源基础设施的大型长期投资，因为这些投资如果不经过仔细评估，很可能最终会导致各国纳税人的利益受损、阻碍创新，并在某些情况下产生国家依赖其主权和福利的严重后果。

参考文献

2004/67/EC Text with EEA Relevance, http://eur-lex.europa.eu/eli/reg/2010/994/oj.

Duleba, Alexander, Poučenia z Plynovej Krízy v Januári 2009, Slovak Foreign Policy Association, 2009, http://www.sfpa.sk/dokumenty/publikacie/281.

Nosko, Andrej and Mišík, Matúš, "No United Front: The Political Economy of Energy in Central and Eastern Europe", In: *Energy Union*, *International Political Economy Series*, London: Palgrave Macmillan, 2017.

Nosko, Andrej et al., Energy Security, Visegrad Security Cooperation Initiative, 2010, http://www.visegradgroup.eu/download.php?ctag=download&docID=139.

Nosko, Andrej, Energy Security in Transition: Coping with Energy Import Dependence in the Czech Republic, Slovakia and Hungary, Central European University, 2013.

Johnstone, Chris, Problems in the Pipeline for Prague over Nord Stream Ⅱ, Radio Prague, 2015 April 12, http://www.radio.cz/en/section/curraffrs/problems-in-the-pipeline-for-prague-over-nord-stream-ii.

Consolidated Version of the Treaty on the Functioning of the European Union (TFEU), 2008.

European Commission, Communication from the Commission to the European Parliament and the Council: European Energy Security Strategy, 2014, http://eur-lex.europa.eu/legal-content/EN/TXT/PDF/?uri=CELEX:52014DC0330&%20from=

---

① J. L. Bower-C. M. Christensen, "Disruptive Technologies: Catching the Wave", *Harvard Business Review*, 1995/1, pp. 43 – 53.

EN.

European Commission, Connecting Europe Facility, Innovation and Networks Executive Agency, https: //ec. europa. eu/inea/en/connecting-europe-facility.

European Commission, Energy-Secure Gas Supplies, DG Energy, 2017 January 10, https: //ec. europa. eu/energy/en/topics/imports-and-secure-supplies/secure-gas-supplies.

European Commission, Energy Union and Climate Text, https: //ec. europa. eu/commission/priorities/energy-union-and-climate_ en.

European Commission, Regulation (EU) 2016/89, 2015 November 18.

European Nuclear Society, Nuclear Power Plants in Europe, 2016, https: //www. euronuclear. org/info/encyclopedia/n/nuclear-power-plant-europe. htm.

International Energy Agency, Energy Policies of IEA Countries-Hungary 2017 Review, https: //www. iea. org/publications/freepublications/Energy_ Policies_ of_ IEA_ Countries_ Hungary_ 2017_ Review. pdf.

International Energy Agency, Energy Policies of IEA Countries-Poland 2016 Review, https: //www. iea. org/publications/freepublications/publication/Energy_ Policies_ of_ IEA_ Countries_ Poland_ 2016_ Review. pdf.

Bower, Joseph-Christensen, Clayton, "Disruptive Technologies: Catching the Wave", *Harvard Business Review*, 1995/1.

Ondrich, Jan, ČEZ Unplugged: Czech Market Place, 2010, http: //www. czechmarketplace. cz/en/2518. cez-unplugged.

List of Actions Selected for Receiving Financial Assistance, First CEF Energy 2015 Call for Proposals, 2015, https: //ec. europa. eu/energy/sites/ener/files/documents/CEF_ Energy_ 2015_ call_ for_ proposals. pdf.

Lovei, László et al. , The Costs of Corruption for the Poor-The Energy Sector, Public Policy for the Private Sector, 2000.

Balmaceda, Margarita M. , "Corruption, Intermediary Companies, and Energy Security: Lithuania's Lessons for Central and Eastern Europe", *Problems of Post-Communism*, 2008/4.

Slobodian, Nataliia, "A direct access of a new source of gas would be a game-changer on the V4 markets", *Visegrad Insight*, 2016/1.

Protocol (No. 37) on the financial consequences of the expiry of the ECSC treaty and on the Research fund for Coal and Steel, http: //eur-lex. europa. eu/legal-content/ EN/TXT/? uri = CELEX%3A12008M%2FPRO%2F37.

Regulation (EC) No. 663/2009, 2009 July 13, http: //eur-lex. europa. eu/Lex UriServ/LexUriServ. do? uri = OJ: L: 2009: 200: 0031: 0045: EN: PDF.

Regulation (EU) No. 347/2013, http: //eur-lex. europa. eu/legal-content/EN/ TXT/? uri = CELEX%3A32016R0089.

Regulation (EU) No. 994/2010, 2010 October 20.

Morgan, "Poland to Treat Coal Addiction by Embracing Nuclear Power", EURACTIV, 2017 September, Sam 11, https: //www. euractiv. com/section/electricity/ news/poland-to-treat-coal-addiction-by-embracing-nuclear-power/.

Stefanini, Sara, "UK, France Blazed Trail for Hungary Nuclear Deal", *POLITICO*, 2017 January 11, http: //www. politico. eu/article/hungary-nuclear-approval-expected-thanks-to-uk-and-france-precedent/.

Pirani, Simon-Stern, Jonathan-Yafimava, Katja, The Russo-Ukrainian Gas Dispute of January 2009: A Comprehensive Assessment, Oxford Institute for Energy Studies, 2009.

Blehová, Simona, Ako Všetci Dotujeme Neefektívne Bane, 2015 June 8, https://ekonomika. sme. sk/c/7848435/ako-vsetci-dotujeme-neefektivne-bane. html.

Tagliapietra, Simone-Zachmann, Georg, Reinforcing the EU Energy Industry Transformation: Stronger Policies Needed, Bruegel, 2017 September 21, http: // bruegel. org/2017/09/reinforcing-the-eu-energy-industry-transformation-stronger-policies-needed/.

The European Council and the Council in a Nutshell, Consilium, 2014, http: // www. consilium. europa. eu/en/documents-publications/publications/2014/european-council-council-nutshell/.

Dostál, Vít, Trends of Visegrad Foreign Policy, Association for International Affairs, 2015, https: //trendyv4. amo. cz/files/paper_ en. pdf.

World Nuclear Association, First European Nuclear Energy Forum, 2007 November 28, http: //www. world-nuclear-news. org/Articles/First-European-Nuclear-Energy-Forum.

World Nuclear Association, Nuclear Power in France | French Nuclear Energy, 2017 October 4, http: //www. world-nuclear. org/information-library/country-profiles/

countries-a-f/france. aspx.

World Nuclear Association, Nuclear Power in Hungary | Hungarian Nuclear Energy, 2017 August 1, http://www. world-nuclear. org/information-library/country-profiles/countries-g-n/hungary. aspx.

World Nuclear Association, Nuclear Power in Lithuania | Lithuanian Nuclear Energy, 2017 October 4, http://www. world-nuclear. org/information-library/country-profiles/countries-g-n/lithuania. aspx.

World Nuclear Association, Plans for New Nuclear Reactors Worldwide, 2017 October 4, http://www. world-nuclear. org/information-library/current-and-future-generation/plans-for-new-reactors-worldwide. aspx.

第十二章　1999—2017年维谢格拉德集团的防务合作

多米尼克·扬科夫斯基（Dominik P. Jankowski）

一　维谢格拉德集团防务合作的介绍

用它自己的话来说，维谢格拉德集团（V4）是捷克、匈牙利、波兰和斯洛伐克的地区联盟。V4最初的目的是支持其成员国加入欧盟和北约。维谢格拉德集团国家在安全和防务领域的认同是在维谢格拉德集团成员国加入这两个组织的过程中确定的。作为国家结构、政策和各种程序深化转型的一部分，这一过程也需要维谢格拉德集团国家的整体防务体系的现代化和专业化。包括对军队实行文职控制，以及对武装部队进行广泛的组织和技术改革。

文职控制防务政策和决策架构的建立，使维谢格拉德集团国家面临一些共同的挑战。这些挑战包括：

- 将防务决策和执行的实际控制权从总参谋部转移到国防部；
- 在几乎完全是军事组织的国防部中建立一个庞大的文职部门；
- 培养防务政策领域的文职专业人员；
- 建立防务政策的有效审查机制；

- 确保对国防预算和开支的精细化控制。①

早在20世纪90年代，一些专家就怀疑维谢格拉德集团是否有未来②。马修·罗兹（Matthew Rhodes）强调，"随着欧盟和北约自身正式走向个性化，1994年1月与时任美国总统比尔·克林顿（Bill Clinton）在布拉格举行的和平伙伴关系峰会上，维谢格拉德集团的象征性死亡已成定式。"③ 根据瓦茨拉夫·哈维尔（Vaclav Havel）的外交政策顾问帕维尔·塞弗特（Pavel Seifter）的说法，维谢格拉德四国会议"成功地就中欧问题在更广泛的范围内保持了官方对话，但这种形式的合作也表明，维谢格拉德集团已死"④。

在休眠几年之后，维谢格拉德集团于1998年10月21日正式复会，第一次首脑会议于1999年5月在布拉迪斯拉发（Bratislava）举行。这次峰会的主要成果是通过了《维谢格拉德集团合作内容》的主要文件，其中明确了维谢格拉德集团的作用和结构。该文件确认，维谢格拉德集团合作的关键领域将是欧盟和北约⑤。同年晚些时候（1999年11月4日），维谢格拉德四国国防部部长的首次会议在波兰举行。

尽管有人怀疑维谢格拉德集团在1999年（捷克、匈牙利、波兰加入北约）和2004年（斯洛伐克加入北约；所有维谢格拉德集团国家加入欧盟）之后是否还能够维持下去，但是深锚于北约和欧盟的机制、项目和优先目标，为维谢格拉德集团在包括安全和防务政策在内的许多方面的合作与协调提供了不断扩展的议程。

---

① Vít Střítecky, "Doing More for Less: V4 Defence Cooperation in a Time of Austerity", *The Polish Quarterly of International Affairs*, 2012/4, p. 69.

② Matthew Rhodes, "Post-Visegrad Cooperation in East Central Europe", *East European Quarterly*, 1999/March, p. 33.

③ Ibid., p. 52.

④ Ibid., p. 53.

⑤ Martin Dangerfield, "V4: A new brand for Europe? Ten years of post-accession regional cooperation in Central Europe", *Poznań University of Economics Review*, 2014/4, p. 77.

二 加入北约和欧盟后，维谢格拉德集团防务合作的表现

2004年，因为该集团融入欧洲—大西洋结构的主要目标已经实现，维谢格拉德集团的定位发生了变化。因此，随着北约和欧盟成为维谢格拉德集团国家安全和国防政策的主要工具，V4的主要焦点转向为加强这两个组织做出有效的且创造性的贡献。2004年5月在布拉格举行的维谢格拉德集团领导人会议上确认了维谢格拉德集团将会维持下去。于2004年发表的《维谢格拉德集团成员国加入欧盟后合作宣言》[1]确定了未来合作的四个维度：维谢格拉德集团内部合作；欧盟内部合作；与其他伙伴（国家和国家集团）的合作；与北约及其他国际组织的合作[2]。

维谢格拉德集团国家对欧洲—大西洋一体化的看法非常相似。正如罗伯特·库比奇（Robert Kupiecki）所强调的，维谢格拉德集团国家想要"一个在有法律基础、政治上的一致和所有盟国安全利益允许的情况下，能够保卫盟友、维护安全、有影响力的北约"[3]。维谢格拉德集团还对"欧盟在防务和安全领域逐渐增强的作用与其不断增长的软实力潜力相对应"感兴趣[4]。最后，它高度重视欧洲和美国之间不可忽视的联系。

实际上，维谢格拉德集团国家对北约和欧盟的积极参与还体现在他们参与多国行动，包括了在阿富汗最严苛的行动。正如罗伯特·库比奇所强调的，"科索沃维和部队在科索沃部署期间，维谢格拉德集团提供的兵力约占所有部队的7%；欧盟在波斯尼亚—黑塞哥维那的军事行动中，维谢格拉德集团提供的兵力占所有部队的近13%；在马里的行动中，这一数字约为10%。所有维谢格拉德集团国家都参

---

[1] 即《克罗梅日什宣言（Kroměříž Declaration）》。

[2] Dangerfield, pp. 78 – 79.

[3] Robert Kupiecki, "Visegrád Defense Cooperation: From Mutual Support to Strengthening NATO and the EU. A Polish Perspective", *CEPA Report*, 2013/35, p. 2.

[4] Ibid..

加了 2003 年之后稳定伊拉克的行动,其中大多数部队是在波兰的指挥下,隶属于中部—南部军队(Centre-South Division)。"[1]

金融危机和能力发展方面新合作理念的引入(北约的"智能防御"和欧盟的"汇聚和共享")为 2010 年维谢格拉德集团国家的合作带来了全新的动力。在维谢格拉德集团看来,区域合作与投资的合理化是常识,尤其是在经济困难导致的紧缩时期。为了支持国家能力发展、区域合作以及加强中欧与欧洲—大西洋结构之间的联系,维谢格拉德集团从一开始就支持北约和欧盟的新倡议。然而,国防部门的现状似乎要复杂得多。事实上,无论是出于理智的战略分析还是因为一个无形的、设法用自己的利益代替国家利益的势力或集团导致的管理不善,合作的障碍都是巨大的[2]。

2012 年,该地区的四个智库[3]发起了一个名为"国防紧缩:维谢格拉德地区防务与安全合作的新范式"(Defence Austerity: A New Paradigm for Defence and Security Cooperation in the Visegrad Region, DAV4)的项目。它的关键要素之一是研究有助于建立成功防务伙伴关系的标准。最后报告提出了六个要点:

- 战略文化的相似性;
- 信任和团结;
- 规模和质量相当的力量;
- 为国防企业提供公平的竞争环境;
- 意图清晰;
- 不应将标准解释为"戒律"。[4]

---

[1] Robert Kupiecki, "Visegrád Defense Cooperation: From Mutual Support to Strengthening NATO and the EU. A Polish Per-spective", *CEPA Report*, 2013/35, p. 3.

[2] Střítecky, p. 65.

[3] 斯洛伐克大西洋委员会(Slovak Atlantic Commission)、国际民主过渡中心(International Centre for Democratic Transition)、雅盖沃 2000(Jagello 2000)、波兰国际事务研究所(Polish Institute of International Affairs)。

[4] Tomáš Valášek et al., "DAV4 Full Report: Towards a Deeper Visegrad Defence Partnership", Central European Policy Institute, 2012, pp. 3 - 4.

战略文化的相似性应该建立在这样一种假设之上：当各国建立联合部队时，他们应该选择在何时以及如何使用武力方面具有相似观点的合作伙伴。该报告强调，"当合作伙伴在部署联合部队的地点和'注意'事项上存在分歧时，他们可能根本无法使用这支部队。"①

当合作各方选择将负责保卫本国领土的力量联合起来时，信任和团结尤其重要。分析指出，"各国政府希望确信，在危机时期，他们的合作伙伴不会让他们失去共享资产和家园。"② 事实上，信任往往是决定联合项目是否节省资金的关键差异。

由于大国和小国之间合作的问题是大国并不总是认真对待小国，所以同样规模和质量是一个重要因素。报告指出，"在大多数情况下，规模相当的国家之间的合作将比其他形式的合作更为有效；大小不对称会让人担心一方'支配'另一方，甚至忽视较小一方的需求。"③

为国防企业提供公平的竞争环境有助于合作伙伴关系的持续发展。通过允许参与国减少他们购买设备或服务的数量来实现集中和共享可以节省资金。正如分析中所强调的那样，这意味着"某地的某家公司将不会收到本应收到的订单。损失必须平均分配。如果一些国家比其他国家更多地保护本国国防企业，这种不对称就会产生可能导致合作破裂的摩擦"④。

从合作伙伴之间讨论合作倡议的目的是什么开始，明确意图就非常重要。这将决定他们共同项目的范围、形式和深度。正如报告中所提到的，"主要想要节省资金的国家可能会专注于整合相对普通的（但代价高昂的），如训练或后勤之类的任务，而旨在推动欧盟一体化的合作则更有可能涉及那些备受关注的联合机构的建立。"⑤

最后，上述标准不应被解释为"戒律（commandments）"。就算

---

① Tomáš Valášek et al., "DAV4 Full Report: Towards a Deeper Visegrad Defence Partnership", Central European Policy Institute, 2012, p. 4.
② Ibid..
③ Ibid..
④ Ibid..
⑤ Ibid..

未能满足某些标准，一些国家也将设法建立防务伙伴关系。报告指出，"集中和分享最好是在小范围内的、区域性的'合作之岛'上进行，这样其成员国才会同意进行更密切的合作，并可能在长期内整合各自的军事力量。"[1]

欧洲议会安全与防务小组委员会要求的一份文件也得出了类似的结论。该文件列出了5个起基础作用的变量：

- 区域邻近性和相似的地理面积；
- 共同的战略文化；
- 预先存在政治合作；
- 政治利益一致性；
- 国防工业关系对称或相互支持。[2]

2004年之后维谢格拉德集团在安全和防务政策上的合作，很好地证明了在合作中几乎不存在"制胜法则"，而且很难确定使军事行动成功所需的具体合作。联合参与北约和欧盟行动以及各种志愿任务和行动的联盟，有助于弥合维谢格拉德集团各国的战略文化差距，并增进信任和团结。原有政治合作和政治利益的稳定结合，为军事合作的进展增添了新的价值。

三　维谢格拉德集团防务合作：
2012—2014年的增长态势

维谢格拉德集团防务合作在2012—2014年呈现出更加活跃的态

---

[1] Tomáš Valášek et al., "DAV4 Full Report: Towards a Deeper Visegrad Defence Partnership", Central European Policy Institute, 2012, p. 4.

[2] Christian Mölling, "State of Play of the Implementation of EDA's Pooling and Sharing Initiatives and its Impact on the European Defence Industry", European Parliament, http://www.europarl.europa.eu/RegData/etudes/STUD/2015/534988/EXPO_STU（2015）534988_EN.pdf.

势。根据克里斯汀·莫林（Christian Molling）的评估，维谢格拉德集团以及比荷卢三国是仅有的取得进展的区域集团，因为"其他雄心勃勃的合作框架（如法德合作框架和魏玛三角合作框架）似乎已被遗忘；北欧国防合作组织（NORDEFCO）甚至是目前正在受到侵蚀的合作框架的一个例子"①。

维谢格拉德集团国家外长和国防部部长于2012年4月18日在北约芝加哥峰会上承诺加强欧洲—大西洋安全，这一进程由此启动。维谢格拉德集团在题为《强大北约的责任》的联合声明中强调了北约面临的五个关键问题：

● 确保北约的能力能满足所有的需求并与得到认可的北约目标保持一致；

● 确保北约反应部队作为联盟的一件重要行动工具，以及提高北约防御能力的可信性和互操作性的一种手段，还有推动其转型的动力；

● 确保北约的威慑和防御措施继续依赖常规武装、核力量以及导弹防御力量的均衡组合，以应付不断变化的安全环境的挑战。美国力量在欧洲持续而充分的存在是这种举措不可分割的一部分；

● 实施智能防御计划，以作为维持和提高集体与各国防御能力的重要动力；

● 确保北约扩张和欢迎新成员的能力。②

维谢格拉德集团国家已在宣言中表示愿意加强具体的区域防务合作："我们将与本区域的伙伴一道，通过在下列领域做出具体的单独

---

① Christian Mölling, "State of Play of the Implementation of EDA's Pooling and Sharing Initiatives and its Impact on the European Defence Industry", *European Parliament*, http：//www.europarl.europa.eu/RegData/etudes/STUD/2015/534988/EXPO_ STU (2015) 534988_ EN. pdf.

② Declaration of the Visegrad Group, "Responsibility for a Strong NATO", http：//www.vis egradgroup.eu/documents/official-statements/declaration-of-the.

第十二章　1999—2017 年 维谢格拉德集团的防务合作

承诺，为智能防务做出贡献：空中管制员培训（FAC/JTAC）；化学、生物、放射与核防御（CBRN）；直升机驾驶员训练（MATC）；联合后勤；医疗设施；跨国实验；统筹海上巡逻机；反简易爆炸装置（C-IED）等方面的培训。"①

在 2012 年 5 月 4 日之后，这些项目在利托梅日采（Litoměrice）举行的维谢格拉德集团国防部部长会议通过的联合公报上被重新确认。此外，公报还提到已经取得成果的项目：维谢格拉德集团国家的北约卓越中心、多国后勤协调中心、北约多国宪兵营和可部署通信信息系统模块②。国防部部长们一致认为，北约防务规划进程（NDPP）仍然是联盟内投送军事力量的基本工具。因此，维谢格拉德集团防务规划进程需要更好地与北约防务规划进程保持一致。此次会议还给国防部专家提出了一项具体任务："探索如何更好地协调我们的防务规划周期和计划，以确定在设备寿命周期管理、战略运输、空中防御、化生放核防御（CBRN）、质量保证或网络防御等领域进一步合作的机会。"③ 公报提到了"国防紧缩"项目（DAV4）报告，该报告还列出了维谢格拉德集团未来可能合作的项目。

我们应记住在"国防紧缩"报告中提出的主要项目，因为将智囊团的建议与政府的理念进行比较是有价值的行为。智库专家提出了三个主要关注领域：能力发展、培训和教育、战略联合④。

在每个领域中，他们提供短期（0—3 年）和长期（3 年以上）项目建议。在军事能力发展领域，他们认为：

● 利用化生放核（chemical, biological, radiological and nuclear；CBRN）联合防御卓越中心、2009 年捷克和波兰反化生放核

---

① Declaration of the Visegrad Group, "Responsibility for a Strong NATO", http://www.vis egradgroup. eu/documents/official-statements/declaration-of-the.

② "Joint Communiqué of the Ministers of Defence of the Visegrad Group", http://www.visegra dgroup. eu/calendar/2012/joint-communique-of-the.

③ Ibid. .

④ Valášek et al. , pp. 12 – 14.

北约反应部队模块领导人的专业知识，以及化生放核防御的现有知识在匈牙利和斯洛伐克建立一个永久性的维谢格拉德集团化学、生物、放射性和核防御营；

● 建立区域网络安全合作长效机制，包括定期交换信息，开展联合培训，建立应对大规模网络攻击的互助机制；

● 进一步发展维谢格拉德集团混合部队，被视为是具有长期变革价值的最为重要的区域项目；

● 根据北约空中警务行动的经验，创建维谢格拉德集团联合空中警务①。

培训和教育的核心项目包括：

● 为直升机驾驶员设立多国航空训练中心；

● 根据维谢格拉德集团国家的行动经验和斯洛伐克爆炸物处理卓越中心的知识建立联合反简易爆炸装置中心；

● 建立一所维谢格拉德军事学院，它将是一所以英语为通用语言开设高级军官课程的跨国高等学府（以爱沙尼亚、拉脱维亚和立陶宛的波罗的海国防学院为榜样，该学院培养了爱沙尼亚、拉脱维亚和立陶宛的一般参谋人员和高级公务员）。②

最后，在战略联合部分，智库专家提出了四个项目：

● 概述未来合作前景的联合声明、谅解备忘录或条约；

● 加强维谢格拉德集团在政治层面的协调，包括国防部和外交部等安全政策部门；

● 一个关于如何进一步增强北约鼓励防务合作能力的维谢格拉德集团联合提议；

---

① Valášek et al., pp. 12 – 13.
② Ibid., p. 13.

● 就将防务规划人员安插到彼此国防部达成协议，这将使各国更好地了解彼此的设备需求和设备更新时间表。①

"国防紧缩"（DAV4）报告已被证明大体上符合各国政府的理念，甚至在许多领域被认为是非常具有前瞻性的。双方都呼吁务实：维谢格拉德集团防务合作应该带来真正的军事利益，而不是为了合作而合作。成功的度量不应该基于联合项目的数量，而应该基于维谢格拉德集团维持或发展必要军事能力的效率和能力。

2013 年，维谢格拉德集团防务合作的增长势头也已证明其对欧洲大国具有吸引力。2013 年 3 月 6 日的会议上，维谢格拉德四国、法国和德国国防部部长在一份题为"合作发展能力，团结分担责任"的联合声明中，强调了区域系统性知识转移的必要性，如在欧盟战斗群内（2013 年待命的魏玛战斗群；2016 年待命的维谢格拉德战斗群）。会议还为一个日益重要的议题——欧洲防务技术和工业基地提供了一个讨论的平台②。

为证明加强维谢格拉德集团防务合作的决心，维谢格拉德集团国家首脑于 2013 年 10 月 14 日签署了《维谢格拉德集团政府首脑关于加强维谢格拉德集团安全和防务合作的布达佩斯联合声明》。可以说，这一联合声明开启了维谢格拉德集团防务合作的新篇章。在联合声明中，维谢格拉德集团国防部部长的任务是：

● 制定关于防务合作战略的长期愿景来支持共同军事力量的开发工作；
● 加强维谢格拉德集团的武装力量训练和演习领域合作，以及与北约、欧盟和各成员国的演练协调，每年举行维谢格拉德集团联合军事演习；

---

① Valášek et al., pp. 13 – 14.
② "Cooperation in Developing Capabilities, Solidarity in Sharing Responsibilities", www.visegradgroup.eu/download.php?docID=251.

- 探讨在维谢格拉德集团层次上建立加强防务规划合作框架的可能性，以确定防务合作的新领域。①

2014年3月14日，维谢格拉德集团国防部部长在签署《深化国防合作的长期愿景》（简称《长期愿景》）和《加强防务规划合作框架》时就第一、第三项任务达成共识。他们决定，务实合作应着重于（但不限于）三个关键领域：军事力量建设、采购和国防工业；建立多国部队和开展跨境活动；教育、培训和实践②。

维谢格拉德集团在《长期愿景》中强调，在进行重大采购时，不论是以四边、三边还是双边形式进行，一般应首先审查共同或协调采购的可能性。维谢格拉德集团应利用其军事装备几乎同时需要更替这一条件。维谢格拉德集团将利用北约支持机构和欧洲防务机构的机制。此外，在这一进程中，维谢格拉德集团国防工业应该尽可能积极地参与，"防止该地区仅仅是变成全球国防企业的市场，并促使这一地区成为欧洲国防工业基地的一个组成部分"③。

《长期愿景》也提到了设立多国部队，以期提供最高可见度和最大的政治利益。国防部部长们一致认为，"基于我们对北约和欧盟的承诺，我们将努力建立一支可定期向北约和欧盟提供的地区性、模块化的部队，必要时也可在这些框架以外使用。"④维谢格拉德战斗群构成了这一目标的坚实基础，并可能成为更持久合作的基础。

最后，《长期愿景》强调，维谢格拉德集团的军事教育方案（Visegrad Group Military Educational Programme，VIGMILEP）旨在为维谢格拉德集团国防教育机构加强合作和协调活动提供一个合适的框架⑤。

---

① "Budapest Joint Statement of the Visegrad Group Heads of Government On Strengthening the V4 Security and Defence Cooperation", http：//www.visegradgroup.eu/calendar/2013/budapest-joint-statement-140929.

② "Long Term Vision of the Visegrad Countries on Deepening their Defence Cooperation", www.visegradgroup.eu/download.php?docID=253.

③ Ibid., pp. 1 - 2.

④ Ibid., p. 2.

⑤ Ibid..

根据《加强防务规划合作框架》，军事力量建设项目旨在寻求三种切实可行的解决方案：合并和共享资产、联合设备采购、研究和开发①。

该框架设想，在军事力量开发项目的规划阶段，默认情况下，维谢格拉德集团国家应始终首先检查在维谢格拉德集团环境下实施项目是否可行，是否对各方都有利。如果不可能在维谢格拉德集团的完整框架内推行，维谢格拉德集团国家也应该参与双边或三边的合作形式。这是之前维谢格拉德集团合作的经验，涉及所有四个国家的项目数目确实有限。例如，当一个国家表示没有兴趣参加一个有前景的项目时，放弃执行该项目是违背发展可持续的区域防务合作精神的。最后，《加强防务规划合作框架》奠定了上述合作所缺乏的制度化结构的部分基础。但是，应当指出，该框架没有设立任何常设机构来协调这些活动。该框架确立了三种新形式：高级机构、规划小组和工作组②。

2014年的克里米亚危机改变了欧洲的安全环境，使维谢格拉德集团重新思考其更宽泛的防御措施。维谢格拉德四国的总理于2014年6月24日在布达佩斯举行会晤，呼吁加强地区防务合作。然而，我们可以清楚地看到，在《维谢格拉德集团政府首脑关于维谢格拉德四国防务合作新开端的布达佩斯宣言》中，更多地强调了北约及其集体防务作用。各国首脑强调，维谢格拉德集团决心积极和实质性地为联盟内的保障措施做出贡献，并认识到设在什切青（Szczecin，波兰）的东北多国部队日益增长的重要性，该部队已开始被视为区域防务合作的另一个平台③。四国首脑还强调公平分担负担的重要性，维谢格拉德集团各国承诺在国防方面投入足够的资源，扭转过去几年的消极

---

① Karolina Gawron-Tabor, "'New Quality' of Defence Cooperation within the Visegrád Group in 2010 – 2014", *Obrana a strate-gie*, 2015/1, p. 73.

② "Framework for an Enhanced Visegrad Defence Planning Cooperation", http：//www. mosr. sk/data/files/3055_ 2014 – 03 – 14 – dpc. pdf.

③ "Budapest Declaration of the Visegrad Group Heads of Government on the New Opening in V4 Defence Cooperation", http：//www. visegradgroup. eu/calendar/2014/budapest-declaration-of.

趋势。其目标是逐步将国防开支提高到 GDP 的 2%，并将国防预算的适当部分用于现代化项目，以发展新的国防能力，这是一个重要的政治信息。据沃伊切赫·洛伦茨（Wojciech Lorenz）说，其他维谢格拉德集团国家和波兰之间日益扩大的军事开支和能力差距被视为深化合作的障碍。自 2008 年经济和财政危机以来，"捷克削减了 16% 的国防开支，斯洛伐克削减了 22%，匈牙利削减了 29%"[①]。沃伊切赫·洛伦茨强调，这三个国家的国防开支分别只占 GDP 的 1%、1.1% 和 0.8%，远远低于波兰，后者已经达到北约官方规定的 GDP 2% 的目标。

此外，在《布达佩斯宣言》中，各国总理责成国防部部长：

- 编制《维谢格拉德集团防务合作行动计划》，制定《维谢格拉德集团训练演练战略》；
- 探讨加强维谢格拉德集团国防产业在研发生产领域合作的可能性；
- 探索共同开发通用模块化履带平台和启动采购项目的选项；
- 探索组建永久性维谢格拉德模块部队的可能性，该部队建立在维谢格拉德战斗群筹备过程中获得的经验和知识的基础上，可作为维谢格拉德集团对北约和欧盟快速反应部队的贡献，并在危机管理行动中发挥作用。

四　维谢格拉德战斗群：防务合作案例研究

维谢格拉德集团的一个重要区域项目是创建一个维谢格拉德欧盟战斗群。实际上，人们普遍认为维谢格拉德战斗群是过去几年维谢格拉德集团防务合作中最为成功和有效的示范。欧盟战斗群是一个多国

---

① Wojciech Lorenz, "EU Battle Group: A Chance for a Breakthrough in Visegrad 4 Cooperation?", *PISM Bulletin*, 2013, April 16, p. 2.

军事单位，是欧盟军事快速反应力量的组成部分，以应对世界各地出现的危机和冲突。与任何有关欧盟共同安全与防务政策（CSDP）的决定一样，他们的部署也须经欧洲理事会的一致同意。自2007年以来，欧盟在决定部署军队后的5—10天内就可以准备好两个战斗小组，战斗小组应该就地解决有限的危机。然而，正如托马斯·韦斯（Tomaš Weiss）所说，"他们被设想为一个面对危机首当其冲的部队，即快速反应部队，之后可以根据欧盟或联合国的命令被一个长期的、多元的稳定部队接替。"[1]

欧盟根据2003年在刚果民主共和国的"阿尔特弥斯行动"的成功经验创造了"战斗群"概念，当时法国领导下的特遣队在一段有限的时间内增援了联合国派遣部队。首先，战斗群旨在为欧盟提供快速反应能力，这是对严重危机进行早期干预所必不可少的因素。其次，这些部队的目的是成为欧盟对北约快速反应部队的回应，并证明欧盟真诚地承诺会认真对待安全问题。最后，期望多国战斗群可以在成员国之间建立结构性的合作，从而推动进一步合作。

由于与政治意愿、可操作性和财政团结有关的问题阻碍了战斗群的部署，使得上述最后一个因素成为最重要的一个。欧盟战斗群的概念基于几个必要的军事基础：

- 至少在军事上有效、可靠、一致，能够独立行动或进行大规模行动（初期阶段任务）的一揽子部队；
- 由战斗支援以及战斗勤务支援分队强化的营级联合军队；
- 遵循多国化原则，由框架国家或成员国的跨国联盟构成；
- 与指挥部以及能够预先确认的行动和战略推动者相联系。

一个战斗群的基本参数为：人数1500人左右；行动持续30天，

---

[1] Tomáš Weiss, "Visegrád Battlegroup: A flagship that should not substitute for real defence cooperation", *V4 Revue*, http://visegradrevue.eu/visegrad-battlegroup-a-flagship-that-should-not-substitute-for-real-defence-cooperation/.

可延长至120天；指定作业区域：欧盟以外（规划基准线应当距离布鲁塞尔约6000千米）。

这些战斗群应当能够胜任《欧洲联盟条约》第43（1）条所列的全部任务，以及执行《欧盟全球战略》范围内所确定的任务。这些任务包括：预防冲突、初步稳定、人道主义干预和救援任务、危机管理、维和。

2007年4月，维谢格拉德四国的国防部部长表示，他们将在2015年后就建立维谢格拉德战斗群展开讨论。2007—2011年，维谢格拉德战斗群进一步的概念性创建工作暂停，主要原因是可行性研究进展缓慢，创建多国部队动力不足[①]。2011年5月，维谢格拉德四国的国防部部长签署了一份意向书，同意共同组建维谢格拉德战斗群，战斗群计划将在2016年上半年待命。波兰成为组织国，负责整个战斗群的规划、准备、培训和认证工作。2014年3月，维谢格拉德四国国防部部长签署了《关于建立维谢格拉德集团欧盟战斗群的谅解备忘录》，为该项目的顺利完成铺平了道路[②]。维谢格拉德集团国家最终决定将乌克兰纳入战斗群，为了确保必要的军事力量——战略运输，这一步骤尤其重要。最后，维谢格拉德战斗群于2016年1—6月进入待命状态。

维谢格拉德战斗群的下一次待命计划在2019年。但更为重要的是，2016年维谢格拉德战斗群的第一次成功待命为维谢格拉德集团新项目"维谢格拉德集团模块化部队"概念性工作的启动提供了必要的动力。简而言之，它的目标是在维谢格拉德集团旗帜下构建一个旅级联合部队。模块化部队可能以营和（或）旅一级的现有单位为基础。这组部队可供北约和欧盟使用，是维谢格拉德集团共同为未来的行动做出的贡献。永久性维谢格拉德集团模块化部队的建立应被视为一项长期的、复杂的军事力量建设项目，特别关注"高度战备联合特遣队"（Very High Readiness Joint Task Force，VJTF）的概念，同时

---

① Gawron-Tabor, p. 71.
② Ibid. .

也是为了满足2014年维谢格拉德集团在北约威尔士峰会上所做出的承诺的一项区域解决方案。

在这种模块化部队的初步规划中，最有可能存在的三个阶段是：为维谢格拉德联合特遣部队在2020年待命储备物资；设立一个永久的维谢格拉德集团指挥部；创建一个永久维谢格拉德旅。

最后，永久性维谢格拉德模块化部队的建立需要一套维谢格拉德集团共同原则的支持，用于部队的创建和分配、指挥和控制、人员配备、资金、培训和演习以及能力开发。

五 维谢格拉德集团在2017年及以后的防务合作

2017年，维谢格拉德集团在政治上重振了防务合作。2017年2月2日在涅波索米什（Niepołomice，波兰）举行的维谢格拉德集团国防部部长会议上作出了三个极其重要的决定：

- 就维谢格拉德集团在2017年对北约为波罗的海国家提供的保障措施给予支持达成一致；
- 维谢格拉德集团在北约加强前沿部署方面发挥作用；
- 2020年由波兰轮值指挥北约"高度战备联合特遣队"（VJTF）将是维谢格拉德集团加强合作的重要机会。①

这三个领域都取得了明显进展：维谢格拉德集团对北约为波罗的海国家提供的保障措施的支持工作已圆满完成。首先是捷克在立陶宛部署军队，接着是2017年第二季度斯洛伐克在拉脱维亚部署军队，第三季度匈牙利在爱沙尼亚部署军队，第四季度波兰在拉脱维亚部署军队。此外，维谢格拉德集团在增强前沿部署方面发挥的作用也在增

---

① "Joint Communiqué of the Visegrad Group Ministers of Defence", Niepołomice, 2 February 2017, http://www.visegradgroup.eu/documents/official-statements/joint-communique-of-the.

加。首先，波兰向加拿大领导的拉脱维亚战斗群派遣了160名士兵，其中包括一个坦克连、宪兵部队以及其他支援力量。其次，2017年，捷克和斯洛伐克决定在2018年加入该战斗群，并做出具体的军事贡献。最后，捷克确认了准备为2020年波兰轮值领导的北约"高度战备联合特遣队"做出重大贡献。

2017年，永久性结构合作（PESCO）成为欧盟共同安全与防务政策（CSDP）的优先倡议，并最终于2017年12月达成一致，其目的是让愿意遵守一系列商定承诺的欧盟成员国之间进行更密切的军事合作。经过几个月的讨论，有25个成员国，即除英国、丹麦和马耳他外的所有欧盟成员国（包括维谢格拉德集团国家），宣布参加这项倡议。

正如贾斯蒂娜·戈特科夫斯卡（Justyna Gotkowska）强调的那样，"在永久性结构合作（PESCO）问题上达成这种形式的协议标志着一种包容性的政治方式的胜利，这种政治方式旨在加强欧盟内部的军事合作，而不是建立一个排他的欧洲军事先锋。"[1]

2017年12月，参与PESCO的成员国提交了首批17个将共同实施的项目清单。这些项目代表着在较小领域加强合作的努力，每一个领域都有不同的参与者。项目分为两类：第一类项目专门讨论业务方面，目的是改进对CSDP任务和行动的参与；第二类项目则是支持能力开发。

波兰决定参加8个项目（其中2个是以观察员身份参与），捷克参加6个（其中5个作为观察员），匈牙利参加5个（其中2个作为观察员），斯洛伐克也参加5个（其中1个作为领导国，1个作为观察员）。

为了本文的目的，列出永久性结构合作（PESCO）项目的完整清单以说明维谢格拉德集团国家的参与情况是有价值的：欧洲医疗指挥部（斯洛伐克；捷克作为观察员）；欧洲安全软件无线电（波兰）；欧洲后勤中心网络和业务支持（匈牙利、波兰、斯洛伐克）；军事机

---

[1] Justyna Gotkowska, "The Trouble with PESCO. The Mirages of European Defence", *Centre for Eastern Studies Point of View*, 2018/69, p. 6.

动性（所有 V4 国家）；欧盟训练任务能力中心（捷克作为观察员）；欧洲军队训练认证中心；能源运作机构；可部署军事救灾能力包；海上反水雷（半）自主系统（波兰）；港口和海上监视与保护（波兰）；加强海上监察；网络威胁和事件响应信息共享平台（匈牙利；波兰作为观察员）；网络安全快速反应小组和网络协作（波兰）；欧盟共同安全与防务政策（CSDP）任务和行动的战略指挥控制系统（C2）；装甲步兵战车/两栖攻击车/轻型装甲车（捷克、匈牙利、斯洛伐克作为观察员）；间接火力支援（斯洛伐克为领导国；捷克、匈牙利、波兰作为观察员）；欧盟危机应对行动中心（捷克作为观察员）[①]。

维谢格拉德集团各国仍应考虑在今后的永久性结构合作（PESCO）项目中进行更加协调（甚至联合）的参与。至少有三个领域是所有维谢格拉德集团国家都可能感兴趣的：战略指挥控制系统（C2）作战能力的开发；空降部队；战略指挥控制系统（C2）应用于后勤工作。

参考文献：

Budapest Declaration of the Visegrad Group Heads of Government on the New Opening in V4 Defence Cooperation, http：//www.visegradgroup.eu/calendar/2014/budapest-declaration-of.

Budapest Joint Statement of the Visegrad Group Heads of Government On Strengthening the V4 Security and Defence Cooperation, http：//www.visegradgroup.eu/calendar/2013/budapest-joint-state-ment-140929.

Mölling, Christian: State of Play of the Implementation of EDA's Pooling and Sharing Initiatives and its Impact on the European Defence Industry, European Parliament, http：//www.europarl.europa.eu/RegData/etudes/STUD/2015/534988/EXPO_STU (2015) 534988_EN.pdf.

Cooperation in Developing Capabilities, Solidarity in Sharing Responsibilities, www.visegradgroup.eu/download.php? docID=251.

[①] Justyna Gotkowska, "The Trouble with PESCO. The Mirages of European Defence", *Centre for Eastern Studies Point of View*, 2018/69, pp.23-27.

Declaration of the Visegrad Group—Responsibility for a Strong NATO, http://www.visegradgroup.eu/documents/official-statements/declaration-of-the.

Framework for an Enhanced Visegrad Defence Planning Cooperation, http://www.mosr.sk/data/files/3055_ 2014-03-14-dpc.pdf.

Joint Communiqué of the Ministers of Defence of the Visegrad Group, http://www.visegradgroup.eu/calendar/2012/joint-communique-of-the.

Joint Communiqué of the Visegrad Group Ministers of Defence, Niepołomice, 2 February 2017, http://www.visegradgroup.eu/documents/official-statements/joint-communique-of-th.

Gotkowska, Justyna, "The Trouble with PESCO. The Mirages of European Defence", *Centre for Eastern Studies Point of View*, 2018/69, p. 6.

Gawron-Tabor, Karolina, " ' New Quality ' of Defence Cooperation within the Visegrád Group in 2010-2014", Obrana a strategie, 2015/1, p. 73.

Long Term Vision of the Visegrad Countries on Deepening their Defence Cooperation, www.visegradgroup.eu/download.php?docID=253.

Dangerfield, Martin, "V4: A new brand for Europe? Ten years of post-accession regional cooperation in Central Europe", *Poznań University of Economics Review*, 2014/4, p. 77.

Rhodes, Matthew, "Post-Visegrad Cooperation in East Central Europe", *East European Quarterly*, 1999/March, p. 33.

Kupiecki, Robert, "Visegrád Defense Cooperation: From Mutual Support to Strengthening NATO and the EU. A Polish Perspective", *CEPA Report*, 2013/35, p. 2.

Valášek, Tomáš et al., "DAV4 Full Report: Towards a Deeper Visegrad Defence Partnership", Central European Policy Institute, 2012, pp. 3-4.

Weiss, Tomáš, "Visegrád Battlegroup: A flagship that should not substitute for real defence cooperation", V4 Revue, http://visegradrevue.eu/visegrad-battlegroup-a-flagship-that-should-not-substitute-for-real-defence-cooperation/.

Stříteckỳ, Vít, "Doing More for Less: V4 Defence Cooperation in a Time of Austerity", *The Polish Quarterly of International Affairs*, 2012/4, p. 69.

Lorenz, Wojciech, "EU Battle Group: A Chance for a Breakthrough in Visegrad 4 Cooperation?", *PISM Bulletin*, 2013, April 16, p. 2.

第十三章　V4国家工业数字化

祖扎纳·内哈约维奇（Zuzana Nehajová）

一　导言

在全球范围内，技术进步与创新日益同数字化的渗透与发展联系在一起。随着数字网络平台的出现，电子商务（B2B）与电子零售（B2C）的交互，包括对话、交换和协作，都发生了巨大的变化。特别是随着互联网的广泛应用和普及，它改变了人们作为消费者的行为方式，改变了他们购买产品和服务的方式。互联网还影响了企业如何与消费者打交道，如何满足他们的需求和愿望，以及企业商业模式的本质，也许最重要的是，甚至影响了他们的工业生产过程。

互联网将个人、企业和政府吸引到一个快速发展的数字领域，这个领域不仅正在促进技术进步，而且正在创造着将技术应用于商业以及更大的公共利益的新机会。数字化已经成为创新的一个螺旋桨，并且已经渗透到了人际关系、商业和工业等交流和互动的所有层面，允许机器像人与人一样互动，带着将一切网络化的目标，使互联网逐渐从人的互联网转向了物的互联网。这种数字化的变革正在以一种递增的、通常是颠覆性的方式改变着产品和相关服务、流程和价值创造，导致全球价值链的变革。

自物联网在2015年获得合法性以来，它已成为技术领域重要的组成部分。今天，企业正在将物联网融入未来战略和商业模式之中。在所有行业中，有超过50%的公司现在已有或正在计划制定物联网和（或）数字战略。

据预测，2019年全球物联网市场支出将从2014年的5917亿美元增长到1.3万亿美元，复合年增长率为17%。到2020年，已安装的物联网设备和传感器将从2014年的97亿件增长到300亿件。在智能制造领域，到2020年3D打印的产值将达210亿美元。在机器人方面，到2025年，全球机器人技术支出将达670亿美元。关于人工智能，到2015年，人工智能初创企业的资金从2010年的4500万美元增加到3.1亿美元。而在数据领域，到2019年，全球IP流量将达到每年20万亿亿字节/泽字节（zettabytes）。

尽管数字技术掌握着未来创新和发明的关键，但它们并不是对数字领域的所有参与者都是如此——它们并非天生具有包容性，而是日益允许达尔文主义的环境，即只有最具创新性和灵活性的参与者才能适应并跟上数字转型。当然，在数字化领域处于领先地位的是那些以信息通信技术（ICT）为商业模式核心的行业，以及正是由于数字技术创造的新机遇而崛起的行业。

通用电气（General Electric）的董事长兼首席执行官杰夫·伊梅尔特（Jeff Immelt）表示："如果你昨晚是以一家工业企业身份睡觉的，那么今天早上你将以一家软件和分析公司身份醒来。"

随着工业环境日益全球化和互联互通，其竞争的性质也在不断增强。转型成功是由以下几个关键因素所驱动的：

- 工业利基；
- 市场规模与需求；
- 融资渠道；
- 技术的获取；
- 技能的可用性；
- 充满活力的创新生态系统（初创企业/扩大规模/创业文化，进行研发）和支持性环境（尤其对中小企业）；
- 产业、激励措施、包容性方面的政治支持。

二 第四次工业革命：工业4.0

工业是欧洲经济的支柱之一，制造业涉及欧盟200万家企业、3300万个就业岗位和60%的生产率增长。欧洲工业面临的一个日益凸显的挑战是数字技术的普及速度及其在现有企业中的应用。最近的研究估计，未来五年产品和服务的数字化在欧洲可以增加超过1100亿欧元的年收入[①]。在以工业为主的欧盟地区，制造业和重工业有着悠久的历史传统，其在物联网和数字技术方面的投资仅次于北美，并且明显领先于亚太和拉美地区。平均而言，欧洲企业将0.40%的收入用于与数字化相关的项目。尽管存在地区差异，但数字技术主要应用于供应链运输过程中的产品监控（45%），以及通过使用移动应用程序来满足客户的需求（47%）。约有四分之一（26%）的公司在产品中使用了数字技术，通过在产品中植入传感器，将使用情况和性能信息传回公司[②]。研究表明，数字技术投资与收入增长之间存在着相关性：2014年，80%的数字技术投资企业收入增长；2014年，他们的平均收入增长了16%，近一成（9%）的公司称，由于在数字领域的投资，他们的收入增长超过了30%[③]。

技术的变革及其在不同行业的应用通常被称为第四次工业革命（或工业4.0）。第一次工业革命通过蒸汽动力使生产机械化，第二次工业革命通过电力使大规模生产成为可能，第三次工业革命通过电子和信息技术使生产自动化。如今，第四次工业革命利用了物理、数字和生物领域之间的差异，整合了信息物理系统和物联网、大数据和云计算、机器人、人工智能系统以及增材制造。

[①] "Digitising European Industry", 2015 September 18, https://ec.europa.eu/digital-single-market/en/policies/digitising-european-industry.
[②] "A research report into the Internet of Things (IoT)", Tata Consultancy Services, 2015.
[③] "ICT Development Index", International Telecommunication Union, 2017.

三 工业4.0的影响

- 在业务方面：新技术使资产和产品更加经久耐用，而数据和分析改变了它们管理、维护、改进和货币化的方式。
- 在政府方面：随着新技术越来越能够增进公民与政府的接触，政府和立法者必须与社会密切合作，以便能够妥善应对挑战，提供更好的服务，并确保安全的、适应性强的数字环境。
- 在人类社会方面：个人隐私、所有权概念、消费模式以及为数字化未来发展必要技能带来的巨大压力是最重大的挑战。

从价值链到价值网络和平台——新的利益相关者和关系类型正促使企业超越现有的行业价值链，设想新的行业生态系统。这要求工业企业重新评估其当前地位的可持续性、向新角色扩张的可行性，以及他们视为"竞争对手"的公司。那些希望继续专注于核心产品的企业，需提防那些通过各种新服务来吸引客户注意力的公司。

另外，工业4.0也带来了一些挑战，并凸显了有待发展的领域，即在信息通信技术、数字消费品供应和网络服务方面的小型企业投资。欧洲的高科技行业在接受数字创新方面相当先进，而大部分中小企业、中等市值公司和非科技产业仍然落后。地区之间在数字化领域也存在着巨大的差异。

四 维谢格拉德集团国家——维持现状？

尽管整个欧洲的工业在数字化方面比其他地区更具优势，但在某些成员国之间却存在显著的差异。根据国际电信联盟的信息通信技术（ICT）发展指数，欧盟成员国在数字化方面的总分为6.48—8.98分，欧盟的平均值为7.73分。冰岛、丹麦和英国工业界领导了数字化和在非科技产业普及新技术的进程，而欧洲中部和南部的欧盟新成员国在这方面却是落后的。维谢格拉德集团整体在数字化的顺畅度方面

（维谢格拉德集团国家的得分为从波兰的 6.89 分到捷克的 7.16 分）排名第三，还有很大的提升空间①。各工业部门的数字化状况也各不相同，特别是在高科技领域和较为传统的领域之间。大公司和中小企业之间也有很大的差距②，绝大多数中小企业和中型企业在接纳数字创新方面严重落后。

在理解和探索数字技术的潜力方面，行业巨头和大公司被孤立在自己无处不在的本地供应链之中，正处于落后状态。

公司的规模和管理结构仍然是一个关键的因素。雇员不断增加的中小企业占所有公司的 99% 左右，管理结构较为保守的家族企业数量占欧洲企业的 60% 以上。这在制造业中最为常见，而在知识密集型的商业服务业中则较为少见③。

> 只有在行业数字化成功且快速的情况下，欧洲才能保持其主导地位。这需要整个欧洲共同努力去吸引我们在数字经济增长中所需的投资。
> ——冈瑟·H. 厄廷格（Gunther H. Oettinger，数字经济与社会委员会委员）

所有维谢格拉德集团国家的公司目前在数字化领域所做的努力集中于寻找和寻求能够支持特定公司当前或战略需要的技术解决方案。在工业部门的数字支持领域，很少有行业或公私合作伙伴共同努力，市场上的大多数解决方案都是由硬件和软件的信息技术供应商推动的，如思爱普（SAP）、甲骨文（Oracle）、美国国际商用机器公司（IBM）和其他公司。第四次工业革命的支柱——物联网、3D 打印、增强现实技术等领域正遭受市场严重碎片化、缺乏标准或互操作性以

---

① "ICT Development Index"（2017）.
② "Digital Economy & Society Index", 2015 February 24, ec.europa.eu/digital-single-market/en/desi.
③ "Family business", 2018 February 15, https://ec.europa.eu/growth/smes/promoting-entrepreneurship/we-work-for/family-business_en.

及缺乏可靠的安全措施或机制的难题。在工业领域采用不成熟、无标准和不安全的解决方案，会对公司的业务构成明显且现实的威胁，而且往往会对国家的安全构成威胁。

维谢格拉德集团国家采取了许多主动的行动，试图解决这个问题。主要的措施有：

- 斯洛伐克的智能产业；
- 捷克工业4.0；
- 波兰的"莫拉维奇计划"（The Morawiecki plan）；
- 匈牙利的工业4.0国家技术平台。

尽管这些都是正确的倡议和行动，但如果没有进一步的协调，仅在国家一级处理数字化变革的挑战就有可能导致单一市场的进一步分裂，并且使在吸引私人投资方面做出的努力低于所需的临界规模。缺少协调还带来了会产生多个标准和方法的风险，这些标准和方法将对维谢格拉德集团国家之间的互操作能力产生明显的负面影响，为数字化单一市场计划制造又一个障碍，并妨碍各行业充分利用信息技术的潜力。

启用和引导开发具有公共标准和互操作性的解决方案是必要的。互操作性对于跨部门和区域应用数字技术至关重要。标准和通用规格具有实用性是一个明确的要求，这适用于与数字化数据交换相关的安全及信任标准，还适用于使用数字科技监察及控制其工业生产过程的企业的日常运作。

另一个需要解决的重要问题是，大约有42%的欧盟工作人员的数字技能水平不足（这个数字在维谢格拉德集团国家为40%—50%）[1]。对数字技能的需求正呈爆炸式增长，比如，数据分析与商业或工程技能的结合。维谢格拉德集团国家对数字技术工人的需求和供给之间的

---

[1] "Digital skills of the labour force", 2017 January 10, http://appsso.eurostat.ec.europa.eu/nui/show.do? dataset = isoc_ sk_ dskl_ i&lang = en.

缺口正在扩大。随着新业务的增长，以及通过帮助保留和再造工业就业岗位，数字创新在创造更多就业机会方面也具有巨大潜力。

尽管在过去三年里在包括信息通信技术（ICT）服务的数字化领域产生了100万个新的就业机会，但据估计，到2020年将需要额外80万名数字技术熟练工人，就捷克单独来说，将有18000个空缺。这也适用于信息通信技术以外的领域，自动化、机器人技术和智能系统的进步不仅正在日益改变着重复性的工作，也改变着行政、法律或监督职能方面的复杂工作的性质。在数字化经济中工作还需要拥有更强的创造能力、沟通能力和适应能力等新技能和新能力，这意味着需要对各级员工进行大规模的技能培训[1]。

五　支持数字化变革的政策措施

近年来，我们见证了一系列支持创新的政策行动和倡议的增加，以及越来越多的PPP合作平台的发展。相关的倡议侧重于工业创新，但维谢格拉德集团国家也不总是关注这些政策。究其原因，主要是因为不同的历史发展、不同的地区现实和不同的经济形势等因素。

欧盟领导人经常在主要会议和论坛上讨论这个问题，这表明该问题与欧盟息息相关，并且欧盟在数字领域的措施（包括公共倡议、计划和政策）正在得到实施和推动。促进数字发展的政策不仅仅局限在数字创新的中心，而是着眼于更广泛的概念。为了对数字化的发展和变化有一个复杂而全面的了解，有许多相关的政策需要审查。尽管国家层面的改革方案和实施项目是一些最为重要的政策，但它们也只是所有政策中的一部分。

随着新的关注领域的出现，政策制定也出现了新的趋势。其中之一是日益强调政策学习平台，这些平台使成员国和地区能够在集群性

---

[1] "Digitising European Industry：Reaping the full benefits of a Digital Single Market"，2016 April 19，https：//eur-lex.europa.eu/legal-content/EN/TXT/PDF/? uri＝CELEX：52016DC0180&from＝EN.

政策的设计中相互借鉴。

六 欧盟的政策

近年来，欧盟已推出或将推出多项措施和计划，以促进和助力工业数字化、社会数字化和区域竞争力的发展。以下是与项目相关的一些举措。

维谢格拉德集团工业行动的目标是利用欧盟对议程的实质性政策支持，但只有当他们联合起来并能够一致表达自己的需求时，才能成功做到这一点。

（一）数字化议程工具箱（Digital Agenda Toolbox）

"数字化议程工具箱"为区域和国家主管部门全面了解欧洲数字化议程（Digital Agenda for Europe，DAE）所带来的数字化增长潜力提供支持。它强调了信息通信技术作为国家或区域智能专业化研究和创新战略（RIS3）以及相关实施项目（Operational Programmes，OPs）的关键要素所蕴含的机遇。与此同时，这一工具箱为实现与数据收集装置相关的事先附加条件提供了指导，这些条件将成为使用欧洲区域发展基金（ERDF）进行信息通信技术（ICT）投资的基础。

（二）欧洲工业数字化（Digitising European Industry）

欧洲工业数字化是一整套的举措，旨在帮助公司、研究人员和公共机构采纳和有效利用新出现的技术，以实现更好的业绩和更好的服务。该举措促进了产品的创新、数字化的转型，并触及了使商业模式发生颠覆性变化的问题。该举措主要集中在数字领域，这使得它成为迈向数字化的一个重要步骤，因此，它可能会以多种方式支持陷入困境或有计划实施数字创新的公司。

（三）智能无处不在（Smart Anything Everywhere）

智能无处不在（SAE）倡议支持通过使用数字技术实现产品和服

务创新。该倡议的基础是欧洲能力中心网络（European Network of Competence Centres）与中小企业的合作。该倡议的设想是在用户—供应商生态系统中进行实验，并以这些实验的结果为基础。该倡议提出了一个包括数字化创新在内的有趣的创新环境。这些实验结果可能会被其他许多无法自己进行实验、只能努力提高业绩的公司所采用。

（四）I4MS

面向制造业中小企业的信息通信技术（ICT）创新代表了一个与智能无处不在（SAE）非常相似的概念。该计划为制造业中小企业提供技术，并促使其进行实验。实验结果是共享的，最佳实践和经验教训也是可以确定的。实验和分享结果的概念值得注意，因为这可能是在已经实施的进程中进行创新活动的方式，并在数字技术和数字化转型领域对制造商和客户等产生实际的影响。

（五）数字创新中心（Digital Innovation Hub）

数字创新中心（DIHs）是在欧洲工业数字化（DEI）计划下支持企业进行数字化转型的一种手段。与创新中心的概念类似，数字创新中心将促进旨在发展协同效应的行动，促进数字创新中心网络内的知识转移。数字创新中心是一站式的服务中心，帮助企业在使用数字技术的业务及生产流程、产品或服务方面更具竞争力。数字创新中心以技术基础设施（能力中心）为基础，并且提供获取最新知识、专门知识和技术的途径，以试点、测试和试验来支持客户进行数字化创新。数字创新中心还提供业务和融资支持，以便于需要时在整条价值链中实施这些创新。

（六）创新凭证（InnoVoucher）

跨境活动可能需要某种形式的创新凭证，企业可以利用这种凭证从本国以外的数字创新中心获取服务。由欧洲中小企业执行机构（EASME）管理的"地平线2020"（Horizon 2020）计划项目资助的创新凭证（InnoVoucher）计划正在开发一种支持欧洲创新服务跨国交流的创新凭证新模式,这可能会提供有益的经验。

(七)欧洲开放数据孵化器(ODINE)

欧洲开放数据孵化器(Open Data Incubator for Europe,ODINE)是一个为期 6 个月、面向全欧洲创业者开放数据的孵化器。该计划由欧盟"地平线 2020"(Horizon 2020)计划资助,旨在支持下一代数字企业,并助力其加快产品开发。欧洲开放数据孵化器在利用开放数据和支持欧洲商业界创新方面进行了变革,该孵化器成立于 2015 年,旨在利用开放数据在欧盟范围内创造经济和社会价值,为中小企业和初创企业提供必要的种子资金。

(八)物联网开源平台(FIWARE)

物联网开源平台是一个围绕公共、免版税和实现驱动的软件标准构建的开放、可持续的生态系统。物联网开源平台旨在提供一个平台和一组标准化应用程序接口,以支持在各个领域创建智能应用程序。作为欧盟的第七项框架计划(FP7)项目,该项目最初于 2011 年启动,其目标是"引入创新的基础设施,以节省成本地创建和提供服务,提供高质量的服务和安全保障"。物联网开源平台基金是一个提供共享资源的法律独立机构,通过促进、增加、保护和验证物联网开源平台技术以及物联网开源平台社区的活动来帮助实现物联网开源平台任务,并使包括终端用户、开发人员和其他利益相关者在内的整个生态系统的成员均获得授权。

(九)欧洲技术平台(ETPs)

欧洲技术平台(European Technology Platforms)是作为创新活动关键参与者而被欧盟委员会认可的利益相关者论坛,是一个行业利益相关者领导论坛。欧洲技术平台的目标是为欧盟和成员国在许多领域(如数字化)的行动制定议程和路线图,这些行动计划由公共和私营部门提供资金。此平台使知识转移成为可能,从而提高整个欧盟的竞争力。行业本身为行动制定路线图,然后由公共和私人基金提供资金的概念值得注意，这一概念可用于某些区域工业政策的设计。

（十）信息技术教育数字化项目（EIT Digital）

信息技术教育数字化项目是一个旨在培养数字领域人才的教育体系。这些活动是在大型企业、中小企业、初创企业、大学和研究机构的合作下进行的，总目标是改善欧洲的生活质量。在设计区域具体政策时，组织和评价多个不同行业和学术学科之间合作的有关经验将是有用的，这种合作产生的协同效应有可能带来重大的利益。

（十一）欧洲集群观测站（European Cluster Observatory）

欧洲集群观测站是一个关注集群的数据库。该数据库是关于选定区域微观经济情况的重要资料来源。数据集和从数据中得出的明确结论可以作为区域集群策略设计的来源之一。

在其他倡议中，还有促进特定行业创新活动的具体项目。其中一个项目是光子创新方案与技术支持访问中心（ACTPHAST），它是光子学创新领域的"一站式"服务。光子创新方案与技术支持访问中心使公司能够访问最先进的设施和设备，并提供专业知识。欧盟委员会在财政上支持光子创新方案与技术支持访问中心。值得注意的是，该项目并没有将经济工具作为主要工具，而是帮助参与企业获得在别处无从获取的设备。

另一个促进行业创新具体解决方案的项目是欧洲机器人发展协调中心（ECHORD++）。该项目建立在其提供的三种工具之上：实验、公共终端用户驱动的技术创新和机器人创新设施。各种设备是为提供具体灵活的机器人解决方案的中小型企业和寻求机器人解决方案的公共机构设计的。中心的各类实验既有利于创新活动，也有利于加强科研机构与机器人制造商之间的合作。这一做法可以作为促进学术工作者和制造商之间合作的一个很好的例子，因为许多欧盟成员国之间的合作很薄弱，甚至是在勉强维持。

最后一个具体项目的例子是电子组件与系统领先联合计划（EC-

SEL）联合执行体。电子组件与系统领先联合计划联合执行体（EC-SEL JU）是一家公私合作机构，专门从事关键应用技术，即芯片制造。联合执行体（JU）联合了欧盟委员会、成员国以及代表微观和纳米技术领域的行动者的专业协会。联合执行体（JU）可以作为工业数字化发展和污染产品领域政府和社会资本合作（PPP）功能的一个例子。

"地平线2020"和"欧盟第七项框架计划"中NMBP39工作计划下的纳米技术、先进材料试点项目（PILOTS）已经促生了30个项目，共获得1.5亿美元的资助。这些试点项目旨在通过向中小企业用户提供扩大规模和试点测试的开放渠道，帮助将"地平线2020"开发的新技术转移到该行业。

欧盟成员国、公共或私人组织的额外投资，为在欧洲各地（主要在欧盟15国）建立各种规模的试点升级设施做出了贡献。107个试点测试从汽车、航空航天、国防、储能和建筑行业到化妆品、健康和包装等不同部门和市场的多种不同原材料、工艺和产品。其目的是与欧洲试生产网络（EPPN）一道，建立一种促进技术的普及和这些服务的使用的战略性方法，特别是针对中小型企业和跨区域行业（获得技术和扩大规模的支持）。

2016年6月，欧盟委员会设立了"工业现代化的专业化智能平台"（SSP-IM）。工业现代化的专业化智能平台是为创新项目进行定位、调整和整合投资资金的强有力的方法。它可以专注于联合演示，在早期研发阶段和后期工业投资之间架起桥梁。工业现代化的专业化智能平台旨在通过绘制区域优势和需求地图，在价值链中匹配各区域，并提供量身定制的建议和支持服务，在整个欧盟建立一条投资渠道。

信息技术教育（EIT）知识创新共同体（KICs）是将企业、研究中心和大学聚集在一起的合作伙伴关系。共同体允许在广泛的领域内开发创新的产品和服务；创建新公司将这些创新商业化；以及培养新一代的企业家。知识创新共同体（KICs）的活动覆盖整个创新链：培训和教育项目；在从研究到市场的全过程中提供支持；创新项目；以及企业孵化器和加速器。信息技术教育数字化项目（EIT Digital）是目前五大知识创新共同体（KICs）之一，该共同体正在调动一个由130多家欧洲公司、中小企业、初创企业、大学和研究机构组成，在9个国家设立约13个协同办公中心从而构建起来的泛欧洲生态系统。

欧盟委员会设立"数字化转型监察计划"（The Digital Transformation Monitor，DTM）的目的是评估及监察28个欧盟成员国不同经济部门的数字化水平。它还提供与数字化转型有关的关键工业和技术趋势、新挑战和政策举措的前沿报告。数字化转型记分牌（The Digital Transformation Scoreboard）是"数字化转型监察计划"（DTM）框架的一部分，每年发布一次，分析工业和服务公司在多大程度上抓住了先进数字技术提供的新机遇。

关键应用技术（Key Enabling Technologies）是一组由六类技术组成的技术组（微纳米电子技术、纳米技术、工业生物技术、先进材料、光子学和先进制造技术），它们在多个行业中都有应用，有助于应对社会挑战。在关键应用技术（KETs）倡议范围内采取的行动包括关于各种技能和跨境产业便利化项目的活动，促进与关键应用技术（KETs）有关的优先专业化智能项目的成功转型，并且协助小型企业获得关键应用技术（KETs）的核心技术和专门知识。

七　维谢格拉德集团的国家政策

与欧盟政策相比，维谢格拉德集团的国家政策更加详细和具体，并且集中在特定的领域。因为欧盟的政策必须为所有成员国所接受，所以详细程度有差别是可以理解的。此外，在欧盟实施中央政策之前，已经设计和实施了若干与数字化、工业发展和相关竞争力问题有关的国家层面政策。成员国为解决这些问题采取了许多主动措施，例如，带头发起倡议。虽然这些都是正确的倡议和行动，但如果不进一步进行协调，仅在国家一级解决数字化转型的挑战，就有可能导致单一市场的进一步分裂，并导致吸引私人投资的努力低于所需的临界规模。它还带来了产生多个标准和方法的风险，这些标准和方法将对欧盟内部成员国之间的互操作能力产生极大的负面影响，为数字化单一市场的举措制造又一道障碍，并妨碍行业充分利用信息技术的潜力。近年来，我们目睹了一系列支持创新的政策行动和倡议的增加，以及越来越多的PPP合作平台的建立。

"欧洲2020"是欧盟未来十年的增长战略。在一个不断变化的世界当中，我们希望欧盟成为一个明智的、可持续的和包容的经济体。因此，欧洲各国和各地区当局应在创业创新过程中设计明智的专业化战略，以提高欧洲结构性投资基金（ESIF）的使用效率，增强欧盟、成员国和地区政策以及公共和私人投资之间的协同效应。

所有维谢格拉德集团国家都发起了与工业数字化转型有关的倡议，有些侧重于政策，有些则更关心研究和创新。在现有的国家层面措施的支持下，工业数字化项目的例子包括：

● 工业4.0（捷克）：该战略由捷克政府制定并实施，旨在使社会和工业为新技术做好准备，并创造一个能够接受这些变化的环境。欧盟新成员国正在设计或实施类似的举措。

● 斯洛伐克智能产业（斯洛伐克）：该战略由斯洛伐克经济部制定，旨在实现社会和公共部门的数字化，并创造一个能够启动和提供数字经济增长的环境。其目标还包括促进和支持网络安全的举措、互联网的广泛接入等。

● 负责任发展战略（波兰）：波兰新政府于2016年宣布了"负责任发展战略"，并于2017年2月正式通过。

● 工业4.0国家技术平台（匈牙利）：该平台于2016年5月在匈牙利科学院计算机科学与控制研究所（SZTAKI）的领导下成立，参与者有研究机构、公司、大学和在匈牙利有办公场所的专业组织，并得到匈牙利政府特别是国民经济部的充分支持和承诺。

总体而言，与数字化和工业发展有关的国家政策正在制定当中，但对维谢格拉德集团国家来说，政策需要得到适当实施并在全国范围内贯彻。

因为工业发展是社会和其他方面变革的驱动因素，其发展会促使公民获得更好的生活条件、更高的效率和更高效的流程，所以从历史角度来看，解决工业数字化问题的重要性是显而易见的。由于该问题的重要性，许多私人倡议支持数字领域的创新。

八　私营部门的补充行动和倡议

除了成员国和欧盟层面的政策和活动之外，还有两者之间或之外的其他活动。第一组活动以若干国家的跨境和国际合作为代表。维谢格拉德集团国家建立了维谢格拉德集团创新工作组，各成员国实施了国家创新政策，但在国际层面上，几乎没有活动。该工作组促使成员国采取措施，使之成为创业友好生态系统中充满活力的经济体。参与工作组的机构主要是成员国的决策机构。

除了国家层面的倡议和平台外，还有其他方法可以推动数字化、促进发展和提升竞争力。其中之一是建立行业协会和专业协会，如TACR 或商会，这些协会提供行业知识和经验，是在确定投资机会和优势方面最有能力的参与者之一。其他协会（如初创协会）也是相关的参与者。在初创协会案例中，为使这一理念全面实现，需要采取一些措施。各种主张是宝贵的信息来源，收集信息是为了协会活动的目的，虽然这些信息通常会被直接提供给协会。

促进创新活动的传统方式之一是大学、研究机构和公司之间的合作。因为每个学科都可以从经验和他人的知识中受益，所以合作的潜力很大。许多新的欧盟成员国之间的合作非常薄弱，并且需要推动。即使实施的政策促进了合作，但在实际结果上也会有所不同，知识转移也可能不会发生。

除了传统的创新推广方式之外，还有一些新方法。ITAS 路演（ITAS Roadshow）是其中之一。路演提供与数字化转型和创新、过程效率、绩效改进以及向国外扩展市场相关的服务。路演是由斯洛伐克制造商协会组织的，在波兰也可以看到类似的举措。互联网数据中心

（IDC）提供了一个特殊的独立平台，在此可以与专家进行讨论、交流想法，并参与和网络安全相关的研讨会。

九 加速维谢格拉德集团工业数字化转型

智能化工业原则的实施为企业创造了新的机会，同时扩大了竞争范围，创造了新的市场并扰乱了现有的市场。

在生产、开展业务和提供服务的每个方面实现的数字化，使得行业越来越多地将作为其运营和产品使用的一部分而产生的数据转化为利润。维谢格拉德集团国家的公司可以凭借创新、提供大规模定制的能力或是提供高质量和高附加值的服务进行竞争，而不再是仅仅依靠成本竞争。此外，制造公司产品投资组合的扩展可显著提高盈利能力和就业率。

为了适应这种新数字技术主导下不断变化的工业环境，现有企业和新企业将需要增加对其技术准备度的投资。例如，在汽车行业，生产商正在逐步从产品—销售模式转变为计次付费或订购模式，销售的是服务而非产品。不久的将来，数字平台的主导地位将在价值链中得到体现，因为它们管理和控制着客户的数据，预计有30%—40%的价值在产生过程中会通过数字平台。此外，电子商务的解决方案为传统企业提供了一个很好的机会，使他们能够将现有商品和服务销售到更大的市场，并且推出新的商品和服务。

欧洲最大的机遇在于基于技术组合的现有行业和企业的智能转型。维谢格拉德集团国家在许多领域，如汽车与机械工程、制药、旅游和休闲服务等都拥有非常强势的地位。未来经济价值的四分之三将来自于传统企业。例如，联网汽车市场将从2016年的400亿欧元增长到2017年的1200亿欧元。因此，为了让欧洲保持领先地位，必须支持传统产业的转型。数字化投资带来的颠覆性商业模式和改进的生产流程，将产生新的国际市场机会。维谢格拉德集团国家需要充分利用这些机会，提高竞争力，提供更好的投资和经营市场。技术转型对劳动力的影响程度仍然不明确，必须进一步调查不同部门、公司和职能受影响的程度,以便更好地制定相关的政策行动,确保维谢格拉德集团国家的竞争力。

除了对工业和企业的直接或间接的激励外,私营部门有必要认识到这种合作和知识转让的重要性和有益之处,以确保连贯性。行业驱动的 PPP 计划也具有较大的潜力,能更好地利用现有的科研数据基础设施（RDI）,促进私营部门与研发机构、技术转移机构、政府机构以及大学的合作,投资培育开放式创新模式。从投资以及培养企业家精神和培育掌握特定技能的人力资本的角度来看,这种商业—大学合作伙伴关系是有利的。

商业、管理、信息技术、创意产业等领域的技能可以通过专业人员和员工的培训和指导进行内部转移。就特定行业和各种设备密集型技能来说,为了以具有成本效益的方式促进知识转让,可以建立共享培训中心形式的共同基础设施。

公共私营部门都不应轻视人力资本的现有创新潜力,而应通过促进、支持和激励开放式创新模式的使用来发挥这种潜力。越来越多的企业和行业意识到参与三螺旋式 RDI 生态系统的好处,这种模式不仅允许研究人员和创新者获得行业内特定的知识,而且还以反向知识共享的方式,促进了灵活性较低的结构化企业的创新。

十 未来之路：维谢格拉德集团国家的数字产业平台

维谢格拉德地区数字产业平台（DIP）概念背后的主要理念是使每个行业,无论规模大小、高科技还是非科技,都能够充分了解数字创新带来的机会,并轻松获取关于最新数字技术的知识和测试设施。理想情况下,为了利用现有的基础设施,每个数字产业平台的核心应该建立在数字研究和能力中心的基础之上。这些中心应该战略性地设立在欧洲的每个地区,他们应该专注于为当地和区域经济快速发展提供世界一流的专业知识和数字技能,并与其他能力中心和数字产业平台相联系,以分享知识和补充他们的专业知识。

公共部门投资在充当催化剂方面发挥着重要作用。应利用公私伙伴关系（PPP）、公共部门投资或欧洲战略投资基金（EFSI）项目来激励私人投资，并鼓励具有优势或高潜力领域的创新。然后，包括中小企业在内的多个利益相关方可以就共同感兴趣的项目进行密切合作和共同投资，并建立科研数据平台基础设施，将新的创新产品推向市场。此外，行业和公司应该意识到这种投资的潜力，在其研发基础设施中与大学积极合作，并开发新创公司的创新解决方案。

协调欧盟层面现有和新的战略咨询平台也有助于提供必要的战略重点。沿着数字技术的发展脚步，欧洲工业数字化倡议制定了一系列具体的行动，以确保欧洲工业的现代化。它将连接成员国的举措，汇集知识，并提供适当的基础设施，以支持数字化转型。① 除此之外，已有的工业现代化专业化智能平台建立在现有的智能专业化战略的基础之上，其目标是在欧盟的所有工业现代化和新增长部门的关键领域匹配智能专业化优先事项。② 这将有助于通过区域间合作以及工业和集群的积极参与，促进在共享智能专业领域的工业项目中进行高质量的投资。为了支持工业现代化平台的建设，最近发布的蓝图和数字化转型与现代化示范区域网络将激励各地区发挥领导作用，增强创新能力，加强与利益相关者的合作伙伴关系，共同构建大型项目并促进跨区域投资。③

欧盟层面和各成员国对科研数据平台活动的支持和激励措施也应以欧盟成熟项目的投资渠道为指导。对区域工业布局的分析、拟议的国家和区域倡议以及优先事项目录可以为被纳入这种渠道的项目提供信息。④ 这将解释欧盟地区在工业现代化领域的表现差异，并且帮助创造公平的竞争环境。

---

① Digitising（2016）.

② "Smart Specialisation Platform", 2016 February 15, https：//ec. europa. eu/growth/industry/policy/smart-specialisation_ en.

③ "Blueprint for cities and regions as launch pads for digital transformation", 2016 May 23, https：//ec. europa. eu/growth/content/blueprint-cities-and-regions-launch-pads-digital-transformation-0_ hu.

④ Digitising（2016）.

基于能力中心建立的创新中心提供的服务范围包括专业知识、基础设施、检测设备、制备和试点工厂等的访问权限。数字产业平台（DIP）是围绕一个或多个能力中心开发的创新生态系统，并在各种参与者（技术提供者、用户、投资者、资助机构、创新专家等）中发挥中间人的作用，提供对这些中心的访问权限，并提供诸如金融、市场情报、培训和教育、孵化器、创新和法律辅导等方面的服务。

能力中心可以以技术为中心，或以应用/用户为中心，例如，一个给定的试点设施，可利用其设施（可能是一个工厂）测试技术；一个可以访问其部分生产线来测试技术以使某些流程自动化的行业；一所试验性医院；一个实验性农场；等等。

数字产业平台可以考虑周围工业景观（如公共组织或私营实体、公司、行业）的不同需求和条件，以多种方式建立。根据技术和活动的性质，能力中心可以是虚拟的（如纯粹基于软件的服务），也可能需要实体的共享基础设施，以访问实体平台，例如，机器人或生产链。

这项工作的理想目标应该是为任何当地工业提供一站式服务，作为其他地区数字产业平台的代理方，提供当地工业所需但本地研究所可能无法提供的专门知识。因此，发展数字产业平台网络也具有重要的意义，他们能够获得足够的风险融资资源，并在当地行业参与者之间的高度合作下得到确定。最后，这些集群与其他提供知识交流机会的当地集群相连接。从本质上讲，数字行业是协作的，因为大多数项目都涉及创意和技术人员的交流。

数字技术可以从蓬勃发展的创新生态系统中获得巨大利益，该生态系统拥有资金来源，能实现理念创新和知识共享，开展试验以及推动成果商业化。有组织的创新生态系统——集群——由参与社区在环境中互动而形成，这个环境是由工业参与者、创业者、合作机构、技术和商业服务组成的。

把这些活动和成果同传统工业和本地社会联系起来将是一个重要的挑战。因此，应重视和尊重当地的规范，并且使新兴行业与传统行业之间建立和谐的关系。

总之，数字化转型的价值及其对经济的巨大影响，不仅得到了工业界的认可，也越来越多地得到了寻求以创新的方式支持转型发展的组织和各国政府的认可。迄今为止，个别欧盟国家，包括维谢格拉德集团国家，在工业、管理结构以及社会环境的数字技术采用方面已经走出了自己的道路。他们大多数专注于自己的长处，日益支持他们的主导产业加强其在各自部门的地位。区域数字产业平台互联互通网络，有潜力以前所未有的方式释放 V4 地区数字化和创新的潜能。

参考文献

2015 Roundup of 3D Printing Market Forecast and Estimates, 2015 March 31, https://www.forbes.com/sites/louiscolumbus/2015/03/31/2015-roundup-of-3d-printing-market-forecasts-and-estimates/#564ef2e91b30.

"A research report into the Internet of Things (IoT)", Tata Consultancy Services, 2015.

Blueprint for cities and regions as launch pads for digital transformation, 2016 May 23, https://ec.europa.eu/growth/content/blueprint-cities-and-regions-launch-pads-digital-transformation-0_ hu.

"Cisco VNI Global IP Traffic Forecast, 2014 – 2019", Cisco, 2015.

"Deep interest in AI: New High In Deals to Artificial Intelligence Startups In Q4'15", CB Insights, 2016/February.

Digital Economy & Society Index, 2015 February 24, ec.europa.eu/digital-single-market/en/desi.

Digital skills of the labour force, 2017 January 10, http://appsso.eurostat.ec.europa.eu/nui/show.do? dataset = isoc_ sk_ dskl_ i&lang = en.

Digitising European Industry: Reaping the full benefits of a Digital Single Market, 2016 April 19, https://eur-lex.europa.eu/legal-content/EN/TXT/PDF/? uri = CELEX: 52016DC0180&from = EN.

Digitising European Industry, 2015 September 18, https://ec.europa.eu/digital-single-market/en/policies/digitising-european-industry.

Family business, 2018 February 15, https://ec.europa.eu/growth/smes/promoting-entrepreneurship/we-work-for/family-business_ en.

"ICT Development Index", International Telecommunication Union, 2017.

Smart Specialisation Platform, 2016 February 15, https: //ec. europa. eu/growth/industry/policy/smart-specialisation_ en.

State of the Market: Internet of Things, 2016 June 10, https: //www. theinternetofthings. eu/verizon-insights-lab-state-market-internet-things-2016-report.

第十四章　数字革命的历史背景与维谢格拉德集团

格盖利·贝什尔梅尼-纳吉　默顿·穆拉
（Gergely Böszörményi-Nagy　Márton Mura）

一　导　言

根据弗兰克·贝雷（Frank Bealey）的观点，16—17世纪科学研究的发展以及对物质财富的需求导致了资本主义的诞生。[①] 蒸汽机的发明，接着是技术的发展和机械在工业中的普及，增加了企业的市场机会。希望从新发明中获利的企业家们开始创造商业环境，并建立有组织的生产链。为了获得更高的利润率，企业家进行了大量的并购。因此，工业企业在科层制、业务结构重组、强化集中化等方面都需要越来越多的发展。

政府能够通过一些间接或直接的措施来影响这种商业环境。直接措施是建立国有企业或对特定领域进行财政支持；间接措施则可以理解为制定规章和激励措施，以改变某种发展道路的进程。财政和货币措施可能对于各快速增长的经济体加强经济动员的努力有所帮助。此外，适当资助教育项目可能会对形成知识密集型的工业模式有所帮助，在此种模式中，政府的政策会支持生产相对高附加值产品的先进

[①] Frank Bealey, *Power in Business and the State: An historical analysis of its concentration*, London, New York: Routledge, 2002.

部门。①

　　政府政策总是对工业革命和发明创造产生重大的影响。每个国家都建立了自己的版权和专利制度，具有国家所有和集中化特点的法国铁路项目可能是政府直接影响力的一个很好的例子。在拿破仑三世统治时期，法国2000千米长的铁路系统被增加到了18000千米，电报系统的规模比以前扩大了18倍。然而，铁路系统后来成为了影响政府行为者的系统。铁路需要高素质的官僚机构，因此，这些公司的员工也被认为是公职人员。②

　　机械化程度的提高、蒸汽动力、大规模生产和电力的利用是创新劳动力市场的关键。个人计算机、自动化和信息技术改变了当今的生产方式。这是一场新的工业革命，其影响将因为数字化而成倍增加。这将促进某些国家和地区的显著进步，凸显比以往任何时候更快的增长。

表 14-1　　　　　　　　工业革命的主要特征

19 世纪	20 世纪	20 世纪 70 年代	当今
机械、蒸汽和水力	大规模生产、电力、工业装配线	电子学、信息技术、互联网、工业机器人化	数据分析、数字服务、数字产品和数字化生产过程

资料来源：普华永道（PwC），2016 年。

　　政府政策和文化同时影响着社会（包括公众对技术的信任），即使在今天也是如此。如果没有美国政府（和美国国防部高级研究计划局，DARPA），互联网就不会存在。③

　　博恩基耶（Bornschier）引用的 20 世纪 70 年代和 80 年代的两段

---

① Bruce R. Scott, *Capitalism: Its Origins and Evolution as a System of Governance*, Springer, New York, 2011.
② Bealey (2011).
③ Günter Müller, "Aufbau und Entstehen der Infobahn-Technische Realität durch politische Initiativen", In: *Zukunftspers-pektiven der digitalen Vernetzung*. eds.: Günter Müller-Ulrich Kohl-Ralf Strauss, dpunkt, Verlag für digitale Technologie Heidelberg, 1996, pp. 17–38.

话，鲜明体现了人们当年对个人计算机和数字化的态度。①

- 为什么每个人都可能会想要在他/她的家里拥有一台个人计算机，这是没有道理的（肯·奥尔森，数字设备公司总裁，1977年）。
- 640kb 对每个人来说足够了（比尔·盖茨，1981年）。

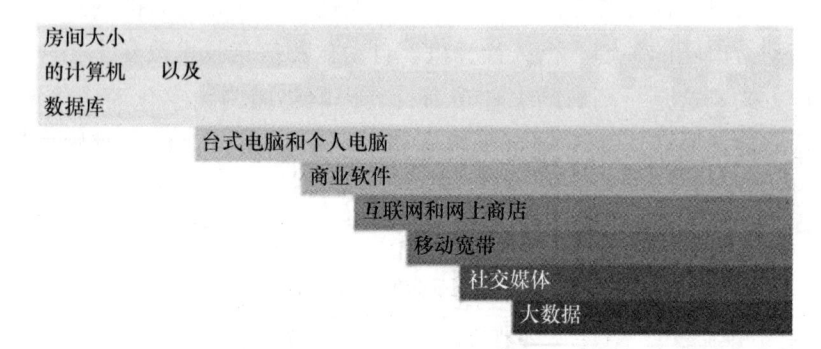

图 14-1 科技与出现年代

资料来源：麦肯锡全球研究所，2016年。

毫无疑问，直到 20 世纪 90 年代末，互联网的潜在影响一直在被低估，甚至被忽视。随后，它的社会和经济影响变得清晰和明显。它在几年的时间内就足以启动和改变社会进程，并且对当前的创新仍然有影响。

互联网如何传播的例子显示了每个国家的不同情况。增长速度与对技术的信任以及早期用户数量之间存在着相关性。图 14-2 显示了 2002—2016 年维谢格拉德集团国家每 100 名公民订阅高速带宽互联网服务情况的变化趋势。2002—2004 年匈牙利排名第一，2004—

---

① Volker Bornschier, *Culture and Politics in Economic Development*, London；New York：Routledge, 2005.

2016年捷克超过了匈牙利。2011年，波兰和斯洛伐克的水平是相同的，但2011年后，斯洛伐克的订阅人数进一步增加，波兰的水平保持不变。

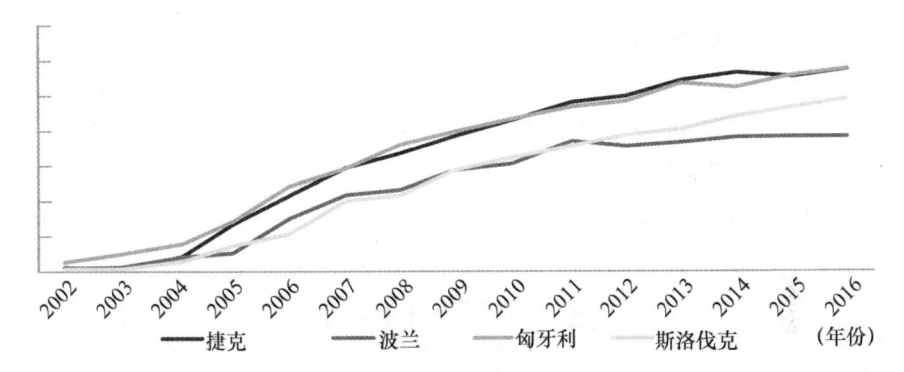

图14-2 2002—2016年维谢格拉德集团国家每百名公民订阅高速带宽互联网情况变化趋势

资料来源：国际电联，2018年。

二 数字化领域的重要参与者：初创企业

近年来被称为数字化的工业革命是建立在经济增长效率不断提高的基础上的。初创企业是技术发展最重要的推动者之一。根据匈牙利的数字创业战略，初创企业是成长潜力较大的微型企业和中小企业，他们需要外部融资，其建立是为了在产品、组织、商业模式或服务方面进行创新。无论是B2B（企业对企业）模式还是B2C（企业对消费者）模式，他们中的大多数都将现有的服务转移到数字空间中去，从而使更多的人能够以更低的成本享受那些旧的服务。

成功的初创企业可能会促进经济方面的重大发展。他们不仅可以影响自己的部门，而且可以发挥外部性作用，改变整个工业部门并产生溢出效应，从而发展创业文化，建设强大的国家，并增加市场吸引力。

成功的定义取决于许多事情。如果一家快速增长的初创企业在一段时间后被收购，但该企业仍在其原先的总部运营之下，这将是一种成功。在这种情况下，该企业会继续雇用当地人并将研发业务留在家乡。如果快速增长的初创企业能够转型为一家可持续发展的大公司，为许多人提供稳定的就业机会，这也是一种成功。

成功的创业需要准备充分的参与者来完成。理想的监管机构是负责任的、灵活的、先进的，并为将数字化带来的优势引入现代经济创造机会。与此同时，技术参与者的任务是确保解决方案能够被轻松、简单、不间断地使用，以确保用户可以放心地使用可靠的数字技术，并根据自己的个人需求使用这些技术。

三　数字化的今天

在当今世界，数字化同时对社会和工业产生着重大影响。世界上最大的公司（其中大多数是在过去几年中成立的）部分或全部根据数字化产生的数据作出决策。在每一个工业部门中，数字技术的出现都是为了提高生产效率，如3D打印、机器人、无人机、电子数据访问，或者借助社交媒体做销售工作。

我们的生活方式的每一部分几乎都受到了数字技术的影响。关于这一点，只要想象一下互联网上的通信平台，例如用于消息发送、语音和视频通话，或是收看体育节目的应用程序，还有各类在线专业门户网站，结论就很明显了。

2017年收集的数据揭示了维谢格拉德集团国家之间的差异，在使用互联网和网络社交平台方面，维谢格拉德集团国家的平均水平和欧盟平均水平相比有3%—4%的差距。

四　维谢格拉德集团国家与数字化

（一）捷克

在捷克，数字化的赢家是提供专业服务的中小企业，如生产医疗床、家用警报和安全系统或是铅笔的企业。他们减少了市场规模扩大带来的不利影响，从而形成了高水平的竞争，同时发现了新的市场或销售机会，并且开发了与数字时代兼容的产品或服务。

Kiwi.com 是一家提供机票搜索引擎和价格比较服务的公司，用户可以在该网站上自行预订机票。特别的是，他们的搜索引擎将相互之间没有合作的航空公司合并在一起，并为取消、延误和更改航班提供保障。这个创意成果在 2011 年诞生时的名称是 Skypicker，后改名为 Kiwi.com，以帮助全球推广。截至 2018 年，收入增长了 1500%，在布尔诺（Brno）拥有 110 亿美元的投资和 850 名员工。

（二）波兰

在分析波兰数字化的速度和影响时，有两个截然不同的组别。数字先进行业包括金融、媒体、贸易、专业和商业服务行业以及制药和化工行业。上述行业的外国直接投资水平很高，其特点是引进了最佳业务、专门知识和商业网络。

但缺少外国直接投资的工业部门，或者在数字化方面不那么先进的工业部门，不具备这些优势。这些工业部门包括卫生保健系统、工业产品生产、教育、公共事业服务和交通部门。

Brainly 是一个基于用户提问和回答的知识共享平台。其具有的许多用户友好的特性，如积分系统、排名和其他游戏插件等，都是吸引新用户的诱因。成千上万的问题和回答由数千名版主监督。该公司于 2009 年在克拉科夫成立，总部设在纽约。2018 年，平台上每小时有来自 35 个国家的超过 1 亿游客提出 8000 个问题，并回答超过 3000 万个问题。该平台在 2017 年 10 月又进行了 1400 万美元的融资（总计 3850 万美元），并宣布收购了一家名为 Bask，情况与 Brainly 类似的公司，以提供视频互动服务。

（三）匈牙利

根据经合组织 2017 年的一份报告，匈牙利的信息和电信行业已经发生了根本性的变化。1995—2011 年，影响外国企业的信息技术集中化发生了重大变化。在这一变化方面，匈牙利排在第三位，仅次于中国和韩国，这一变化带来了越来越多的外国投资机会，并且在提高生产率方面也大有希望。2005—2011 年，匈牙利的自动化程度超过了经合组织（OECD）和欧盟（EU）的平均水平，增长到以前的 7 倍。

与数字化相关的变化也可以从个人层面进行审视：2010—2016 年，个人与公共机构的沟通水平提升了 40%，但同时也引发了数据安全方面的严重担忧。在公众对数字管理的信任程度方面，匈牙利是经合组织排名最后的几个成员国之一，主要因素是关于安全方面的顾虑。

Almotive 原名 AdasWorks，其目标是为自动驾驶汽车开发第 5 代软件。该软件能够彻底降低任何人为控制车辆的必要性。人工智能技术主要建立在视觉感知的基础之上，但也可以通过非视觉传感器进行扩展。该公司有超过 85% 的员工在布达佩斯工作，但在三大洲都有办公室和测试设施，并在 2018 年 1 月吸引了超过 3800 万美元的投资。

数字化的影响表现在生产特征的变化和网民数量的增加上。依靠自动化的发展，匈牙利非农业部门的劳动强度下降了 3.4%，这是 2009—2015 年欧盟平均水平的两倍多。在 16—74 岁的人群中，80% 的人经常使用互联网。然而，M2M（机器对机器）sim 卡的数量在 2017 年明显低于经合组织的平均水平（每 100 名公民 9 张）。M2M sim 卡使数据流转无须任何人工交互。

五 区域挑战与数字化机遇

低工资的技术工人对外国公司来说是具有吸引力的，而且为了利用数字化以及相关优势，廉价且熟练的劳动力是必要的。

维谢格拉德集团国家的平均工资明显低于欧盟平均水平，而且与数字化相关的劳动力平均工资情况也相类似，但后者的差异较小。考察维谢格拉德四国的就业市场可以看到，就整个经济体而言，平均工资之间存在很强的相关性，但如果我们关注信息和通信部门，就会发现一些差异。2016 年，匈牙利的工资水平在这两方面都是最低的，平均工资是 8.3 欧元/小时，IT 部门平均工资是 14.5 欧元/小时。

在利用数字革命的优势方面，信息技术从业者的移民造成了严重的问题。人才流失越来越成为该体系的一个特征：毕业于匈牙利大学的有才华的年轻雇员，会被国外拥有更高工资水平和更好工作标准的工作吸引。

只有波兰的信息技术从业者数量高于欧盟平均水平。这种差异是

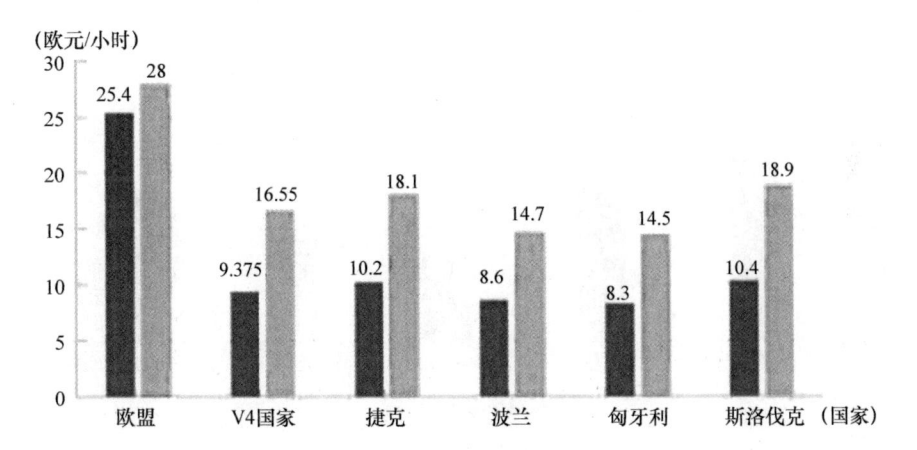

图 14-3 2016 年平均工资

资料来源：欧盟统计局，2017 年。

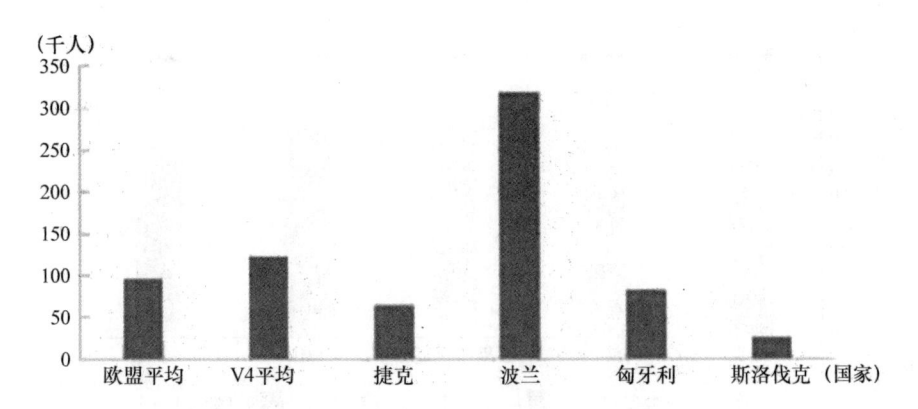

图 14-4 2016 年 IT 从业者数量

资料来源：欧盟统计局，2018 年。

维谢格拉德集团在统计数据中表现良好的主要原因之一。当然，波兰人口众多也是一个因素。

把握机遇，将数字化带来的优势转化为实实在在的经济效益，不仅是我们这一代人的任务，也是我们未来面临的挑战。维谢格拉德集团国家青年的教育是否足以解决这个问题仍是未知数。从数据来看是有希望的。一项由包括波兰和斯洛伐克在内的21个国家参与的名为国际计算机和信息素养研究（ICILS）的国际调查显示，捷克学生的

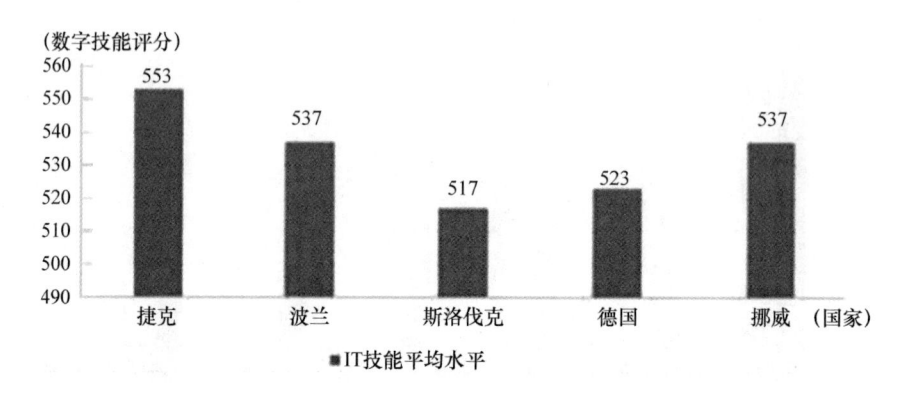

图14-5 小学生数字技能

来源：国际计算机和信息素养研究（2015）。

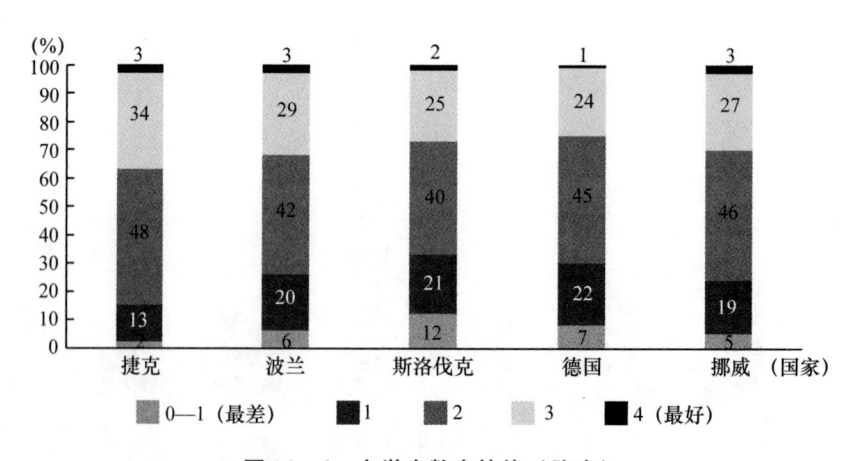

图14-6 小学生数字技能（降序）

来源：国际计算机和信息素养研究（2015）。

数字技能要优于挪威和德国学生；波兰学生与德国学生水平相当，但比挪威学生要好。

如果仔细看数据细目就会发现维谢格拉德四国甚至取得了相当不错的成绩：98%的捷克学生至少有基本的软件技能（一级）。85%的学生能够将互联网作为一个基本的信息来源（二级），这超过了挪威和澳大利亚的学生。37%的学生有足够的能力正确使用信息通信技术（三级）。不过，只有3%的捷克、匈牙利、斯洛伐克学生和4%的波兰学生能够在对待网络信息源时使用批判性的思维方法（四级）。维谢格拉德集团国家的总体表现不仅明显地高于欧盟平均水平，而且显著地超过其他国家（等级一至四：85%，61%，23%，2%）。[①]

六 结论

数字化给维谢格拉德地区带来的影响与前三次工业革命同样重要。然而，要利用新技术带来的优势，需要更多的政府支持。

维谢格拉德集团国家的学生拥有非凡的数字技能，但他们的劳动力成本明显低于欧盟平均水平，因此人才流失仍是一个巨大的挑战。

高工作效率的初创企业能够转变商业和生产链条，成为发展的一股变革性力量。然而，有针对性的政府和管理政策是繁荣创业环境的先决条件。

参考文献

Böszörményi-Nagy, Gergely et al., *Magyarország Digitális Startup Stratégiája*. Digitális Jólét Program, 2016.

AImotive, https://aimotive.com/.

Bealey, Frank, *Power in Business and the State: An historical analysis of its concentration*, Routledge, London, 2002.

[①] ICILS, "International Computer and Information Literacy Study student results and responses data", 2015, https://data.gov.au/dataset/international-computer-and-information-literacy-study-icils-student-results-and-responses-data.

Bornschier, Volker, *Culture and Politics in Economic Development*, Routledge, London, 2005.

Brainly, https: //brainly. co/about.

Eurostat, Labour cost levels by NACE Rev. 2 Activity, 2017, http: //appsso. eurostat. ec. europa. eu/nui/show. do? dataset = lc_ lci_ lev&lang = en.

Eurostat, Individuals-internet use, 2018, http: //appsso. eurostat. ec. europa. eu/nui/show. do? dataset = isoc_ ci_ ifp_ iu&lang = en.

Eurostat, Individuals-frequency of internet use 2018, http: //appsso. eurostat. ec. europa. eu/nui/show. do? dataset = isoc_ ci_ ifp_ fu&lang = en.

Eurostat, Employed persons with ICT education by educational attainment level, 2018, http: //appsso. eurostat. ec. europa. eu/nui/show. do? dataset = isoc _ ski _ itedu&lang = en.

ICILS, International Computer and Information Literacy Study student results and responses data, 2015, https: //data. gov. au/dataset/international-computer-and-information-literacy-study-icils-student-results-and-responses-data.

ITU, Fixed-broadband subscriptions, 2018, https: //www. itu. int/en/ITU-D/Statistics/Documents/statistics/2018/Fixed_ broadband_ 2000-2016. xls.

IWS, European Union Internet Users, Population and Facebook Statistics, 2018, https: //www. internetworldstats. com/stats9. htm#eu.

Kiwi. com, https: //www. kiwi. com/en/.

McKinsey & Company, Digital Poland: Capturing the opportunity to join leading global economies, 2016, https: //www. mckinsey. com/ ~ /media/McKinsey/Business% 20Functions/McKinsey% 20Digital/Our% 20Insights/Digital% 20Poland/Digital% 20Poland. ashx.

McKinsey & Company, Digital Czech Republic: How we grow. 2017, https: //www. mckinsey. com/ ~ /media/McKinsey/Business% 20Functions/McKinsey% 20Digital/Our% 20Insights/Digital% 20Czech% 20Republic% 20How% 20we% 20grow/Digital% 20Czech% 20Republic% 20How% 20we% 20 grow. ashx.

McKinsey Global Institute, Digital Globalization: The new era of global flows, 2016, https: //www. mckinsey. com/ ~ /media/McKinsey/Business% 20Functions/McKinsey% 20Digital/Our% 20 Insights/Digital% 20globalization% 20The% 20new% 20era% 20of% 20global% 20flows/MGI-Digital-globalization-Executive-summary. ashx.

Müller, Günter, "Aufbau und Entstehen der Infobahn-Technische Realität durch politische Initiativen", In: *Zukunftsperspektiven der digitalen Vernetzung*, eds.: Guünter Müller-Ulrich Kohl-Ralf Strauss, dpunkt, Verlag für digitale Technologie Heidelberg, 1996, pp. 17 - 38.

O'Hear, Steve, Brainly acquires Bask to add video to its peer-to-peer learning platform for students, 2018, https://techcrunch.com/2018/01/25/brainly-bask/.

OECD, *Science, Technology and Industry Scoreboard-The Digital Transformation of Hungary*, OECD Publishing, Paris, 2017.

OECD, *Science, Technology and Industry Scoreboard-The Digital Transformation of the Slovak Republic*, OECD Publishing, Paris, 2017.

Pricewaterhouse Coopers, Industry 4.0: How digitization makes the supply chain more efficient, agile, and customer-focused, 2016, https://www.strategyand.pwc.com/media/file/Industry4.0.pdf.

SaferPass, https://saferpass.net/.

Scott, Bruce R., *Capitalism: Its Origins and Evolution as a System of Governance*, Springer, New York, 2011.

第四部分

维谢格拉德集团的对外关系

第十五章 维谢格拉德集团对欧盟东部伙伴关系计划的政策

安德泽·萨迪克（Andrzej Sadecki）

一 介绍

2004年，欧盟完成了史上最大的一次扩张，向东方迈出了重要一步。共有10个国家加入欧盟。2004年欧盟的扩张中面积最大的国家是四个维谢格拉德集团（V4）成员国，即捷克、匈牙利、波兰和斯洛伐克。该组织建立于东欧剧变后不久，其共同目标是摆脱苏联的影响并加入欧洲—大西洋体系。维谢格拉德集团成员国于1999年加入北约（斯洛伐克除外，该国在5年后加入），且于2004年加入欧盟组织，这是其外交和安全政策的突破性变革。

欧盟的边界在2004年大幅度延伸至欧洲东部，这种所谓的爆炸式扩张导致整个欧盟的外交和安全政策出现新局面。2007年，位于欧洲东南部的罗马尼亚和保加利亚加入欧盟。欧盟因此发现，欧洲"后苏联"国家在各种政治、社会和经济形势下，对欧盟的态度各不相同。直到2004年，东欧国家（白俄罗斯、摩尔多瓦和乌克兰）和南高加索国家（亚美尼亚、阿塞拜疆、格鲁吉亚）都没有受到欧盟关注，欧盟也因此面临对新的邻国制定新政策的任务。此外，这些国家与俄罗斯之间复杂的关系使得该地区面临越来越大的压力。

对维谢格拉德集团而言，东部邻国成为一个特别紧迫的问题，这些国家位于欧盟东部"侧翼"。除捷克外的V4国家都与东欧非欧盟国家（匈牙利、斯洛伐克与乌克兰，波兰与白俄罗斯、俄罗斯和乌克兰）接壤。加入欧盟后，V4 意识到必须为东欧国家制定新战略，以加强这些国家的稳定和繁荣。政治上，他们想避免出现欧盟东部边界固化欧洲的分裂并在欧洲大陆上建立新的人工边界的情况。在实践方面，他们必须应对实施欧盟签证要求的相关挑战，并且 V4 国家在 2007 年加入申根区后也要控制其外部边界。最后，维谢格拉德集团看到了塑造新的欧盟邻国政策东部层面的机会，并在欧盟外部行动领域做出了自己的贡献。

本章主要阐述 V4 国家如何影响欧盟关于东部邻国的政策，特别是东部伙伴关系计划（EaP），该政策实施于 2009 年，同时也是欧盟在东方的主要政策工具。本章还阐述了 V4 国家对东部邻国采取的做法，包括各国东部政策的特殊性以及共同点。在欧盟东部地区的伙伴国中，乌克兰是最大的国家，因此需要特别关注。当然，本章还涉及 V4 国家与该地区的重要国家俄罗斯的关系，以及接近莫斯科会如何影响四国的东部政策。

二　1989 年后，V4 国家的东部政策

在 1989—2004 年这段时间，维谢格拉德集团成员国（除波兰外）对东欧国家并不在意。V4 国家致力于进行内部改革，实现政治经济转型。V4 国家的外交政策集中在努力加入西方的政治、军事和经济体系。但是，V4 国家对东部邻国的态度又各不相同，这具体取决于各国的具体情况和具体时期。

波兰是 V4 国家的特例，因其地理位置和与东欧国家的历史联系，包括 16—18 世纪作为一个联合国家的历史。[1] 作为 V4 内的最大成员国，其对东部邻国的政策也受到战略考虑的影响。所谓的东部政策已成为 1989 年后波兰外交政策的主要方面之一。朱利叶斯·米罗斯泽夫斯基（Juliusz Mieroszewski）和杰兹·吉德罗（Jerzy Giedroyć）——他们在巴黎领导了那个时期波兰独立思想的主要智力中心——已经在

---

[1] 波兰—立陶宛联邦包括如今的白俄罗斯、立陶宛和乌克兰的大部分地区。

20世纪70年代声明接受第二次世界大战后的边界，因此放弃对本属于波兰的领土的主张。两次世界大战期间，他们支持位于波兰和俄罗斯之间的独立民族国家的出现，即白俄罗斯、立陶宛和乌克兰。这种做法在波兰1989年重新获得主权后成为其外交政策的范例并转化为对苏联解体后独立的国家的强烈支持。该理论的另一部分也旨在加强这些国家与西方的联系，因此波兰支持该地区的民主和市场改革。这也是战略考虑的结果，波兰认为其与俄罗斯之间独立国家的存在削弱了俄罗斯对波兰的潜在威胁。此外，波兰精英经常将波兰提供的支持定义为对白俄罗斯、立陶宛和乌克兰的"道德义务"，即与同一个联邦的后代和共同争取独立的国家团结一致。波兰在这一时期特别关注与乌克兰建立密切联系，同时努力与俄罗斯保持适当的关系。

在其余三个成员国的外交政策中，东欧国家扮演着无足轻重的角色。首先，对于捷克、匈牙利和斯洛伐克来说，东欧国家从未在其外交政策中占据重要地位。不过值得一提的是匈牙利和乌克兰之间的"基础条约"（the Basic Treaty）对于解决跨喀尔巴阡山脉匈牙利少数民族问题是十分重要的。[1]

其次，这三个国家都优先考虑与东方最大的欧洲国家俄罗斯的关系。尽管在政权更迭后，西方主导了他们的外交政策（1993—1998年的斯洛伐克除外），但他们也努力与俄罗斯保持良好的经济和政治关系。与波兰一样，他们的外交政策当中很少有关于东部邻国的战略方针。

最后，在20世纪90年代和21世纪初，这三个国家的关注重点是当时被种族战争撕裂的巴尔干地区。对于和参与武装冲突的国家接壤的匈牙利来说尤其如此。至于三国在东部地区的活动，就斯洛伐克和匈牙利而言，发展与乌克兰的双边关系尤为重要，因为乌克兰与他们接壤，而其他东欧国家基本上被忽视了。自1991年以来，匈牙利与乌克兰建立了良好关系，尽管布达佩斯的利益很少超越喀尔巴阡山

---

[1] 1991年12月6日匈牙利与乌克兰签署了友好合作协定，并于1993年6月16日生效。

脉范围，并且基本上仅限于居住在两国边界沿线上的匈牙利少数民族。那段时期斯洛伐克与乌克兰的关系不温不火，在某些情况下甚至是紧张的（如斯洛伐克支持俄罗斯的天然气管道 Jamal 2 绕过乌克兰）。20 世纪 90 年代，在斯洛伐克和匈牙利，乌克兰经常与犯罪组织和不可靠的商业环境联系在一起。捷克地理上与东部地区相距较远，主要关注的国家是白俄罗斯。

三 加入欧盟——激励 V4 国家在东部地区活动

2004 年捷克、匈牙利、波兰和斯洛伐克加入欧洲联盟，标志着他们对东部邻国的态度发生了根本的变化。他们在该领域活动增长背后的原因如下。首先，欧盟正在改变其邻国政策以适应新的现实，这为加入欧盟之后的 V4 国家创造了参与这一进程的机会。其次，一些东部邻国，如格鲁吉亚和乌克兰，在当时发生了巨大的政治变化，使得强有力的亲欧政党获得权力，从而为向这些欧盟邻国提出新提议创造了机会，而这么做也是必要的。再次，在实现欧洲—大西洋一体化的主要目标后，V4 可单独或作为一个集团迎接新的挑战。最后，随着加入欧盟，V4 从"政策实施者"变为"政策制定者"。

然而，欧盟在 2004 年扩张之前，已开始为其邻国制定新的欧盟政策。尽管一些 V4 国家试图影响这一进程，例如，2002 年，波兰作为候选国提出一份关于邻国政策提案的非正式文件，但他们对新政策的最终制定影响有限。最初，新政策被设想为欧盟针对白俄罗斯、乌克兰、摩尔多瓦这三个与其接壤的国家的政策。然而，2004 年启动的欧洲邻国政策包括 16 个欧盟邻国，除了这三个国家外还有南高加索国家，即阿塞拜疆、亚美尼亚和格鲁吉亚，以及北非和中东国家。由于缺乏对 V4 直接邻近地区的关注，他们对该政策产生了一定程度的失望，并促使 V4 政府将东部邻国主题推向欧盟议程。

此外，V4 国家加入欧盟恰逢一些东部邻国发生重大政治变化。2003 年，格鲁吉亚出现政权更迭，上台的亲西方势力决定将该国融入欧盟和北约。2004 年，在乌克兰，反对非法操纵总统选举的抗议活动成了该国的政治分水岭。所谓的"橙色革命"使得亲欧洲政党和最初的改革主义政党掌握政权。这些事态发展使人们对东部邻国进一步接近欧盟的可能性更加乐观，并进一步鼓励了 V4 国家的努力。

因此，针对东部邻国发挥积极作用成为维谢格拉德集团新的存在理由的一部分。对于 V4 国家来说，加入欧盟后，东部邻国成为自然地理上的优先事项。虽然欧盟南部成员国（如法国、西班牙、意大利）支持和塑造着欧盟邻国政策的南部层面，但中欧国家更倾向于发展东部层面。在加入欧盟之前，V4 加强了与乌克兰的关系——乌克兰是东部邻国中最大的国家。在四个国家加入欧盟之后，参与欧盟东部邻国政策成为 V4 的新目标之一。2004 年 5 月，V4 宣布 1991 年制定的主要目标已经实现，四个国家应该在欧盟和北约内部进行合作。[①]在加入欧盟和北约后的新目标中，一个突出的目标就是支持新的欧盟邻国政策以及欧盟对西巴尔干地区的政策。[②] 这两个地区——东部邻国地区和西巴尔干地区——自 2004 年以来已成为维谢格拉德合作的优先领域。东部邻国和西巴尔干国家都与 V4 国家有很多联系，V4 国家在稳定、繁荣以及融入欧盟和北约方面支持这些国家。然而重要的是，2003 年欧盟宣布所有西巴尔干国家都是潜在的欧盟成员国，因此欧盟对该地区的政策是从属于扩张政策的，并未纳入邻国政策。东部邻国从未获得明确的欧盟定位，仍然是邻国政策框架内的合作伙伴。

在 V4 国家加入欧盟之后，仍然存在一个关于介入东部邻国的道德争论。一些政治家和专家认为，虽然 V4 获得了西方国家的转型援助，但先前的受益者现在应该来回报之前的"债务"，通过协助目前需要帮助的国家——这些国家正在经历转型并渴望加入欧盟。对于捷克和波兰来说尤其如此，先前持不同政见者在政治中发挥了重要作用。

---

① 参见 V4 国家总理于加入欧盟后就 V4 合作发表的宣言，2004 年 5 月 12 日。
② "Guidelines on the Future Areas of Visegrad Cooperation", 2004 May 12, http://www.vis egradgroup.eu/cooperation/guidelineson-the-future-110412.

四 与东部邻国关系的发展

2004年之后，维谢格拉德集团采用多种方式发展欧洲邻国政策的东部层面。首先，该集团在欧盟游说建议对东部邻国采取积极的政策。对于乌克兰来说尤其如此——在乌克兰发生所谓"橙色革命"之后，V4不断呼吁从欧洲的长远角度看待这个国家。[①] 此外，在2007—2013年多年度财务框架谈判期间，V4主张为邻国政策提供充足的资金。[②] 维谢格拉德集团不仅试图说服其他成员国采取积极主动的东方政策，而且还呼吁邻国实施必要的改革，使其更接近欧盟。除了在政治层面与东部邻国进行定期合作外，V4还邀请他们发展部门间的合作。特别是在乌克兰，自2004年以来，在国防、内政（如边境管制和庇护）和环境领域举行了几次部长级会议或专家会议。此外，国际维谢格拉德基金——由V4国家于2000年成立的国际捐助机构——自2005年以来启动了一项特殊的乌克兰奖学金计划。

至于维谢格拉德集团内各国的做法，在加入后的头几年，他们都宣布支持东部邻国。这四个国家通过的战略文件可以反映出这是他们重要的外交政策目标之一。此外，V4国家在新兴发展援助方面关注东部邻国。他们将官方发展援助（ODA）主要用于东欧国家（白俄罗斯、摩尔多瓦、乌克兰），而来自南高加索三国的格鲁吉亚也在其议程中占据重要位置。此外，V4国家与这些国家分享了他们的过渡经验。尽管V4和东部邻国的发展路径存在显著差异，但他们都必须处理过去留下的遗产。因此，V4国家开展了几个项目，涉及政治、经济和社会过渡的经验和知识，如从中央计划经济转向市场经济。

尽管欧盟邻国政策（ENP）为欧盟的东部政策提供了一定的框

[①] 参见"Statement of the Visegrad Group Ministers of Foreign Affairs on the situation in U-kraine", 2004 December 7, http://www.visegradgroup.eu/2004/statement-of-the.

[②] 参见"Meeting of Prime Ministers of the Visegrad Group Countries", Joint Press Release, Warsaw, 2004 December 8, http://www.visegradgroup.eu/2004/meeting-of-prime.

架，但它很快引起了 V4 国家广泛的沮丧和失望。欧盟邻国政策不符合 V4 国家和一些波罗的海国家的期望，也不符合东部邻国的野心。维谢格拉德集团强调需要采取更加积极主动的政策，并为东部邻国提供明确的欧洲定位。这导致了加强欧盟东部政策的尝试，该政策在 2007 年前后加速。来自 V4 国家的政治家认为，欧盟的东部和南部邻国不应该"放在同一个盒子里"，因为非洲和中东是"欧洲的邻居"，位于不同的大陆，东欧和南高加索国家是"欧洲邻国"，就位于欧盟周边。2007 年 1 月，V4 国家的外交部长宣布支持"面向东方更有活力和更强大的欧盟邻国政策"[1]。几乎接下来的每年 V4 总理峰会和外交部长会议之后的每一份联合声明都发出明确的政治信息，表明有必要深化欧盟与东部邻国的合作。与此同时，V4 加深了与东部邻国的合作，并加强了与有意加强邻国政策东部层面的其他欧盟国家（如德国、瑞典、波罗的海国家）的磋商。

这些努力在很大程度上有助于为欧盟邻国政策提供一个新的、更全面的东方视角。早在 2007 年，德国在出任欧盟轮值主席国期间就提出了区分欧盟东西部邻国政策的想法。欧盟委员会随后开始为强化东部政策进行概念性准备。[2] 2008 年 7 月，法国提出建立地中海联盟，这是一个由欧盟成员国和北非、中东的 15 个国家组成的论坛，这直接推动了东部层面的建设。因为这些措施都证实了欧盟邻国政策是不充分的并且创造了政治权衡的可能性：如果欧盟南部成员国希望获得欧盟范围内对加强欧盟南部政策的支持，他们不得不克制最初对东部政策的怀疑。2008 年 10 月，波兰和瑞典提交了一份非正式文件，其中设想建立东部伙伴关系。虽然它没有作为 V4 的倡议提出，

---

[1] "Joint Political Statement of the Visegrad Group on the Strengthening of the European Neighbourhood Policy", 2007 January 22, http：//www.visegradgroup.eu/official-statements/documents/joint-political.

[2] 参见 Sofia Casablanca, "The Dilemma of the EU Neighbourhood Policy：Mediterranean vs. Eastern Partnership, Eastern Europe in Brief", Eastern Europe Studies Centre, 2015, http：//www.eesc.lt/uploads/news/id842/Readings% 20No% 203.pdf; George Christou, "European Union Security Logics to the East：the European Neighbourhood Policy and the Eastern Partnership", *European Security*, 2010/3.

但得到了捷克、匈牙利和斯洛伐克的强力支持。让瑞典和波兰作为发起者的好处在于，东部伙伴关系不会轻易地被怀疑论者认为是一个完全由中欧后共产主义新成员国支持的项目，因为其得到了一个不同地区的欧盟国家的支持。①②

在东部伙伴关系启动前的几个月里，维谢格拉德集团国家加倍努力地支持该倡议。不仅是政府，四国总统和议会主席都在各种V4会议上表达了对东部伙伴关系的支持。V4与志同道合的几个国家进行了密集的"V4+"形式的磋商，特别是与瑞典、保加利亚、爱沙尼亚、立陶宛、拉脱维亚、罗马尼亚和斯洛文尼亚。捷克在东部伙伴关系筹备工作的最后几个月里担任欧盟轮值主席国，发挥了重要作用。

五　V4对东部伙伴关系的投入

V4参与欧盟东部地区发展的一个象征性事件是东部伙伴关系的启动，这是在捷克担任欧盟轮值主席国组织的布拉格城堡欧盟峰会期间启动的。欧盟所有成员国的领导人以及6个伙伴国家的总统都有代表出席峰会（由于欧盟批评白俄罗斯的人权记录，该国只有较低级别的代表出席）。因此，东部伙伴关系不仅成为欧盟东部政策的工具，也成为欧盟成员国和伙伴国家的多边平台，包括外交部长年度会议和每两年一次的东部伙伴关系国家元首峰会（布拉格2009年，华沙2011年，维尔纽斯2013年，里加2015年，布鲁塞尔2017年）。在布拉格通过的宣言中没有直接宣布对伙伴国家欧盟成员国前景的认可，但它明确指出"加速欧盟与利益相关的伙伴国家之间的政治联系

---

① 德国认为东部伙伴关系是一项有利于德国利益的倡议，但同时又可能存在不利因素。柏林希望东部伙伴关系成为一种工具，使伙伴国家在经济上而不是政治上更接近欧盟。德国选择加强与伙伴国家的经济合作，签署深度自由贸易区协议，并将这些国家的部分立法与欧盟法律协调起来。另外，德国不希望东部伙伴关系发展成一项为伙伴国家提供成为欧盟成员国的前景以及对抗俄罗斯的倡议。

② 参见Jusytyna Gotkowska,"Germany and Eastern Partnership", *OSW Commentary*, 2010/37.

和进一步的经济一体化"①。因此,东部伙伴关系的重点是支持伙伴国家的社会经济改革。将伙伴国家与欧盟更紧密地结合起来的主要途径是联系国协定(AA),目的是缔结有深度的和全面自由的贸易协定(DCFTA),以及实现签证自由化和支持公民的流动。②

自那时起,V4国家一直致力于将东部伙伴关系置于欧盟议程的重要位置。他们在欧盟—东部伙伴关系会议和首脑会议之前采取了共同立场。例如,在波兰担任欧盟轮值主席国期间于2011年在华沙召开了第二次欧盟—东部伙伴关系峰会,峰会正式召开之前,举行了一次"V4+德国"外交部长会议,以此与最大的欧盟成员国一起发出了加强东部伙伴关系的强烈信号。此外,他们还加强了维谢格拉德集团与东部伙伴关系合作伙伴之间的合作。自2010年以来,每年都有V4和东部伙伴关系国家的外交部长会议,通常还有负责东部伙伴关系的欧盟委员和其他"志同道合"的欧盟国家的代表参加。此外,在临时的基础上,东部伙伴关系国家的代表被邀请参加各种"V4+"会议。

东部伙伴关系的启动也为V4国家的非政府组织和专家团体带来了新的动力,加强了他们在东部地区的活动。由于国家规模较大、在东欧地区的传统利益以及东欧地区在外交政策中的优先地位,波兰非政府组织和智库的参与最为积极和全面。当然,捷克、匈牙利和斯洛伐克也发展了自身专业领域和非政府组织方面的参与,通常专门从事某一领域的活动。维谢格拉德集团扩大了国际维谢格拉德基金在该领域的行动。2011年,国际维谢格拉德基金推出了"维谢格拉德四国东部合作伙伴关系"计划。东部伙伴关系地区与西巴尔干地区一起成为国际维谢格拉德基金提供补助金和奖学金的优先地区,乌克兰是外

---

① "Joint Declaration of the Prague Eastern Partnership Summit", Council of the European Union, Prague, 2009, May 7, http://www.consilium.europa.eu/media/31797/2009_eap_declaration.pdf.

② 有关东部伙伴关系的相关重要文件参见 https://eeas.europa.eu/headquarters/headquarters-homepage/12269/eastern-partnership-key-documents_en。

部国家中的最大受益者。① 国际维谢格拉德基金会（IVF）还为"Think Visegrad——V4 智库平台"提供资金，该平台是于 2012 年建立的捷克、匈牙利、波兰和斯洛伐克的智库网络，从那时起就广泛涵盖了与东部伙伴关系相关的主题。来自 V4 国家的智库每年都会接待来自东部伙伴关系国家的几名研究员，并在公务员流动计划的框架内协调考察访问，旨在分享 V4 国家在部门改革方面的经验，并协调东部伙伴关系国家的立法与欧盟法律。

尽管如此，制定 V4 国家对东部伙伴关系国家的联合政策并不总是顺利和无可争议的。这些分歧主要与 V4 国家对俄罗斯的不同态度有关。波兰是对俄罗斯最直言不讳的批评者，而其余的 V4 国家，尤其是匈牙利和斯洛伐克，更不愿意公开挑战莫斯科的行动，主要是因为他们害怕对其经济产生潜在的负面影响。尽管如此，维谢格拉德集团在 2014 年一致表示，包括俄罗斯在内的所有国际社会成员都应尊重乌克兰的主权和领土完整。在这个问题上通过了几项 V4 声明和联合声明，表明作为一个区域集团，这四个国家更愿意共同制定立场而不是单独制定立场。② 最后，东部伙伴关系的本质——一个地缘政治野心有限的官僚政治项目和技术项目——使得其更容易获得所有 V4 国家的支持，尤其是那些努力与俄罗斯建立良好关系的国家。

六 结论

东部伙伴关系——由维谢格拉德集团共同发起和推动的项目——在使伙伴国家更接近欧盟方面取得了一些重大成果，特别是考虑到其运作的艰难政治背景。东部伙伴关系是在欧盟经历严重的经济和金融危机期间发起的，此时西欧成员国在欧盟扩张后对邻国政策感到疲

---

① 参见 https：//www.visegradfund.org/。
② 参见"Statement of the Prime Ministers of the Visegrad Countries on Ukraine", 2014 March 4, http：//www.visegradgroup.eu/calendar/2014/statement-of-the-prime；"The Joint Statement of the Visegrad Group Foreign Ministers on Ukraine", Bratislava, 2014 October 30, http：//www.visegradgroup.eu/calendar/2014/the-joint-statement-of.

第十五章　维谢格拉德集团对欧盟东部伙伴关系计划的政策　255

倦。东部伙伴关系遭到了俄罗斯的敌视，后者迫使伙伴国家的政治精英与欧盟脱离关系，并开展了一些反对东部伙伴关系和欧盟的宣传活动。在东部伙伴关系伙伴国家也有一些起伏，政府更加坚决地进行改革，但有时在实施民主法治和市场经济标准的过程中会出现停滞甚至倒退。

东部伙伴关系取得的最大成就之一是在与欧盟进一步走向一体化的三个国家取得的进展，即格鲁吉亚、摩尔多瓦和乌克兰。到2017年，他们都成功完成了联系国协定以及深度和全面的自由贸易协定的签署工作，并进入了欧盟免签证体系。维谢格拉德集团国家是首批批准所有协议的欧盟成员国。此外，乌克兰的时任总统在与欧盟签署联系国协定的最后一刻反悔，违反早先的承诺，引发了2013年年底的抗议活动，被称为"乌克兰亲欧盟示威"（Euromaidan）。它演变成一场巨大的社会动荡，所谓的"为了尊严的革命"导致了时任总统和当时掌权的统治精英被罢免。新政府签署了"联系国协定"，并着手进行政治和经济改革。尽管与俄罗斯发生了冲突，导致领土损失，而且基辅对改革还持有矛盾态度，有时甚至拖延改革，但乌克兰贯彻了坚定的亲欧洲方针。

从维谢格拉德集团的角度来看，东部伙伴关系的成功主要在于创立了一个欧盟参与东部邻国事务的永久性工具和结构。尽管技术性很强，财务范围有限，但东部伙伴关系取得了具体成果，例如，通过改善法治和民主水平，为邻国的稳定做出了贡献。它还通过促进经济合作和人与人之间的接触，帮助伙伴国家取得切实的社会和经济成果。在政治层面上，关于东部伙伴关系的V4倡议是自2004年以来四个国家对欧盟外交政策最重要的投入，并塑造了V4作为欧盟建设性行为者的形象。

然而，维护现有成就同时解决众多挑战需要强化V4行动。经过近十年的发展，东部伙伴关系国家完成了一些初步目标。这些国家准备下一步与欧盟达成所有可能达成的协议。改革势头将取决于欧盟对摩尔多瓦、格鲁吉亚和乌克兰更广泛的要求，这也将取决于V4的贡献。至于较少致力于融入欧盟的东部伙伴关系国家，即亚美尼亚、阿塞拜疆和白俄罗斯，V4可以支持确立欧盟与这些国家的另一种形式的合作。维谢格拉德集团还可以进一步发挥作用，并重新团结一些志同道合的国家支持东部伙伴关系（如波罗的海国家、德国、瑞典、罗马尼亚），使东部伙伴关系在欧盟议程上保持高位。

此外，V4政策对东部伙伴关系国家的有效性取决于解决双边冲突问题的能力。目前，它涉及匈牙利和乌克兰之间关于乌克兰实行限制在学校使用少数民族语言的教育法的争议，以及波兰和乌克兰之间关于历史问题的不同解释的争论，如第二次世界大战期间乌克兰人在对波兰人的沃伦（Volhynia）大屠杀中扮演的角色。在这两种情况下，都需要乌克兰和有关国家采取建设性态度。总而言之，如果维谢格拉德集团和欧盟选择对东部伙伴关系合作伙伴采取不作为和被动的态度，那么现有的成就会很容易失去，而负面后果可能是多方面的。不断恶化的经济形势可能导致前往欧盟的移民增加并且不受控制，法治改革的失败会导致跨境武器和毒品贩运的增长，或是造成社会动荡导致政治不稳定，同时，屈服于俄罗斯对欧盟东部政策的压力只会鼓励莫斯科加强对该地区的影响。

参考文献

Eberhardt, Adam, "The Semblance of Partnership. On the Eastern Policy of the European Union", *Polish Diplomatic Revue*, 2017/3.

Duleba, Alexander-Pełczyńska-Nałęcz, Katarzyna-Póti, László-Votápek, Vladimír, "Eastern Policy of the EU: the Visegrad Countries' Perspective. Thinking about an Eastern Dimension", *OSW Point of View*, 2003, https://www.osw.waw.pl/sites/default/files/punkt_widzenia4.pdf.

Duleba, Alexander-Rácz, András-Řiháčková, Věra-Sadowski, Rafał, Visegrad 4 the Eastern Partnership: Towards the Vilnius Summit, Bratislava 2013, http://www.sfpa.sk/wp-content/uploads/2017/09/2013_Duleba_Rihackova-et-al.pdf.

Cianciara, Agnieszka K., " 'Eastern Partnership' – opening a new chapter of Polish Eastern policy and the European Neighbourhood Policy?", Institute of Public Affairs Opinions, 2008/4.

Gniazdowski, Mateusz-Wojna, Beata (eds.), "Eastern Partnership: The Opening Report", *Polish Institute for International Affairs*, Warsaw, 2009/April, http://www.pism.pl/zalaczniki/Report_ EP_ 2009_ eng. pdf.

Groszkowski, Jakub-Iwański, Tadeusz-Sadecki, Andrzej, "A neighbour discovered anew. The Czech Republic, Slovakia and Hungary's relations with Ukraine", OSW Report, 2017/August.

Havlíček, Pavel, "Eight Years of the Eastern Partnership: Where have we come since Prague?", AMO Briefing Paper, 2017/December.

Kobzova, Jana, "Easing the EU's Eastern Partnership fatigue", European Council on Foreign Relations, 2017, November 16, http://www.ecfr.eu/article/commentary_easing_the_eus_eastern_partnership_fatigue.

Kostanyan, Hrant, "The Fifth Eastern Partnership Summit: Between Hyperbole and Understatement", *CEPS Commentaries*, 2017 November 8, https://www.ceps.eu/publications/fifth-eastern-partnership-summit-between-hyperbole-and-understatement.

Kucharczyk, Jacek-Mesežnikov, Grigorij (eds.), *Diverging Voices, Converging Policies: The Visegrad States' Reactions to the Russia-Ukraine Conflict*, Heinrich Böll Stiftung, Warsaw, 2005.

Marušiak, Juraj, *Slovakia and the Eastern Partnership*, Yearbook of Slovakia's Foreign Policy, Bratislava, 2010.

Marušiak, Juraj, "Slovakia's Eastern policy-from the Trojan horse of Russia to 'Eastern multivectoralism'", *International Issues & Slovak Foreign Policy Affairs*, 2013/1 – 2.

Najšlova, Lucia, "Slovakia in the East: Pragmatic Follower, Occasional Leader", *Perspectives*, 2011/2.

Osica, Olaf, "The Eastern Partnership: Life Begins after Vilnius", *CEPA Commentaries*, 2014 December 13, http://cepa.org/index/? id = 84cdb613b1461cebf9f3218be972e46e.

Rácz, András, "A Limited Priority: Hungary and the Eastern Neighbourhood", *Perspectives*, 2011/2.

Szczepanik, Melchior, "Between a Romantic 'Mission in the East' and Minimalism: Polish Policy towards the Eastern Neighbourhood", *Perspectives*, 2011/2.

Weiss, Tomáš, "Projecting the Re-Discovered: Czech Policy towards Eastern Europe", *Perspectives*, 2011/2.

Végh, Zsuzsanna, "Visegrad development aid in the Eastern Partnership region", OSW Report, 2014, https://www.osw.waw.pl/sites/default/files/raport_ visegrad_ international_ net. pdf.

第十六章　从历史视角看法国和中欧的关系

马丁·米歇洛特（Martin Michelot）

柏林墙倒塌后，法国对中欧和东欧国家加入欧盟的愿望表现得非常谨慎，担心这会严重损害法国对欧盟一体化未来的设想。因此，从1989年到2004年，法国和中欧国家之间的关系主要是由与中欧国家获得欧盟和北约成员国身份相关的问题来界定的，而不是一种更结构性的结合政治和经济方面的关系。波兰总统莱赫·瓦茨拉夫、捷克斯洛伐克总统哈维尔，以及匈牙利总理安塔尔·约瑟夫承认，他们最首要的任务是成为欧洲政治、经济、司法和安全框架的一部分。然而，法国政府不断表示不愿意加快扩大欧盟的步伐，法国总统弗朗索瓦·密特朗的行为凸显出巴黎方面对待此事的谨慎程度。事实上，可以说，密特朗的行动实际上创造了一种关于法国对欧盟东扩看法的叙事：法国是一个倾向于在强化和深化欧盟一体化之后再考虑欧盟扩张的国家，这创造了巴黎作为（欧洲）光辉守护者的形象。

任何关于法国对V4国家采取的做法的讨论都必须被置于法国和德国之间的关系以及欧洲层面权力平衡问题的框架内。菲利普·戈登（Philip Gordon）描述了法国对中欧国家的态度，"法国再次接受了这些制度上的挑战，尽管法国或多或少对此仍心存抗拒"，因为"法国想要比欧洲盟国在这方面走得慢一些"[1]，但由于德国在欧盟扩张方

---

[1] Ministère français des Affaires étrangères, "Le Débat de politique étrangère française 1974 – 2004", Centre d'analyse et de prévision, 2004, July 9, p. 99.

面的努力，法国还是受到了鼓舞。在谈到法国与中欧国家关系时必须指出，每一位法国总统都对欧洲的建设有自己的看法，而且每一位总统都因为其关于 V4 的某句关键话语而为人铭记。鉴于符号和文字在政治上的力量，这种相互理解的缺乏似乎已经以一种持久的方式构建了法国与 V4 的关系，这一点尤其重要。法国宪法授权总统在外交领域行使巨大的权力，这一时期的每一位法国总统都对外交事务产生了决定性的影响，这一事实使外交关系的个人化变得更加明显。伊曼纽尔·马克龙的新策略可以被视为在国内和欧洲层面的重大转变。经过 2017 年 8 月与中东欧领导人为期三天的会晤后，马克龙似乎已经明确地打破了奥朗德处理欧洲事务的方式，选择了与德国深入合作而非对抗的道路。鉴于其前任的行为，他雄心勃勃的欧盟改革计划并不让人意外，他最近与 V4 国家领导人进行了接触，但双方仍存在分歧。这就提出了一个问题：这是法国政策的结构性变化，还是为改革提供支持的短期路线调整。

因此，本章将探讨法国特别是法国总统与 V4 国家在欧盟扩张和一体化框架下的关系。

一 V4 加入欧盟之前：法国对待中东欧国家的家长式作风

法国最初表现出支持深化与中东欧国家合作的迹象。事实上，1989 年 6 月巴黎七国集团首脑会议决定启动一个名为法尔（PHARE，对波兰、匈牙利的经济改革援助）的欧洲援助计划，目的是支持波兰、匈牙利两国最初的改革。该方案后来成为欧盟向所有中东欧国家提供援助的关键方案。[1] 平行于法尔计划，法国政府主张设立文化机构，如法国博洛尼亚基金会（Foundation France-Pologne）和法国洪利

---

[1] Christian Lequesne-Florence Deloche-Gaudez, "Le programme PHARE: mérites et limites de la politique d'assistance de la Communauté européenne aux pays d'Europe Centrale et orientale", *Politiques et Management public*, 1996, No. 14, pp. 143–154.

基金会（Foundation France-Hongrie），目的是在学生补助金和文化项目方面加强同中东欧国家的合作。然而，这些努力被法国最初在德国统一问题上采取的谨慎态度，以及关于最终让那些原先笼罩在铁幕之下的亲德国家融入欧盟的辩论所抵消。

事实上，后来的事实证明，法国更不愿意欧盟走上东扩的道路，这与德国的赫尔穆特·科尔（Helmut Kohl）的愿景背道而驰。密特朗是法兰西第五共和国历史上的第一位社会党总统，他非常担心任何中东欧国家社会党政府的终结。密特朗也没有意识到在中东欧国家，民族运动的高涨导致他们渴望独立。在他的解读中，该地区的民族觉醒堪比20世纪初的民族觉醒，后者让欧洲陷入了数十年的战争。因此，分裂中欧的想法可能会改变欧洲的现状。而密特朗总统是一个熟悉历史的人，决心不让历史重演。事实证明，密特朗未能预见到1989年的历史运动，尽管他曾在1988年努力与捷克斯洛伐克和保加利亚的持不同政见者会晤，但他后来似乎已成为一个活在过去的人。在后共产主义国家，他的政治信念与人民对西方自由主义的渴望之间明显存在差距。事实上，尽管密特朗曾多次表示有必要将欧洲的各项机制进一步向东扩展，但他在1989年新年讲话中提出的建议似乎恰恰相反。密特朗不主张中欧国家直接与中东欧国家联合，而是主张建立一个欧洲共同家园，试图将东欧国家纳入一个不属于中东欧的泛欧洲联盟。这个联盟的建立是为了给他们加入欧盟的道路提供一个临时的等候室。密特朗希望苏联可以成为这个联盟的一部分，他没有意识到中东欧国家不再愿意与俄罗斯有任何瓜葛，导致他错失了与这些国家交往的机会，而德国则抓住机会进一步巩固其在该地区的领导地位。密特朗的立场与赫尔穆特·科尔的立场相反，赫尔穆特·科尔于1989年11月8日宣布，没有波兰，欧洲共同体是不完整的。尽管中东欧国家迫切希望采取一切可能的措施向西欧靠拢，但他们也开始认识到法国的立场是多么的模棱两可。根据捷克斯洛伐克总统瓦茨拉夫·哈维尔的说法，法国总统的提议被视为代替正式成员国身份的一种方式，从而使中欧国家成为二等国家。① 密特朗想要与这些国家建立关系,但又希望这一切发生于任何欧洲机构之外,他说了一句如今依旧臭名昭著的话:中欧国家的成员国身份将等待数十年。② 1992 年,密特朗总统明确指出,除非这些国家具备了加入欧盟的必要条件,否则谈判不能开始。1993 年,法国政府的换届导致法国开始慢慢承认这些国家作为欧盟的一部分,新当选的总理爱德华·巴拉迪尔(Edouard Balladur)来自保守党,在外交事务方面拥有更多的权力,并在 1994 年访问波兰时声称,波兰是欧盟的一部分。当时,新任外交部长阿兰·朱佩(Alain Juppé)也支持在欧盟内部欢迎中东欧国家。问题仍然存在:这是出于政治机会主义的考虑,目的是为了让保守党的立场区别于总统,还是真正代表了保守党的欧洲观点?

1993 年,法国和德国的和解促成了关于中东欧国家准入规则的共同协议的达成,即"哥本哈根标准"(Copenhagen Criteria),潜在成员国在加入欧盟之前必须遵守政治、经济和立法条件。在 20 世纪 90 年代初,人们认为中东欧国家已经达到了成为欧盟成员的所有条件,但这些进展都没有使法国的看法发生改变。法国仍然担心欧盟的扩张,担心欧洲的核心可能会从巴黎搬到柏林或波恩。密特朗在欧洲的首要任务仍然是发展地中海伙伴关系以及深化经济和货币联盟。

1995 年当选法国总统的雅克·希拉克(Jacques Chirac)对欧盟的扩张持一种不以个人为中心的立场,这为他赢得了"理性欧洲人"的名声③。1996 年 9 月—1997 年 4 月,希拉克对华沙、布达佩斯和布拉格进行了多次正式的国事访问,宣布中东欧国家将于 2000 年加入欧盟。④

---

① Christian Lequesne, Chapitre 2. L'ouverture à l'Est l'acceptation sans conviction, *La France dans la nouvelle Europe. Assumer le changement d'échelle*, Presses de Sciences Po, 2008, pp. 39 – 72.

② Ministère français des Affaires étrangères, Bulletin d'information, 1991, June 13, p. 4.

③ Henri De Bresson-Arnaud Leparmentier, "Europe. L'échec d'un Européen de raison", *Le Monde*, 2007, March 13.

④ Christian Lequesne, La politique étrangère de Jacques Chirac ou la France sans surprise, DGAP-Analyse Frankreich, Berlin: Forschungsinstitut der Deutschen Gesellschaft für Auswärtige Politik, http://nbn-resolving.de/urn:nbn:de:0168-ssoar-131375.

尽管希拉克的行动一开始得到了中东欧国家的积极回应，但其始终代表了一种政治策略，目的是阻止赫尔穆特·科尔在该地区拥有强大的影响力。希拉克承认中东欧国家是法国企业的潜在商业伙伴，并担心德国在该地区建立主导地位。希拉克的目标是在他正式访问期间支持法国公司，如在匈牙利的 Lyonnaise des eaux 项目。尽管希拉克的任期被认为是法国与中东欧国家关系正常化的时期，但该地区仍存在对法国态度的蔑视。事实上，1998 年 7 月，时任波兰外交部长布罗尼斯瓦夫·盖雷梅克（Bronisław Geremek）前往巴黎以确保法国提出的体制改革要求不会防碍他们成为欧盟成员国。2004 年，在欧盟东扩期间，所谓的波兰管道工①入侵法国国内市场的危机使得法国对进一步扩大欧盟的支持度有所下降。

在欧盟东扩问题上，雅克·希拉克似乎追随了密特朗的脚步，这不仅是因为他的政治野心，还因为在当时东扩也意味着欧盟的中心将从巴黎转移到柏林。事实上，欧盟以前的扩张是吸纳位于其南部的欧洲国家，如葡萄牙、西班牙和希腊；新成员国没有影响法国在欧盟的领导地位。作为法国势力范围的一部分，这些新成员国大多被视为增强法国在欧洲领导地位的棋子，因此，共同体的扩张仍被视为加强法国在欧盟地位的一种方式。雅克·希拉克自认为是戴高乐的继承人，他将欧盟视为法国在世界上取得领导地位的一个工具。然而，由于欧盟扩张后将变得比以往任何时候都要强大，法国总统担心这一趋势将会使法国在欧洲的中心地位被德国取代，德国也将会在地理上成为欧盟的新中心。因此，法国希望在欧盟东扩之后继续深化欧盟地中海政策，以维持其在欧盟的地缘政治影响力。在 1994 年的欧洲理事会首脑会议上，法国强调 1995 年的欧洲—地中海会议是其外交政策的最优先事项之一，他向德国表明，欧盟东扩不应伴随着对地中海区域普遍的漠不关心。接纳南欧国家几十年来

---

① 2005 年 5 月法国公投前，菲利普·德维利尔斯首次在法国使用这一术语，此时正在进行关于欧盟宪法的辨论，他提到外国工人实际上可以合法地在法国安顿并因其低工资而影响法国工人的利益。

一直是法国外交政策的一部分，并且被认为是法国国家身份的关键因素。希拉克甚至在1997年发表的一篇文章中指出，"加强我们与法语国家、非洲国家和地中海国家的传统伙伴关系，比建立欧盟更为重要"①。法国最先考虑的仍然是南方，历史上受其影响的地区，当时法国与地中海国家的经济联系高于中欧和东欧。这种忽视中欧和东欧市场作为其潜在经济伙伴的趋势长期存在于法国政治中。

即使在中东欧国家成为欧盟成员国之后，他们与法国的政治关系仍没有什么发展，在伊拉克危机期间甚至有所恶化。法国政界人士对欧盟东部成员国的关注和重视程度仍然很低。当维谢格拉德集团国家在内部讨论后决定支持美国干预伊拉克时，情况发生了剧烈变化。中东欧国家倾向于积极支持美国和北约的行动，该地区许多政界人士签署了"八国集团信函"（Letter of the Eight），或"维尔纽斯信函"（Vilnius letter），这两封信函的目的都是明确支持美国的行动，从而对抗法德反对干预的立场。由于中东欧国家刚被接纳为欧盟成员国，法国总统尤其认为这一政治倡议有失体统，他后来声言："你们错过了保持沉默的大好机会。"② 这句话经常被引用，结合法国前总统的态度，巩固了中东欧国家认为法国对新成员国采取家长式作风的看法。更深刻地讲，这也是中东欧不同外交政策取向、不同战略文化、不同历史解读的标志。事实上，希拉克仍坚持戴高乐主义的政治理念，即法国将与美国合作，同时保持独立。他希望中东欧国家走上同样的道路。

此外，2005年法国反对《欧盟宪法》的行为对法国在欧洲舞台上的地位产生了重大影响。事实上，尽管法国是欧洲建设的引擎之一，他却拒绝了欧洲建设进程中最重要的一步，从而成为异议声音的主要发出者之一。因此，法国作为欧洲领导人的地位在国家和欧洲层面均受到严重损害，从而导致欧盟对中欧和东欧国家采取新的办法。

---

① Politique internationale, 1997/Fall, pp. 9 – 17.
② 2003年2月17日布鲁塞尔欧洲理事会非正式特别会议结束时，共和国总统雅克·希拉克的新闻发布会。

皮埃尔·莫斯科维奇（Pierre Moscovici）强调，2004 年的欧盟扩张体现了法国对欧盟看法的转变。在此次扩张之前，法国倾向于将欧盟描绘为为法国思想服务的工具，最近的欧盟东扩帮助法国了解到欧盟不仅是巩固其在欧洲领导地位的工具，也是一个超国家的组织，即使法国持不同意见也能发挥重大影响。[1]

二 推动一体化程度更高的经济和欧洲关系：萨科齐和奥朗德的总统任期

皮埃尔·哈斯纳（Pierre Hassner）指出，萨科齐试图彻底反思法国过去 50 年外交政策的基础。事实上，密特朗和希拉克实行同样的外交政策，尤其是在欧洲层面，法国在默认情况下主要是被动或防御性地充当世界领袖。[2] 相比之下，萨科齐在就任总统之初就希望法国在定义欧洲在世界上的角色方面积极发挥关键性作用。

此外，由于中东欧国家实施改革的速度快于预期，新任法国总统开始承认，作为新的政治和经济伙伴，中东欧国家的重要性与日俱增。萨科齐决定彻底改变前任总统的做法，在 2005 年法国因为在《欧盟宪法》公投中投出否决票而面临危机时，开始意识到中东欧国家的重要性。萨科齐准备走出这条死胡同，倡导另一种形式的《欧盟宪法》，并开始将中东欧国家视为他可以与之对话的成员国。

因此，萨科齐试图重新启动欧洲一体化，他主张利用一项简化版条约来取代宪法条约。面对这一问题，欧盟分裂成相互对立的两个阵营，波兰、捷克、法国为其中一方，欧洲其他国家为另一方。波兰在这个问题上的立场得到了雅罗斯瓦夫·卡钦斯基（Jarosław Kaczyński）的支持，他因为国防计划而当选总理，他显然反对双重多数制（double-majority）。事实上，欧洲小国认为这是使欧洲大国比欧洲中

---

[1] Pierre Moscovici, "L'Europe est morte, vive l'Europe!", *Perrin*, 2006, p. 76.
[2] Pierre Hassner, "La réalité européenne actuelle se caractérise par une impuissance agitée", *Grande Europe*, Vol. 37, 2011/Fall.

等国家拥有更大发言权的一种方式。萨科齐一直是欧洲国家的主要谈判代表之一，这让人感觉法国又回到了欧洲舞台上。萨科齐在他父亲的祖国匈牙利发表的一次演讲中，反对把欧洲分为新旧欧盟国家和大小欧盟国家的想法。① 为了证明法国对新成员国的关切持开放态度，萨科齐主张在能源、环境、安全、移民、教育和文化等领域与中东欧国家建立战略伙伴关系。

法国与捷克的战略伙伴关系最终于2008年6月16日建立，随后萨科齐宣布，法国市场将比原定计划提前近一年的时间向东欧伙伴开放。

与此同时，在萨科齐担任总统期间，法国人民对土耳其加入欧盟的可能性感到担忧。萨科齐决定发起一场关于欧洲身份认同的大规模全国性运动，其主要问题是：欧盟扩张会走多远？

尽管萨科齐对中东欧国家持开放态度，但法国与许多中东欧国家之间，特别是在2008—2009年法国和捷克先后担任欧盟理事会轮值主席国期间，仍存在一些紧张关系。事实上，尽管法国政府开始转变态度，但法国政界人士并不看好V4框架内日益增长的合作。实际上，在2009年欧盟领导人会议之后，萨科齐指出："如果他们（V4）一定要在每次会议之前进行例行会面的话，会引起许多问题。"② 在2011年匈牙利担任欧盟理事会轮值主席国期间，法国和匈牙利之间同样发生了这种事情，其后阿兰·朱佩（Alain Juppé）宣称"匈牙利和法国之间存在矛盾"③。此外，法国和中欧国家在欧盟外交政策方面的政治分歧仍然很常见。因为萨科齐试图提出一项地中海伙伴关系计划，捷克总理米列克·托波拉内克（Mirek Topolánek）要求主要负责欧洲事务的副总理翁德拉·冯德拉（Alexandr Vondra）代表他出席

---

① Déclaration de M. Nicolas Sarkozy, Président de la République, sur les relations franco-hongroises et sur l'avenir de la construction européenne, Budapest, 2007, September 14.

② Honor Mahony, "Sarkozy Warns Visegrad Countries Not to Make a Habit of Pre-Summit Meetings", *EuObserver*, 2009, November 4.

③ Ondřej Ditrych-Mats Braun-Elsa Tulmets, "West European Countries in the Czech Foreign Policy", In: Czech Foreign Policy in 2007 – 09, Institute of International Relations, 2010, pp. 177 – 195.

由法国主导的有关地中海联盟问题的欧盟峰会，紧随其后的是萨科齐自己拒绝出席捷克领导的关于东部伙伴关系的欧盟峰会。此外，新的成员国对一些政治错误十分敏感，如萨科奇取消对波罗的海国家的国事访问而改为对莫斯科的访问。尽管萨科齐的外交政策标志着法国首次真正承认中东欧国家，但这些国家仍未被法国视为欧洲政策的重中之重。

2012年弗朗索瓦·奥朗德上台后，他仍然担心社会党内部在2005年公投前后产生的分裂，这将对他的欧洲政策产生影响。事实上，奥朗德的欧洲计划并没有什么野心，因为他担心会像2005年那样在法国选民中制造裂痕。然而，在奥朗德担任总统期间，他的目标是把法国的伙伴关系转向其他欧洲国家。在萨科齐执政期间，法国和德国的伙伴关系非常牢固。奥朗德决定增加法国外交政策对中东欧国家的关注，特别是对罗马尼亚、保加利亚等传统亲法国家。奥朗德希望与法国外长洛朗·法比尤斯（Laurent Fabius）密切合作，与中欧和东欧国家发展更广泛的伙伴关系，以确立法国的新欧洲政策。2012年，法国与斯洛伐克和波兰开始重新谈判战略伙伴关系，最终分别于2013年10月29日和11月29日达成战略伙伴关系协议。法国与中东欧国家还组织了几次正式访问以加强双边合作，例如奥朗德于2013年11月访问斯洛伐克，匈牙利外长约翰·马托尼（János Martonyi）于2013年对法国进行了正式访问。

为了突出法国在欧洲政策上的转变，奥朗德亲自出席了2013年11月在维尔纽斯举行的东部伙伴关系欧盟峰会。在萨科齐拒绝出席2009年布拉格峰会后，奥朗德与法国外交部长洛朗·法比尤斯以及负责欧洲事务的外交部副部长蒂埃里·鲁宾一起出席了这次峰会。奥朗德对中东欧国家特别是经济、文化等领域的新思考也推动了一些建设性举措的实现。最成功的伙伴关系无疑是与捷克的伙伴关系，这导致了2008年7月—2009年7月"捷克—法国经济年"期间的一系列举措。从首届捷克—法国技术论坛启动到"捷克经济日"在法国举行，30多场双边活动为加强两国在工业和技术、交通和基础设施、农业等关键领域的合作做出了贡献。然而，由于捷克决定拒绝阿海珐集团（Areva）在 2012 年对特梅林核电站（Temelín Nuclear Power Station）进行现代化改造，这对双方政治和经济方面合作的进展都产生了影响。尽管经济伙伴关系得到加强，但相比于东欧国家，奥朗德仍然更青睐南欧国家。事实上，2016 年 9 月，法国总统决定与其他 7 个南欧国家领导人一起参加在雅典举行的小型欧洲—地中海峰会（EUMED），而不是同时在布拉迪斯拉发举行的欧元区财长峰会。奥朗德的决定不仅反映了法国对欧洲南部国家的偏爱，也反映了他不愿采取任何新的紧缩措施。奥朗德将法国定位为一个由其主导的、反对紧缩的南部国家集团的领导国，并与欧洲北部国家集团在这一问题上对抗。这次小型峰会还揭示了法国和中东欧国家在 2015 年移民危机上的新分歧。2015 年的移民危机撼动了所有欧洲国家。事实上，奥朗德强烈批评中欧国家不尊重移民配额政策的立场，尤其是匈牙利和斯洛伐克，这两个国家表达了只欢迎基督徒移民的观点。

三 法国需要加强与中欧和东欧地区的经济关系

2008 年国际金融危机爆发 10 年后，法国经济仍未完全恢复元气。法国是该地区失业率最高的国家之一（2018 年 2 月为 8.9%），而法国的经济增长仍然低于其他地区（2018 年的前三个月是 0.3%，相比之下德国是 2.6%，荷兰是 3.1%）。因此，关于法国经济改革的方案成为 2017 年总统大选的转折点。

在此次法国总统大选中，候选人马克龙曾在私营部门工作过，被认为是最有资格参与经济事务的候选人。他在经济政策竞选主张中，提出了进行结构性经济改革，以便通过有关劳动力市场、养老金、失业福利和重组法国国有公司的政策，"重新发现"经济增长之路。然而，马克龙在选举中对法国经济进行改革的承诺不应仅仅从经济角度来看待，而应作为其欧洲战略的一部分，旨在促使法国在欧洲舞台上东山再起。事实上，由于法国经济仍在多个层面苦苦挣扎，其改善似乎对实现马克龙的欧洲计划至关重要。在他提出实施欧元区共同预算和设立欧元区财长的同时，马克龙需要证明其竞选主张中有关经济的

第十六章　从历史视角看法国和中欧的关系　269

内容不是空洞的承诺，尤其是在法国维持现状的趋势导致前几届政府的许多经济改革已经失败的情况下。取得经济成果将是法国加强其在伙伴中的信誉并充分发挥其激励作用的第一步。伊曼纽尔·马克龙在一次采访中表达了对这一要求的认识："问题是我们能否成功地恢复一种活力，一种激发灵感的能力。如果法国不能提供一种清晰的叙事和对世界的清晰看法，就不能成为一种推动力。但是，如果法国不加强其经济和社会发展，也不能实现这一点。这就是为什么我要求政府启动对法国至关重要的根本性改革。我们的信誉、效力和力量都岌岌可危。"① 因此，法国经济的复苏不仅是马克龙在国家层面上取得成功的条件，也是法国重返欧洲舞台的条件。的确，经济改革需要与欧盟复兴之间建立联系，这无疑是马克龙在选举中获胜的主要因素之一。然而，即使马克龙成功地改革了法国经济，他也深知需要重新思考法国对经济伙伴关系的历史立场。法国的主要经济伙伴，包括南欧国家和非洲国家，也受到本国国内经济形势的影响，因此，法国企业应该更倾向于寻找仍不发达的新市场。

欧盟统计局（EUROSTAT）在2017年3月发布的一项调查的结果显示，布拉格或布拉迪斯拉发地区的平均GDP高于法兰西岛，表明中欧和东欧市场在欧洲层面上的重要性日益增强。② 法国已经同中欧和东欧国家建立了经济伙伴关系，许多法国公司已经在该区域得到很好的发展，特别是在银行业（法国巴黎银行、法国兴业银行）、建筑业（拉法基）和汽车制造业（标致雪铁龙集团）。不过，截至2017年6月，法国和中东欧之间的进出口额超过六年都没有太大的变化，法国也没有进入到维谢格拉德集团任何一个国家的商业伙伴前三名，而德国是迄今为止V4国家最重要的贸易伙伴。例如，2016年，法国在捷克的外商直接投资仅占总额的7%，而德国的比例高达56%。③ 法国不应低估这些东方市场，因为维谢格拉德集团国家被认为是欧盟

---

① 2017年6月22日，法国总统马克龙接受8家欧洲报纸采访。
② 欧盟统计局2017年3月的新闻稿。
③ 捷克投资局：《捷克共和国投资环境》，2017年10月1日。

经济增长的新引擎。事实上，这些国家几乎不存在失业，2010—2016年经济增长率约为2.3%，几乎是欧盟平均增长率1.2%的两倍。此外，该地区的通胀率正在下降，V4遵循严格的财政政策，这使得他们成为法国在塑造欧洲新经济秩序方面潜在的宝贵合作伙伴和盟友。尽管法国已经在该地区投资多年（法捷双边关系在2017年达到历史最高点，投资额达到104亿欧元[①]），但与德国、荷兰或奥地利相比，两国经济合作关系仍不发达。因此，马克龙在2017年8月对中东欧国家的访问也有一个隐含的目标，那就是加强法国在该地区的经济存在。

四 "朱庇特人"马克龙的欧洲事务观面临着东方的挑战

马克龙主张对欧洲问题采取理性和现实的态度。自就任总统以来，马克龙就公开表示，他有意推动欧洲的建设，尽管这意味着承认一个多速度的欧洲已成为现实。事实上，这位法国总统表示，从多年的危机中复苏，需要对准备向前迈进的成员国与持怀疑态度的成员国采取有区别的对待方式。谈到多速欧洲，马克龙似乎特意指出，维谢格拉德集团国家可能被排除在这一进程之外。对这位法国总统来说，一体化的首要要求是加强欧元区，以及就欧洲的重要共同价值观达成共识。这两项声明都可能削弱V4国家的地位（虽然斯洛伐克的情况不那么严重），并可能分裂这四个国家。

马克龙一直主张捍卫欧洲计划，这意味着他决心不让欧洲落在民粹主义和极端主义反欧洲势力的手中。在谈到深化一体化的意愿时，马克龙言辞激烈地指出，一些中东欧国家对法国的指责传播了反欧盟价值观，同时应为不自由的政治制度道歉。事实上，2017年8月马克龙访问了罗马尼亚、保加利亚和奥地利，他会见了捷克和斯洛伐克的领导人，但有意跳过了匈牙利和波兰，他指责这两个国家的右翼政

---

① 法国经济和财政部报告，2018年1月1日。

府蔑视欧盟的价值观。据说马克龙曾表示访问的是与欧盟方向最一致的国家。如果马克龙认为欧盟 27 个成员国的参与对推进改革没有必要,那肯定会让中东欧国家陷入两难境地。尽管这些国家中的大多数希望留在欧元区以外,不愿让布鲁塞尔干涉他们的国家事务,但他们也依赖欧盟的资助和投资。但是,除了加剧欧洲大陆的东西分裂,多速欧洲还可能导致法国和德国之间的冲突。尽管法国可能不认为中欧是其为欧盟的未来所制定的宏伟计划中不可缺少的组成部分,但德国出于对经济和安全的考虑对该区域深感兴趣。其中许多国家是德国重要的出口和投资目的地,一些国家是其供应链的关键组成部分。此外,其中许多国家在德国与俄罗斯争夺影响力的竞争中发挥了作用。因此,欧盟的重新设计将迫使其成员国在历史上的核心国家和可能被甩在后面的外围国家之间作出战略决策。届时,法国对中东欧国家的态度可能会对马克龙希望恢复的法德关系产生一些影响。就连马克龙也想摆脱仅仅是德国政策追随者的身份,尽管他仍需要与安格拉·默克尔密切合作以分享对欧洲一体化未来的相似愿景。

此外,在总统竞选期间,马克龙强烈反对一些在欧盟内部导致"不公平竞争"[①] 的欧盟指令。2017 年 6 月,法国总统在对中欧和东欧进行为期三天的访问期间,明确强调了劳务派遣的问题,这驱散了中欧领导人的不满情绪。对马克龙来说,欧洲计划的款项返还应该建立在"一个提供保护的欧洲"这一理念的基础上,应该用于处理欧盟指令,整合欧洲国家在欧洲一体化方面的目标差异。

> 你认为我可以向法国中产阶级解释,法国的企业正在关闭,并转移到波兰,因为那里更便宜,而在这里,建筑公司雇用波兰工人,是因为他们的工资更低?这个系统没有正常工作。[②]

---

① 法国总统马克龙于 2018 年 4 月在斯特拉斯堡举行的欧洲议会上的讲话。
② 2017 年 6 月 22 日,法国总统马克龙接受 8 家欧洲报纸采访。

法国总统指出，欧洲应该是一个能够解决劳务派遣问题的欧洲。① 在欧洲，劳务派遣问题一直是东西方之间争论的问题。波兰指责马克龙实行双重标准，一方面主张建立更紧密的欧洲，另一方面试图削弱单一市场的竞争。波兰总理贝娅塔·希德沃（Beata Szydło）曾严厉批评马克龙，指责他把欧盟当作"超市"。尽管中欧领导人的不满情绪日益高涨，但马克龙强调，他的意图是不让欧盟受到从欧盟资金中受益同时又不尊重欧盟价值观的国家的影响。因此，马克龙的明确立场可能会导致维谢格拉德集团内部存在意见分歧的国家之间的分裂。

参考文献：

Chavance, Bernard, *Les incertitudes du grand élargissement*, *L'Europe Centrale et balte dans l'intégration européenne*, L'Harmattan, Paris, 2004.

Chopin, Thierry, "Emmanuel Macron, la France et l'Europe. Le 'retour de la France en Europe: à quelles conditions?'", *Questions d'Europe*, 2018 May 14.

Coudurie, Hubert, *Le Monde Selon Chirac: Les Coulisses de la Diplomatie Française*, Paris: Calmann Lévy, 1998.

Dehousse, Renaud-Deloche-Gaudez, Florence-Duhamel, Olivier, *Elargissement-Comment l'Europe s'adapte*, Paris: Presses de la Fondation nationale des sciences politiques, 2006.

Deloche-Gaudez, Florence, *La France et l'élargissement à l'Est de l'Union européenne*, Les Etudes du CERI 46, 1998/October, pp. 1–39.

Grunberg, Gérard-Lequesne, Christian, "France. Une société méfiante, des élites sceptiques", In: Rupnik, Jacques: *Les Européens face à l'élargissement*, Presses de Sciences Po. Académique, 2004, pp. 47–63. Elemer, Hankiss, "L'Europe: une idée politique?", *Raisons politiques*, 2003/2.

Hassner, Pierre, *The Rebirth of a Vision: A Dynamic Compromise for Europe*, Washington, Brookings Institute, 1998.

Hassner, Pierre, "La réalité européenne actuelle se caractérise par une impuissance agitée", *Grande Europe*, 2011/37.

---

① 法国总统马克龙于2014年9月26日在巴黎举行的关于建立一个主权、统一、民主的欧洲的演讲。

Kessler, Marie-Christine, *La politique étrangère de la France, acteurs et processus*, Paris: Presses de Sciences Po, Paris, 1999.

Koopmann, Martin-Schild, Joachim, *Style, stratégies et potentiel d'influence de la politique européenne de la France: retour sur une présidence remarquée*, Notre Europe, Paris, 2009.

Lecomte, Bernard, "François Mitterrand et l'Europe de l'Est: le grand malentendu", *Commentaire*, 1996/3

Lequesne, Christian, "La politique étrangère de Jacques Chirac ou la France sans surprise", *DGAP Analyse Frankreich*, 2007/2.

Lequesne, Christian, "La France et l'élargissement de l'Union européenne. La difficulté de s'adapter à de nouveaux objectifs", *Questions internationales*, 2007/25.

Lequesne, Christian, *Nicolas Sarkozy et l'Europe*, agence intellectuelle Telos, 2008.

Lequesne, Christian, "Chapitre 2. L'ouverture à l'Est l'acceptation sans conviction", *La France dans la nouvelle Europe. Assumer le changement d'échelle*, Presses de Sciences Po, 2008.

Open Europe, *The French EU Presidency 2008 – what to expect*, Briefing note, 2008 March.

Rupnik, Jacques, "La France de Mitterrand et les pays du Centre-Est", In: Samy Cohen (ed.) *Mitterrand et la Sortie de la Guerre froide* PUF, Paris, 1998.

Tulmets, Elsa-Cadier, David, "French policies toward Central Eastern Europe: Not a Foreign policy priority but a real presence", *DGAP Analyse* 2014/11.

第十七章　维谢格拉德集团对西巴尔干地区的定位

贾娜·朱兹（Jana Juzová）

一　介绍

中欧国家与西巴尔干地区的良好关系源远流长。维谢格拉德集团和西巴尔干地区之间的传统紧密联系主要起源于奥匈帝国时代。直到今天，人口、商业和政治代表之间的接触还在塑造这两个地区之间关系的积极方面。然而，维谢格拉德集团从当前这个时候开始也对西巴尔干地区的发展产生了一定的责任感。这主要体现在匈牙利一直努力在该地区发挥有影响力的作用。匈牙利自从成功地融入北约和欧盟以来，一直努力在该地区发挥有影响力的作用，在各种多边论坛中扮演了西巴尔干地区的"赞助人"的角色。

在维谢格拉德集团成功地进行经济和政治改革并融入欧洲—大西洋结构之后，其与西巴尔干地区之间的相互关系在20世纪90年代末和21世纪初获得了新的意义和实质性发展。双方有着类似的历史、不发达的经济体和复杂的种族关系，同时发现自己处于地缘政治的东西方分界线上，维谢格拉德集团多少有些自然而然地担任了导师的角色，并不断致力于把自己的经历传递给西巴尔干地区，这个地区正遵循着同样的道路进行结构性转型和融入西方的一体化进程。

20世纪90年代，维谢格拉德集团忙于自己的艰难转型，全力致力于实现北约和欧盟一体化的目标。然而，甚至在这一时期，中欧与西巴尔干地区也通过中欧倡议（CEI）——南斯拉夫的继承国家于20

世纪90年代逐渐加入这一倡议——进行联系。① 1999年，捷克、匈牙利和波兰在正式加入北约后的两周内，就不得不面对北约在塞尔维亚的行动所带来的作为北约成员国的责任。波兰和捷克都认为这是一个机会，以证明他们在认真地承担自己的责任，并根据自己的能力支持这一行动。然而，对于匈牙利来说，情况更加令人担忧，因为他是北约组织中唯一一个与塞尔维亚接壤的国家，而且面临着逃离轰炸的匈牙利族裔和塞尔维亚难民的涌入。②

作为北约的一部分，维谢格拉德集团开始在稳定邻近地区的努力中发挥更积极的作用，所有维谢格拉德集团国家都参与了北约的行动。③ 1999年9月，科索沃战争结束后，在布拉格举行的维谢格拉德集团外交部国务秘书会议上讨论了如何保障西巴尔干地区的稳定。④

维谢格拉德集团国家都加入欧盟后，其与西巴尔干地区之间的关系出现了一种新的实质性发展。2004年，《克罗梅日什宣言》（the Kromeriz declaration）⑤ 为维谢格拉德集团和欧盟外交政策的最显著的特点之一奠定了基础，即支持欧盟的进一步扩大，强调欧盟外交政策的东方和东南方向，以及支持邻近的东欧和东南欧国家的欧洲愿景。

二 维谢格拉德集团议程中的西巴尔干地区

V4 国家在加入欧盟后不久就在《克罗梅日什宣言》中表达了他们对欧盟扩大进程的承诺⑥，通过分享自己融入一体化的经验和实践

---

① 斯洛文尼亚、克罗地亚和波黑于1992年加入CEI，北马其顿、阿尔巴尼亚、塞尔维亚和黑山分别于1993年、1996年、2000年和2006年加入，参见 www.cei.int。
② "Hungary: Serbia's nervous neighbour", BBC News, http://news.bbc.co.uk/2/hi/europe/331949.stm.
③ 参见 www.nato.int。
④ Selected events in 1999, Visegradgroup.eu, 2018 October 1, http://www.visegradgroup.eu/calendar/1999.
⑤ Declaration of the Prime Ministers of the Visegrad countries, Visegradgroup.eu, 2004 May 12, http://www.visegradgroup.eu/documents/visegrad-declarations/visegrad-declaration-110412-1.
⑥ Declaration (2004).

表达他们帮助那些想加入欧盟的国家的意愿，以及利用他们的经验帮助欧盟制定和执行其东部和东南部邻国政策的决心。

2006年10月于匈牙利举行的维谢格拉德集团总理会议通过的文件中再次声明了维谢格拉德集团的合作重点是支持东欧和东南欧地区的国家进一步融入欧盟。会议宣言①甚至单独提到了西巴尔干地区，因为已经很明显，西巴尔干国家比起位于维谢格拉德集团东部边界的国家，融入欧洲一体化的前景要清晰得多。2007年，维谢格拉德集团与斯洛文尼亚（斯洛文尼亚将担任欧盟理事会轮值主席国）在"V4+"模式下举行了联合总理会议并同意欧盟根据塞萨洛尼基首脑会议的成果与西巴尔干地区的国家进行接触，并重申了支持这些国家为一体化所做出的努力。②

2007年10月，匈牙利在担任维谢格拉德集团轮值主席国期间继续以西巴尔干地区为重点，组织了第一次专门针对西巴尔干地区的部长级特别会议。③ 维谢格拉德集团的外交部长们再次强调，V4国家在欧洲一体化方面的经验对西巴尔干地区向稳定和繁荣转型的影响十分重要。在这方面，除了表示愿意支持该区域融入欧洲一体化之外，V4国家外交部长们还设想，应根据西巴尔干各个成员国在与欧盟标准和规则保持一致方面的表现，分别同他们接触。同时，这份声明也对申请国提出了一些期望，并表明V4国家希望西巴尔干国家以决心和真正的改革来换取融入欧洲的愿景。维谢格拉德集团还表示他们自己有决心支持这一进程。会议的结论是，维谢格拉德集团在制定和实施一体化战略方面提供帮助以及最新的专业知识，包括如何有效使用欧盟提供的"入盟准备资金"，V4国家"愿意充分利用现有的结对合作经验，为本地区合作伙伴提供维谢格拉德集团结对项目"，并

---

① Declaration of the Prime Ministers of the Visegrad countries, Visegradgroup. eu, 2006 October 10, http：//www. visegradgroup. eu/official-statements/documents/declaration-of-the.

② Joint Statement of the V4 + Slovenia Prime Ministers' Meeting, Visegradgroup. eu, 2007 December 10, http：//www. visegradgroup. eu/2007/joint-statement-V4.

③ The Visegrad Group stands ready to promote the integration of the countries of the Western Balkans, Visegradgroup. eu, 2009 October 6, http：//www. visegradgroup. eu/2009/the-visegrad-group.

"随时准备在政治上和专家方面提供帮助，以赶上那些目前尚未获准使用免签制度的国家"①。第一次会议强调了加强区域合作对该区域的一体化努力取得成功的重要性，这是根据 V4 国家自己的经验提出的建议。

2009 年上半年，捷克成为第一个担任欧盟理事会轮值主席国的维谢格拉德集团国家，该国将继续推进西尔干地区一体化列为轮值主席国的优先事项之一。② 在捷克担任轮值主席国期间，欧盟外长和西巴尔干国家外长举行了一次非正式会议，在会议上确认了该地区继续融入欧盟的共同利益。捷克也在推动欧盟对波黑的接触（在预期关闭高级代表办事处的情况下）以及使科索沃参与区域合作和欧洲一体化进程方面发挥了关键作用。③

在 2010 年举行的另一次关于西巴尔干地区的维谢格拉德集团部长级会议上，各国外长表示，要注重解决未来西巴尔干国家融入欧洲和欧洲—大西洋共同体的问题，会议的结论是推动西巴尔干地区融入一体化将是匈牙利和波兰于 2011 年出任欧盟理事会轮值主席国的主要优先事项之一。会议通过的文件还对西巴尔干国家给予了更多关注，重点阐述了每个国家前进道路上的具体步骤，并对取得的进展进行了反思。④

2011 年，维谢格拉德集团与西巴尔干地区的关系得到了显著的改善。除了匈牙利和波兰在担任欧盟理事会轮值主席国时期推动克罗地亚加入欧盟，斯洛文尼亚、西巴尔干国家以及维谢格拉德集团国家外长特

---

① The Visegrad Group stands ready to promote the integration of the countries of the Western Balkans, Visegradgroup. eu, 2009 October 6, http：//www.visegradgroup. eu/2009/the-visegrad-group.

② Work Programme of the Czech Presidency, EU2009. cz, http：//eu2009. cz/assets/news-and-documents/news/cz-pres_ programme_ en. pdf.

③ Achievements of the Czech Presidency：Europe without Barriers, EU2009. cz, http：//eu2009. cz/assets/czech-presidency/programme-and-priorities/achievements/cz-pres_ achievements_ eng. pdf.

④ Visegrad Group Ministerial Statement on the Western Balkans, Visegradgroup. eu, 2010 October 22, http：//www.visegradgroup. eu/2010/visegrad-group.

别会议也强调了维谢格拉德集团与西巴尔干①这两个地区在多个领域要加强合作。首先是在"V4+"框架下定期举行会议，加强合作。其次，西巴尔干国家的改革进程将通过国际维谢格拉德基金（IVF），即"V4+"基金得到进一步资助。此外，官方文件第一次提到按照维谢格拉德基金模式将维谢格拉德集团国家在这方面的积极经验及其对区域合作的积极影响移植到西巴尔干地区。这一想法在2015年西巴尔干基金成立时得以实现。

在接下来的几年里，已经建立并逐渐完善的维谢格拉德集团和西巴尔干国家外长年度特别会议重点关注对地区转型以及融入欧洲—大西洋地区一体化进程的支持，还有根据国际维谢格拉德基金模式建立西巴尔干基金。2012年，在波兰担任维谢格拉德集团轮值主席国期间，提出帮助西巴尔干国家满足加入欧盟谈判的关键标准的倡议，同时启动了关于法治和基本权利的专家网络。②

即使在2014年乌克兰危机期间，维谢格拉德集团对西巴尔干国家的支持仍在继续，并没有消失。2014年乌克兰危机引起了维谢格拉德集团的极大关注，尤其是乌克兰与波兰和斯洛伐克的地理位置非常接近。而这一年在布拉迪斯拉发举行的V4国家与西巴尔干国家外交部长年度例会上，与会各方回顾和讨论了维谢格拉德集团在该地区的参与，并列举了维谢格拉德集团在对欧洲一体化至关重要的领域向西巴尔干地区提供援助的一些例子——包括法治、基本权利和公共管理改革。③

三　维谢格拉德集团和西巴尔干基金

西巴尔干区域合作目前取得的主要成就之一西巴尔干基金也是维

---

① Joint Statement of the Visegrad Group and Slovenia on the Western Balkans, 2011 November 4, http：//www.visegradgroup.eu/calendar/2011/joint-statement-of-the.

② Joint Statement of the Visegrad Group on the Western Balkans, Visegradgroup.eu, 2012 October 25, http：//www.visegradgroup.eu/calendar/2012/joint-statement-of-the.

③ Visegrad Group Joint Statement on the Western Balkans, Visegradgroup.eu, 2014 October 31, http：//www.visegradgroup.eu/calendar/2014/visegrad-group-joint.

谢格拉德集团对该地区提供支持的产物。建立西巴尔干基金的想法早在 2011 年就被提出了。① 这一想法源于维谢格拉德集团在国际维谢格拉德基金方面的积极经验,也源自于其对加强各国之间的合作和接触,特别是各国在民间层面的接触所产生的影响。将这一经验带到西巴尔干地区能加强区域合作,而加强区域合作是促进该地区稳定和欧洲一体化进程的最关键领域之一。

实现这一倡议的第一步是在 2012 年波兰担任维谢格拉德集团轮值主席国期间进行的,当时西巴尔干基金这一概念被介绍给西巴尔干地区的合作伙伴,而波兰促进了国际维谢格拉德基金和西巴尔干地区合作伙伴之间就其实施进行对话。② 维谢格拉德集团外长与西巴尔干国家外长 10 月③在华沙举行的另一次会议中重点讨论了西巴尔干基金的执行情况以及维谢格拉德集团可以提供的专家支持。

在接下来的几年里,维谢格拉德集团代表、国际维谢格拉德基金和西巴尔干国家就设立该基金进行了持续的努力和密切的合作,并于 2015 年 11 月在布拉格签署了关于设立西巴尔干基金的协议。维谢格拉德集团进一步证明了他们对这项倡议的支持和对加强西巴尔干区域合作的承诺,维谢格拉德集团将共同提供 80 万欧元,以支持专家协助基金开展活动。④

四　从维谢格拉德集团的视角看西巴尔干地区

虽然维谢格拉德集团与西巴尔干地区的关系总体上非常好,维谢格拉德集团对该地区以及东南欧融入欧洲一体化提供了有力的支持,

---

① Joint Statement (2011).

② Summit of the Heads of Government of the Visegrad Group, 2012 June 22, http://www.visegradgroup.eu/calendar/2012/summit-of-the-heads-of.

③ Joint Statement of the Visegrad Group on the Western Balkans, Visegradgroup.eu, 2012 October 25, http://www.visegradgroup.eu/calendar/2012/joint-statement-of-the.

④ Czech MFA: Visegrad Group-Western Balkans Fund became a reality, 2015 November 16, https://www.mzv.cz/pristina/en/bilateral_ and_ multilateral_ relations/visegradska_ skupina_ zapadobalkansky_ fond. html.

但四个国家对该地区的态度及其外交政策的立场存在显著差异。最明显的分歧是，波兰对其东部邻国的认同程度远远高于维谢格拉德集团其他国家（波兰传统上对东部伙伴关系国家提供了更多的支持），波兰对西巴尔干地区的援助主要集中在发展援助方面。在这个向度的另一端是匈牙利，其在西巴尔干地区的认同程度远远高于维谢格拉德集团其他国家。这些差异主要可以解释为每一个维谢格拉德集团国家相对于该地区的地理位置不同，各国自然更加注意其邻近地区；各国与该地区的经济联系的强度不同；名国不同的外交政策传统和优先事项。①

五　捷克

捷克将西巴尔干地区列为其外交政策优先领域之一，该地区各国是捷克发展援助的主要受援国之一。② 该地区还通过捷克政府以转型资助为重点的若干资助项目获得了大量的资助。③ 捷克还向西巴尔干地区的公民提供非常广泛的教育交流计划和专项奖学金，捷克将该地区作为重大经济投资的目的地，并通过结对项目同这些国家进行合作。

捷克与西巴尔干地区之间的良好关系的基础是历史纽带、文化交往和人文联系。整个西巴尔干地区对捷克的总体良好的印象也影响着目前的相互关系。2009—2012年，捷克大使馆成为北约在塞尔维亚的联络点。④ 捷克外交人员一直积极参与该地区的维和事务⑤，并在

---

① 例如，将俄罗斯视为主要威胁的波兰更加忧虑和谨慎，其外交政策的注意力很少放在东南欧。

② 捷克发展援助的主要对象是波黑、塞尔维亚和科索沃。Czech MFA, Prioritní země a projekty transformační spolupráce, 2010 July 7, https：//www.mzv.cz/jnp/cz/zahranicni_ vztahy/lidska_ prava/prioritni_ zeme_ a_ projekty_ transformacni/index. html.

③ Czech MFA, Transition Promotion Program, 2017 January 12, https：//www.mzv.cz/jnp/en/foreign_ relations/human_ rights/transition_ promotion_ program/index_ 1. html.

④ Nič M. -Gyarmati I. -Vlkovský J. -Zornaczuk T. , "The Visegrad Group：Exploring New Agenda for the Western Balkans", *Visegrad Policy Briefs*, 2012/September, https：//www. files. et hz. ch/isn/153045/Visegrad%20Policy%20Briefs%20-%20 Western%20Balkan_ v. 2. pdf.

⑤ 例如，捷克前欧洲事务部部长、欧洲议会议员 Štefan Füle 以及前外交部长 Karel Schwarzenberg，等等。

多边论坛内促进该地区融入欧洲—大西洋一体化。

大体上，捷克非常支持西巴尔干地区转型和融入一体化的努力，捷克的非政府组织和政府方案均以自身的成功经验为基础，为西巴尔干地区的各种地方组织、各级政府和国家行政机构提供帮助。

六　匈牙利

鉴于其地理上的接近、经济关系以及该地区的任何不稳定因素对匈牙利和生活在该地区的众多匈牙利少数民族的直接影响，匈牙利是通过各种渠道在西巴尔干地区投资最多的维谢格拉德集团国家。匈牙利少数民族问题也在匈牙利积极支持欧盟向西巴尔干地区扩张方面扮演了重要角色，因为欧盟的扩张将使匈牙利和生活在该地区的匈牙利少数民族在权利和自由方面获得更多的保障。

匈牙利在完成其自身转型和与欧洲—大西洋结构的一体化之后，渴望在西巴尔干地区发挥积极作用，并通过这种参与向西方社会证明其可以成为一个负责任的伙伴。匈牙利积极参与了西巴尔干地区的维和任务，在北约干预塞尔维亚期间，匈牙利成为了美国部队的集结待命地区。[1] 匈牙利的大部分发展援助投向西巴尔干地区，主要受援对象是波斯尼亚—黑塞哥维那、塞尔维亚、科索沃，甚至黑山。传统上，西巴尔干地区和东部伙伴关系国家在匈牙利发展援助中占有显著的位置。[2] 关于西巴尔干地区，匈牙利还强调与该地区的合作对中欧和东南欧能源安全的重要性，并倡导加强欧洲的南北互联互通，以限制其对俄罗斯的能源依赖。[3]

---

[1] Nič, et al. (2012).

[2] International Development Cooperation Strategy and Strategic Concept for International Humanitarian Aid of Hungary 2014 – 2020, Department of International Development and Humanitarian Assistance, http://nefe.kormany.hu/download/3/93/c0000/International% 20Development% 20Cooperation% 20and% 20Humanitarian% 20Aid% 20Strategy% 20of% 20Hungaryv% C3% A9gleges.pdf.

[3] Nič, et al. (2012).

七 波兰

与其他维谢格拉德集团国家相比，波兰与西巴尔干地区的联系很弱。这主要因为双方地理距离比较远，并且几乎没有历史文化联系和经济关系。波兰没有像其他维谢格拉德集团国家那样对这一地区有着重大的外交介入行动。波兰的参与主要集中于对该地区的维和行动进行捐助。然而，这可以被认为是波兰外交政策的一个普遍特点，即积极参与多边平台，特别是北约组织，因为从传统意义上讲北约组织是波兰外交政策的重要载体。

波兰对西巴尔干地区的政策一般主要是通过多边形式实现的，特别是北约、欧盟和维谢格拉德集团，而非双边形式。虽然西巴尔干地区在波兰外交政策中没有扮演重要角色，但波兰通过维谢格拉德集团扩大了参与。波兰也经常通过维谢格拉德集团模式来支持其南方伙伴的倡议，尽管这不是其外交政策的优先事项。波兰明确支持西巴尔干地区融入欧洲—大西洋一体化。

在波兰的发展援助中，西巴尔干地区扮演着微不足道的角色。在过去几年中，波兰的优先发展援助国家中没有任何一个是西巴尔干地区的国家，而东部伙伴关系国家则占据了主导地位。[①]

八 斯洛伐克

对斯洛伐克来说，西巴尔干地区是其外交政策的优先领域之一，斯洛伐克通过发展援助、外交接触、参加国际特派团、专家支持和提供专门知识以及对该地区融入一体化的政治支持等各种方式参与该地区的事务。除政治层面外，斯洛伐克的非政府组织历来积极参与该地

---

① Polish Aid: Multiannual Development Cooperation Programme for 2016 – 2020, https://www.polskapomoc.gov.pl/Multiannual Development, Cooperation, Programme, for, 2016 – 2020, 2085.html.

区事务，这些组织在动员塞尔维亚社会方面发挥了关键作用，并最终促成了米洛舍维奇政权倒台。① 双方的这种接触源于斯洛伐克与西巴尔干地区之间的历史和文化上的联系，以及地理位置上的邻近。在斯洛伐克的发展援助中，塞尔维亚是优先对象国。与其他维谢格拉德集团国家相比，斯洛伐克与塞尔维亚的关系也很特殊，因为斯洛伐克是欧盟内五个不承认科索沃独立、维护塞尔维亚领土完整的国家之一。

由于梅恰尔（Meciar）统治时期的经历和困难，与维谢格拉德集团的其他成员相比，斯洛伐克推迟了向西方体系的转型和整合。基于此，斯洛伐克自然成为正在经历同样进程和面临同样挑战的西巴尔干国家的一个榜样。斯洛伐克在该地区的作用因为一些斯洛伐克的政治家而进一步增强，因为这些政治家与该地区有着特殊的关系，如现任外交部长米罗斯拉夫·莱恰克（Miroslav Lajčák）②，他此前在2007—2009年担任欧盟驻波黑高级代表，还有曾任欧洲议会议员的爱德华·库坎（Eduard Kukan），他在1991—2001年担任联合国秘书长派往巴尔干地区的特使。③

九　欧盟议程中的西巴尔干地区

维谢格拉德集团支持西巴尔干地区融入欧洲一体化的原因可以从以下几个方面找到。维谢格拉德集团国家通过自身经历意识到在融入欧洲一体化时需要牢固的团结，维谢格拉德集团也了解加入欧盟俱乐部的前景对其政治和经济转型的成功有多么重要，以及使各国可以从成功的一体化中获益的许多方式，让邻国加入欧盟也符合维谢格拉德集团更实际和务实的利益。一方面，拥有安全和稳定的邻国将加强维

---

① European future of the Western Balkans, Visegrad. info, 2009 October 1, http://www. visegrad. info/eu-enlargement-westernbalkans/factsheet/european-future-of-the-western-balkans. html.

② Office of the High Representative for Bosnia and Herzegovina, www. ohr. int.

③ Europarl, Eduard Kukan-MEP, http://www. europarl. europa. eu/meps/en/96651/EDUARD_ KUKAN_ cv. html.

谢格拉德集团自身的安全与稳定。对于维谢格拉德集团的一些成员这一点尤为重要，即匈牙利直接受原南斯拉夫境内战争的影响。西巴尔干地区的发展和稳定也可以为维谢格拉德集团带来更多的经济合作和出口机会。另一方面，对于维谢格拉德集团来说，进一步让东南欧融入欧盟的好处是，目前在地理位置上，一些维谢格拉德集团国家代表着欧盟的东部和东南部边界，事实证明这存在着问题，尤其是在难民危机期间，因为匈牙利不得不应对那些通过所谓的巴尔干路线进入欧盟的难民所带来的巨大负担。

维谢格拉德集团是欧盟进一步向西巴尔干地区扩张的主要支持者之一。他们一直主张，必须给予该地区各国明确的入盟前景，并通过所有渠道促使其积极参与欧洲事务。维谢格拉德集团的这一立场在维谢格拉德国家外交部长与西巴尔干国家外交部长关于西巴尔干问题的年度会议上一再得到确认。事实证明，这种对西巴尔干地区的政治支持在所谓的"扩张疲劳"期间更为重要。在过去十年中，"扩张疲劳"一直存在于欧盟内部。在此期间，维谢格拉德集团努力将扩大欧盟的议程作为欧盟的优先事项之一，这方面的重大进展往往是在维谢格拉德集团国家担任欧盟理事会轮值主席国期间取得的。例如，在2009年捷克担任轮值主席国期间[1]，欧盟深化了与波斯尼亚—黑塞哥维那和科索沃的接触，并举行了一次非正式的欧盟外交部长会议，会上，欧盟重新确认了西巴尔干地区融入欧洲的未来；2011年，克罗地亚加入欧盟的谈判在匈牙利和波兰的轮值主席国任期内圆满结束。

同样在难民危机期间，维谢格拉德集团在欧盟内部力主在处理难民潮（所谓的巴尔干路线）时向西巴尔干国家提供更多支持和援助。2015年，维谢格拉德集团的外交部长发表了联合文章"在朝向欧盟的道路上，我们向你们伸出援助之手"[2]，部长们向西巴尔干地区重

---

[1] Achievements of the Czech Presidency (2009).
[2] Ministers in Joint Article, We Offer You Our Helping Hand on the EU Path, Visegradgroup. eu, 2015 November 11, http：//www.visegradgroup.eu/calendar/2015/V4-ministers-in-joint.

申维谢格拉德集团已做好准备提供其所需的任何支持，帮助处理难民危机并使这些国家更接近欧洲，文章也谈到了维谢格拉德集团在欧盟内宣传支持西巴尔干半岛的重要性。通过负责内部事务的部长们之间协商处理难民危机，维谢格拉德集团与西巴尔干地区之间的合作强度得到提升，合作领域得到了拓展。①

十　结束语

显然，维谢格拉德集团是西巴尔干国家的一个重要和可靠的伙伴，西巴尔干地区在维谢格拉德集团的外交政策中扮演着重要角色。合作的重点主要是与西巴尔干伙伴分享维谢格拉德集团在转型和欧洲—大西洋一体化方面的经验，支持和加强区域合作与和解，通过国际维谢格拉德基金和西巴尔干基金提供以项目合作为基础的援助，在关键领域提供专家支持（如提供法治和基本权利领域支持的专家网络），促进国际组织在该地区的积极参与，并积极倡导欧盟扩张到西巴尔干地区。

维谢格拉德集团可以利用他们与西巴尔干地区的友好和积极的关系以及文化和历史方面的密切关系，充当西巴尔干国家与欧洲—大西洋共同体之间关系的主要接触点和顾问。在欧盟扩张政策获得新势头的今天（主要源于欧盟委员会关于扩张政策的沟通，扩张政策即所谓的西巴尔干战略）②，维谢格拉德集团与西巴尔干地区之间现有的伙伴关系可能会变得更加重要，并且欧盟在该地区有进一步参与的空间，西巴尔干国家有望在加入欧盟方面取得更快进展。在最近举行的欧盟西巴尔干国家领导人索非亚峰会的大背景下，该战略所展现的乐观主义和雄心受到了质疑。法国总统埃马纽埃尔·马

---

① Joint Declaration of Ministers of the Interior, Visegradgroup. eu, 2016 January 19, http://www.visegradgroup.eu/calendar/2016/joint-declaration-of.

② European Commission, A credible enlargement perspective for and enhanced EU engagement with the Western Balkans, COM (2018) 65, https: //ec. europa. eu/neighbourhood-enlargement/sites/near/files/20180417_ strategy_ paper_ en. pdf.

克龙在演讲中宣称①,在欧盟进行实质性改革之前,法国不会支持欧盟扩张。相比之下,维谢格拉德集团在欧盟的主张是西巴尔干伙伴亟需的。与此同时,目前的局势为维谢格拉德集团提供了一个机会,使其能够重新发出强有力的共同声音,并团结起来就西巴尔干地区加入欧盟进行更密切的合作。

参考文献

Achievements of the Czech Presidency: Europe without Barriers, EU2009. cz, http://eu2009. cz/assets/czech-presidency/programme-and-priorities/achievements/czpres_ achievements_ eng. pdf.

Gray, Andrew, "Macron pours cold water on Balkan EU membership hopes", Politico, 2018 May 17, https://www. politico. eu/article/emmanuel-macron-pours-cold-water-balkans-eu-membership-enlargement/.

Czech MFA, Transition Promotion Program, 2017 January 12, https://www. mzv. cz/jnp/en/foreign_ relations/human_ rights/transition_ promotion_ program/index_ 1. html.

Czech MFA, Visegrad Group-Western Balkans Fund became a reality, 2015 November 16, https://www. mzv. cz/pristina/en/bilateral_ and_ multilateral_ relations/visegradska_ skupina_ zapadobalkansky_ fond. html.

Declaration of the Prime Ministers of the Visegrad countries, Visegradgroup. eu, 2004 May 12, http://www. visegradgroup. eu/documents/visegrad-declarations/visegrad-declaration-110412-1.

Declaration of the Prime Ministers of the Visegrad countries, Visegradgroup. eu, 2006 October 10, http://www. visegradgroup. eu/official-statements/documents/declaration-of-the.

Europarl, Eduard Kukan-MEP, http://www. europarl. europa. eu/meps/en/96651/EDUARD_ KUKAN_ cv. html.

European Commission, A credible enlargement perspective for and enhanced EU

---

① Andrew Gray, "Macron pours cold water on Balkan EU membership hopes", Politico, 2018 May 17, https://www. politico. eu/article/emmanuel-macron-pours-cold-water-balkans-eu-membership-enlargement/.

engagement with the Western Balkans, COM (2018) 65, https://ec.europa.eu/neighbourhood-enlargement/sites/near/files/20180417_ strategy_ paper_ en. pdf.

European future of the Western Balkans, Visegrad. info, 2009 October 1, http://www.visegrad.info/eu-enlargement-western-balkans/factsheet/european-future-of-the-western-balkans.html.

"Hungary: Serbia's nervous neighbour", BBC News, http://news.bbc.co.uk/2/hi/europe/331949.stm.

International Development Cooperation Strategy and Strategic Concept for International Humanitarian Aid of Hungary 2014 - 2020, Department of International Development and Humanitarian Assistance, http://nefe.kormany.hu/download/3/93/c0000/International%20Development%20Cooperation%20and%20Humanitarian%20Aid%20Strategy%20of%20 Hungary-v%C3%A9gleges.pdf.

Joint Declaration of Ministers of the Interior, Visegradgroup.eu, 2016 January 19, http://www.visegradgroup.eu/calendar/2016/joint-declaration-of.

Joint Statement of the V4 + Slovenia Prime Ministers' Meeting, Visegradgroup.eu, 2007 December 10, http://www.visegradgroup.eu/2007/joint-statement-V4.

Joint Statement of the Visegrad Group and Slovenia on the Western Balkans, 2011 November 4, http://www.visegradgroup.eu/calendar/2011/joint-statement-of-the.

Joint Statement of the Visegrad Group on the Western Balkans, Visegradgroup.eu, 2012 October 25, http://www.visegradgroup.eu/calendar/2012/joint-statement-of-the.

Joint Statement of the Visegrad Group on the Western Balkans, Visegradgroup.eu, 2012 October 25, http://www.visegradgroup.eu/calendar/2012/joint-statement-of-the.

Nič, Milan-Gyarmati, István-Vlkovský Jan-Zornaczuk, Tomasz, "The Visegrad Group: Exploring New Agenda for the Western Balkans", *Visegrad Policy Briefs*, 2012/September, https://www.files.ethz.ch/isn/153045/Visegrad%20Policy%20Briefs%20-%20Western%20Balkan_ v.2.pdf.

Polish Aid: Multiannual Development Cooperation Programme for 2016 - 2020, https://www.polskapomoc.gov.pl/Multiannual,Development,Cooperation,Programme,for,2016-2020,2085.html.

Czech MFA, Prioritní země a projekty transformační spolupráce, 2010 July 7, https: //www. mzv. cz/jnp/cz/zahranicni_ vztahy/lidska_ prava/prioritni_ zeme_ a_ projekty_ transformacni/index. html.

Selected events in 1999, Visegradgroup. eu, 2018 Oktober 1, http: //www. visegradgroup. eu/calendar/1999.

Summit of the Heads of Government of the Visegrad Group, 2012 June 22, http: //www. visegradgroup. eu/calendar/2012/summit-of-the-heads-of.

The Visegrad Group stands ready to promote the integration of the countries of the Western Balkans, Visegradgroup. eu, 2009 October 6, http: //www. visegradgroup. eu/2009/the-visegrad-group.

V4 Ministers in Joint Article, We Offer You Our Helping Hand on the EU Path, Visegradgroup. eu, 2015 November 11, http: //www. visegradgroup. eu/calendar/2015/V4 – ministers-in-joint.

Visegrad Group Joint Statement on the Western Balkans, Visegradgroup. eu, 2014 October 31, http: //www. visegradgroup. eu/calendar/2014/visegrad-group-joint.

Visegrad Group Ministerial Statement on the Western Balkans, Visegradgroup. eu, 2010 October 22, http: //www. visegradgroup. eu/2010/visegrad-group.

Work Programme of the Czech Presidency, EU2009. cz, http: //eu2009. cz/assets/news-and-documents/news/cz-pres_ programme_ en. pdf.

第十八章 V4 国家与美国的关系以及美国对中东欧的外交政策

彼得·特雷克（Péter Rada）

一 介绍

在中欧，2019年将是一个具有历史象征意义的年份，届时该地区的国家将纪念30年前的政治变化，匈牙利、波兰和捷克加入北约20周年，欧盟和许多北约成员国加入北约15周年，尤其重要的是《北大西洋公约》签署70周年。

在与欧洲—大西洋一体化并行的政治、经济和社会过渡进程中，中欧国家已经出现了许多令人头痛的问题。这是一条漫长而令人疲惫的道路，但今天的中欧人更加支持北约，对美国的看法比大多数"老盟友"的公民都要好，尽管该联盟的发展经历了一些起伏，美国对该地区的政策也前后不一致。过去几年，人们经常提到欧洲的大西洋主义正在减弱，但来自中欧的实际民意调查却无法支持这些担忧。[1] 这在一定程度上是中欧成功实现欧洲—大西洋一体化的结果。此外，在乌克兰危机爆发之后，北约确实重新获得了一些动力。

本章旨在通过简要评估美国自冷战结束以来在世界上的作用并分析这种作用对该区域的影响，突出美国与中欧关系中最重要的趋势。本章在提到中欧时，主要指中欧和东欧，更确切地说，是指维谢格拉

---

[1] Nézőpont Intézet, "NATO-és USA-pártiak a közép-európaiak, de többet várnak Trumptól", 2017 November 9, http://nezopontintezet.hu/analysis/trump/.

德集团的四个国家：匈牙利、波兰、捷克和斯洛伐克。但是，我们必须记住，这一地区的事态发展更为复杂，也受到其他国家的影响。维谢格拉德集团已经成为一个品牌，相关内容可以在其他章节中读到，但是当提到中欧时，美国关注的是更广泛的地区，包括波罗的海国家、罗马尼亚或保加利亚。①

二 美国在世界中的地位

在过去的70年里，美国显然一直是世界上领先的超级大国，在冷战结束后，这一角色得到了进一步加强。与一个新兴大国发生传统军事冲突的可能性一直很低。冷战结束后，作为仅存的超级大国，美国能够加强其对世界大事的政治影响力，但更重要的是其经济影响力，最重要的部分是在欧洲。

乔治·赫伯特·沃克·布什（George H. W. Bush）总统是冷战后第一个真正活跃在中欧的人，但美国所提供支持的局限性显而易见。尽管布什谈到了一个新的或一个完整、自由的欧洲，但他在1991年的基辅演讲中明确表示，强权政治压倒了中欧的新机遇和理想主义者对民主化的支持。比尔·克林顿是第一个不需要面对苏联对中欧造成的压力的美国总统。因此，他能够在该地区奉行更加理想主义的外交政策。克林顿公开利用一体化作为一种工具，在过渡时期影响各国国内政治进程，并扩大美国的政治和贸易利益。②

布什和克林顿政府在一个迅速变化的世界中为欧洲的转型、一体化和安全做出了贡献。这种变化的令人震惊的表现是2001年在美国发生的恐怖主义袭击。全球反恐战争以及对西方政治制度积极但

---

① 欧洲政策分析中心（CEPA）是华盛顿唯一一个完全关注中欧的智囊团。一年一度的美国—中欧论坛是中欧和美国的决策者、专家以及学者最重要的聚会之一。该论坛的地域覆盖面广泛，从保加利亚到波罗的海国家都有受邀的与会者。该中心的主席是韦斯·米切尔（Wess Mitchell），他现在是负责欧亚事务的美国助理国务卿。更多相关信息，参见 http://cepaforum.org/home.

② Magyarics, Tamás, A kapcsolatok "normalizálása" vagy jóindulatú közömbösség? Az Egyesült államok Közép-Európa-politikája, Külügyi Szemle, 2010/nyár.

又常常是有选择性的推广，逐渐成为小布什政府时期美国外交政策战略的核心内容。①

到 21 世纪第一个十年结束时，美国显然已经过度扩张和精疲力竭。美国在国际体系中的主要地位并不危险，但由于地区挑战者的存在，华盛顿无法接受国际体系中权力的相对损失和地区竞争对手的出现，这一情势更加剧了国际金融危机。②

正如罗伯特·卡根（Robert Kagan）在他的书中所提到的那样③，美国自建国以来一直关注世界，并一直有意为自己的利益影响国际进程。但美国一直是一个"受到邀请的帝国"，作为一个善意的霸权，美国为西方世界提供了安全保障。④ 因此，尽管有一些反感，美国的立场从未受到盟国的质疑。这一事实也使美国在欧洲的存在合法化，于是各种联盟诞生了，其中最重要的是 1949 年成立的北约。美国能够通过这些体系影响其盟国，维护反映美国价值观并为美国利益服务的世界秩序。⑤ 世界秩序依赖于美国的经济主导地位和美国文化的传播，从而依赖美国于软实力的影响，最终依赖于美国毋庸置疑的军事实力。安全保护伞也为盟国空前的经济增长和福利水平提供了基础。⑥

21 世纪第一个十年结束前后国际现实的变化，特别是国际金融危机促使美国新政府奉行务实的外交政策，因此奥巴马总统延续了类似于布什第二任期的现实主义议程。奥巴马试图在国际关系中强调自由主义价值观，但在许多情况下，实际行动则反映了利益的主导地位。奥巴马的自由—理想主义价值观与现实主义外交政策议程的冲突，导致美国在中欧的受欢迎程度不断下降，在中东的受欢迎程度甚

---

① Thomas Carothers, "US Democracy Promotion during and after Bush", Carnegie Endowment for International Peace, Washington DC, 2007.
② Fareed Zakaria, "The Post-American World", *The New York Times*, New York, 2011.
③ Robert Kagan, *Dangerous Nation*, Knopf, New York, 2006.
④ Magyarics, 2010.
⑤ Henry Kissinger, *Diplomácia*, Panem, Budapest, pp. 459 – 638.
⑥ Magyarics Tamás, "A globális hegemón", In: *Új világrend? Nemzetközi kapcsolatok a hidegháború utáni világban*, Ed.: Rada, Péter, CKKE, Grotius Könyvtár, Budapest, 2007.

至更糟。华盛顿的双重标准使得许多盟友开始疏远。①

作为一个"不情愿的现实主义者",奥巴马打算设定可实现的目标,这似乎意味着减少美国在世界上的存在感。然而,他更倾向于通过与挑战者(如俄罗斯)重新建立关系来保持主导地位。另外,奥巴马也要求重新考虑与盟国的关系。重返亚洲战略是新经济现实所要求的经过深思熟虑的计划。② 在言辞上,美国一直坚称,重返亚洲并非远离欧洲。然而,国防预算的削减,加上对亚洲的日益关注,必然意味着美国在欧洲的参与会减少。③

尽管欧洲国家总体上一直是美国重要的军事、政治、经济和贸易伙伴,但华盛顿批评欧洲在国防上的支出不够,或者没有更多地支持美国的海外任务。另外,一个过于强大的欧洲并不符合美国的利益,尤其是作为一个更强大的经济竞争对手更是如此。④

三 对中欧的影响

在冷战结束后的几十年里,美国与中欧的关系相当直接,这受到美国非常具体的战略考量的影响:该地区迅速加入北约和欧盟,与美国在域外任务中密切军事合作。⑤ 该地区从未成为全球政治抱负的中

---

① 本杰明·内塔尼亚胡(Benjamin Netanyahu)在 2015 年 3 月于华盛顿特区举行的国会联席会议上致辞,但时任美国总统奥巴马(Barack Obama)或白宫的其他高级政客在内塔尼亚胡访问期间未与其见面。以色列总理甚至没有试图事先与白宫联系,而是决定就伊朗核协议的缺陷说服美国国会中的共和党人。Zeke J. Miller, "Obama Won't Meet With Netanyahu During Washington Visit", http://time.com/3678657/obama-netanyahu-washington/.

② Zbigniew Brzezinski, *Strategic Vision. Basic Books*, New York. 2012. (See also Stratégiai vízió. The Hungarian edition was published by Antall József Knowledge Centre, Budapest, 2013.)

③ Thomas Valasek-Jan Jires-Wojciech Lorenz-Rada Péter, "Missiles and misgivings: the US and Central Europe's security", *CEPI Policy Briefs*, 2013, http://www.cepolicy.org/publications/missiles-and-misgivings-us-and-central-europes-security.

④ 特朗普总统甚至在 2017 年称赞英国脱欧,批评 TTIP 计划, Andrew Rettman, "The EU and US in the age of Trump", *EU Observer*, 2017/December, https://euobserver.com/europe-in-review/139870.

⑤ Wes Mitchell ed. et al., *The Ties that Bind: U.S.-Central European Relations 25 Years after the Transition*, CEPA, Washington, 2013, p.68.

心，但俄美之间的竞争甚至在冷战结束后也影响了许多政治决策。21世纪初，为了消除俄罗斯不断增长的影响力，美国及其紧密的盟友——欧洲人试图提供尽可能多的外交和军事援助，正如我们在阿富汗和伊拉克看到的那样，布什政府尽其所能，甚至甘冒对抗欧盟新盟友的风险。然而，华盛顿很快就忘记了这些好处，这些好处在美国看来当然是有限的，但在中欧看来却是相当大的贡献。[1]

国际安全环境的不可预测性和西方对中欧安全利益了解意愿的缺乏，促进了近年来维谢格拉德合作的加强。V4 发展成为应对欧洲—大西洋地区挑战的真正战略选择。对新的挑战作出协调一致反应的潜在价值再也不能被忽视，如一致拒绝强制性的移民配额。在 1991 年《维谢格拉德宣言》的最初目标实现之后，V4 国家获得了北约和欧盟成员国身份；共同利益在这些框架内最有效地体现在这四个国家的面前。[2]

在 2008 年美国总统大选期间，华盛顿的那些更了解美国与中欧关系的人已经讨论过，共和党总统候选人可能对该地区更好。[3] 约翰·麦凯恩（John McCain）在冷战期间进入社会，人们期望他会更加关注北约新盟友的关切，而巴拉克·奥巴马则承诺与俄罗斯等国建立更加务实的关系。毫不奇怪的是，在奥巴马当选带来的兴奋情绪迅速消退之后，中欧政界人士对美国从欧洲撤军的计划感到紧张。美军在欧洲的存在一直是承诺的象征，也证明了保障北约盟国的安全是华盛顿的首要任务。然而，奥巴马并没有很好地处理或理解这种敏感

---

[1] Magyarics Tamás, "An Unsentimental Look at the Geopolitics of Central Europe", *Hungarian Review*, 2015/3, http://www.hungarianreview.com/article/20150514_ an_ unsentimental_ look_ at_ the_ geopolitics_ of_ central_ europe_ part.

[2] Rada Péter-Bartha Dániel, "The Role of the Visegrád Countries in the Transatlantic Future", *BiztPol Affairs*, 2014/1, pp. 14 – 22, http://epa.oszk.hu/02400/02475/00002/pdf/EPA02475_ BiztpolAffairs_ 2014_ 01. pdf.

[3] 欧洲政策分析中心及其主席韦斯·米切尔在 2008 年组织了一次名为"为什么约翰·麦凯恩（John McCain）对中欧更好"的研讨会，与会代表认为奥巴马是实用主义者，并拥有西欧的顾问，而麦凯恩对中欧现实有更好的理解。https://www.cepa.org/index?id=06d86297d6e28d4637d60c86c2a2f5b6。

性，这在其取消乔治·布什的导弹防御计划时得到了明确的证明。[1]

在与俄罗斯的关系重启失败后，尤其是在奥巴马的第一任国务卿希拉里·克林顿离职后，美国对中欧的关注变得更加平衡，然而，批评盟国国内政策的一些反应仍然存在。希拉里是"重返亚洲"政策的设计者之一，她甚至带头发起了反对中欧伙伴的意识形态运动。在奥巴马的第二任期，新任国务卿约翰·克里（John Kerry）和五角大楼的新任负责人查克·哈格尔（Chuck Hagel）都有了新的、不同的态度。他们比前任更致力于北约和支持前线盟友。[2] 在接下来的美国总统大选期间，中欧人对希拉里·克林顿担任总统的前景不那么热情，这并不奇怪。[3] 华盛顿在改善与欧洲的关系和深化经贸关系方面也做了相当无力的努力。然而，建立自由贸易区的计划并未实现，唐纳德·特朗普（Donald Trump）对此表示怀疑，并在竞选期间就已经宣布，TTIP需要重新谈判，美国不会签署任何明显不利于美国人的协议。

当然，关系的发展同时取决于双方；大西洋两岸的许多人认为，中欧不应该仅仅抱怨美国对其注意力的减弱，该地区的大多数国家都在削减国防预算。奥巴马在两届任期内的目标都是鼓励欧洲盟国分担更多的责任，特别是在欧洲安全建设和对俄罗斯的威慑方面。美国高级官员严厉批评欧洲人，国防部部长罗伯特·盖茨（Robert Gates）甚至将北约的未来形容为"即使不悲观，也很黯淡"。这些评论当然对美国与中欧的关系产生了影响，不仅意味着美国对该地区的兴趣下降，而且美国对该地区军事发展或训练的财政援助也减少了。在某些情况下，甚至连北约遏制东部边境传统威胁的意愿也受到了质疑。意识到这些担忧的严重性，华盛顿打算通过军事演习来平衡并安抚中欧

---

[1] Valasek et al., 2013.

[2] CEPA, "Frontline Allies: War and Change in Central Europe", CEPA, Washington, 2015.

[3] 匈牙利在美国总统大选期间很快发声，2016年7月匈牙利总理欧尔班表示，唐纳德·特朗普是欧洲和匈牙利更好的选择。参见 https://www.nytimes.com/2016/07/24/world/amer-icas/hungarys-viktor-orban-says-donald-trump-is-better-for-europe.html。

盟国，例如，在波兰部署一支空军部队，通过北约在波罗的海的空中巡逻任务来进行军事演习。①

尽管 V4 在深化地区防务合作方面已经采取了一些措施，比如维谢格拉德战斗群（Visegrad Battlegroup），但华盛顿方面期待他们还会有更多举措，如联合军事采购，即购买美国装备。此外，新的北约盟国需要在低国防预算与努力不失去可靠盟国的形象之间取得平衡。波兰的表现相对较好，在国防上的投资也更多，能够达到占 GDP 的 2% 这一不可思议的比率。② 其他 V4 国家在这个过程中遇到的困难更多。

到 2010 年代之初，中欧国家还没有完全融入试图寻找新的存在理由的北约。在美国开始从欧洲撤军的同时，欧盟也发现自己陷入了一场旷日持久的内部（金融和制度上）危机。欧盟无法填补美国削减开支造成的真空，也无法成为美国在承担全球领导责任方面的可靠伙伴。③ 随着新的冲突地区引起人们的注意，德国（如魏玛三角计划）和俄罗斯在中欧的影响力不断增强。后者无疑引发了华盛顿方面的更多担忧，尤其是在 2014 年之后。

由于认定美国疏忽大意，俄罗斯已经使用了多种不同的工具，并打算填补在东欧和中欧（如果可能的话）的实力差距。美国人（迟来的）的反应相当适得其反，并很难证明其合理性。尽管"奥巴马的重启"（Obama's reset）在中欧引起了许多关注，但在建立与俄罗斯的友好关系失败后，美国开始批评其盟友，如批评匈牙利与莫斯科的关系过于密切。因此，中欧政治精英中的大西洋主义者力量减弱，因为他们的立场是建立在必须与美国建立强大安全关系的论点基础上。

2014 年之前，2008 年的俄格战争已经验证了欧洲长期享有和平的虚假幻想。因此，战争在欧洲主要舞台上的卷土重来，令欧洲政界

---

① Rettman，2017.

② 截至 2012 年，匈牙利的国防开支持续下降。匈牙利政府决定 2016 年以后国防开支每年将增长 0.1%，到 2022 年国防开支必须达到占 GDP 的 1.39%。http://www.kozlonyok.hu/kozlonyok/Kozlonyok/13/PDF/2012/4.pdf.

③ Wes Mitchell ed. et al.，"The Ties that Bind：U. S. -Central European Relations 25 Years after the Transition"，CEPA，Washington，2013，pp. 5 - 7.

人士感到意外，他们未能迅速做出有效的联合回应。俄罗斯成了一个军事威胁，但欧洲国家花了太多时间享受和平红利，花了太多精力辩称硬军事能力已经过时，没有必要在国防上花那么多钱。事实暴露了这一论点的缺陷，并促使北约内部重新出现更强硬的军事思维。2014年之前，北约甚至欧盟都认为，通过向东扩张，可以扩大安全与稳定的范围。事实上，这可能只是因为俄罗斯的相对弱势和美国的强大存在；因此，欧盟和欧洲国家错误地认为他们不需要处理地缘政治的传统问题。乌克兰危机证明，传统军事威胁仍然是现实，俄罗斯的决心和能力超出了人们的想象，北约没有为新的有限战争做好准备。[①]

对于中欧国家来说，这一经验也质疑了在所有国家都宣布增加国防开支计划的同时，切断与俄罗斯的关系是否明智。[②] 以匈牙利为例，其平衡的做法遭到了北约和欧盟其他伙伴的严厉批评，特别是来自华盛顿的严厉评论，尽管过去几年里在对中欧地缘政治现实进行了解和接受在欧洲的工作还没有完成这些方面，美国的努力相当有限。[③]

甚至在乌克兰危机之前，俄罗斯的存在就不容忽视。匈牙利的历史已经证明，夹在两个大国之间是危险的。同样，除波兰和波罗的海国家外，其他中欧国家也承认，随着美国对欧洲兴趣的下降，该地区与俄罗斯在安全上的相互依存关系增强。22位欧洲安全专家和政界人士在很早以前就通过一封公开信引起了奥巴马对这一危险现象的关注。[④]

虽然有上述这些事实，但外界对中欧国家的期望（和来自他们的期望）仍然很高，尽管欧洲机构的信誉受到了损害，成员国主权问题在欧盟的政治辩论中又重新出现。不幸的是，美国的脱离和欧盟的内

[①] CEPA, 2015.
[②] Ibid., pp. 6–10.
[③] Kalan, 2016.
[④] RFERL, "An Open letter to the Obama administration from Central and Eastern Europe", 2009 July 16, https://www.rferl.org/a/An_Open_Letter_To_The_Obama_Administration_From_Central_And_Eastern_Europe/1778449.html.

第十八章　V4 国家与美国的关系以及美国对中东欧的外交政策　297

部危机同时发生为中欧盟国遭受的有时是毫无根据和不幸的批评创造了空间，特别是在国内事务方面。① 诚实和平等的对话也符合欧洲—大西洋体系老成员的重大利益，因为西欧原来的组织模式正处于危机之中（非法移民危机、俄罗斯、激进主义和恐怖主义）。中欧国家对国际安全环境的变化做出了迅速的反应，然而，这些国家融入西方价值观和体制的时间却最短。②

各种夸张的期望以这些国家清醒地认识到奥巴马政府已准备好选择俄罗斯而非中欧而告终。后来，在美俄关系重启失败、转向亚洲之后，这一点再次得到证明。③ 尽管有过这样的经历，但除匈牙利外的大多数中欧国家都希望希拉里·克林顿当选美国总统，并以此为基础来评估中欧关系。④ 然而，唐纳德·特朗普于2017年早些时候访问了波兰，新一届美国政府似乎打算平衡自己的关注点，至少很多人是这么认为的。当时，这位新总统表达了美国对该地区和"三海倡议"（Three Seas Initiative）的支持，称这是一个重要的地缘战略项目。⑤ 特朗普在波兰的讲话表明，他有意采取一种平衡的中欧战略，这引发了一些（但愿不是徒劳的）预测。特朗普宣布，华盛顿的利益是建立一个统一的中欧，这个中欧有着强大的经济合作基础，这对美国的投资很重要。尽管有迹象表明，总体而言，这一变化并不像人们希望

---

① 参见美国助理国务卿维多利亚·纽兰 2014 年的严厉批评，Victoria Nuland, "Keynote Speech at the U. S.-Central Europe Strategy Forum", http://ircblog.usembassy.hu/2014/10/03/victoria-nuland-az-europai-es-eurazsiai-terseg-ugyeiert-feleloskulugyi-allamtitkar-beszede-az-egyesult-allamok-kozep-europa-strategiai-forumon/.

② Wes Mitchell ed. et al., "The Ties that bind: U. S.-Central European Relations 25 Years after the Transition", CEPA, Washington, 2013, p. 9.

③ Rada Péter-Marton, Péter-Balogh István, "The V4-US relationship and the Western Balkans in light of the U. S. pivot to Asia", *BiztPol Affairs*, 2013/1, http://epa.oszk.hu/02400/02475/00001/pdf/EPA02475_BiztpolAffairs_2013_09-11.pdf.

④ Marcin Zaborowski, "What President Trump means for Central and Eastern Europe", *CEPA-Europe's Edge*, 2016, http://cepa.org/Europes-Edge/Trump-Central-Europe.

⑤ 主要问题之一是南北能源互联互通的基础设施建设，中欧国家参加了合作。参见美国总统特朗普在华沙的演讲，http://time.com/4846780/read-donald-trump-speech-warsaw-poland-transcript/。

的那样重要，因为"行政国家"（administrative state）幸存了下来。①在特朗普担任总统一年多后，我们还可以明显看到，这位美国总统对中欧的了解超出了人们的想象，尤其是那些严厉的自由派批评人士。②然而很明显，美国对中欧的外交政策的实践层面仍处于并不清晰的状态，许多高层会晤尚未举行。有一件事似乎是不变的：华盛顿的外交政策精英们不会容忍中欧与俄罗斯的关系过于密切，不管是为了什么理由。

四 对匈美关系展望的总结

2019年将是中欧转型30周年。然而，这三十年来也有一些起伏，不断变化的国际环境使中欧国家更加难以适应西方的期望。同时，中欧政治精英普遍认为，由于欧洲—大西洋一体化的目标是毫无疑问的，政治、经济和社会过渡进程需要按照西方的准则来设计。然而，即使在加入北约和欧盟之后，中欧仍然不能完全信任西欧的国家，因为欧盟内部在一些基本问题上存在着不同的观点，如非法移民、英国脱欧的后果、欧元区的未来。此外，中欧对西方与俄罗斯之间可能出现的和解存在一些担忧。为了避免在西方利益面前变得过于脆弱，为了平衡俄罗斯的存在，中欧希望尽可能与美国建立关系。

中欧的担忧并不是完全没有根据的，比如《北溪协议》和"北溪2号"计划，在南溪管道项目、纳布科（Nabucco）输气管道项目，

---

① 例如，在匈美关系的发展中，仍然存在着严格的限制，因为随着特朗普政府的上台，美国国务院并没有做出相应的反应。在副助理国务卿和更低的级别上，这些官僚机构并未做出调整。参见《奥巴马始终是一个可靠的人》，*Magyar Idő k*（《匈牙利时报》），https://magyaridok. hu/kulfold/obama-megbizhato-emberei-tartjak-a-frontot-magyarorszaggal-szem-ben-1578223/；《精英们不能被忽视》，*Magyar Narancs*（《橘子报》），http：//magyarnarancs. hu/kulpol/az-elitet-nem-lehet-megkerulni-103640/？orderdir = novekvo. 关于特朗普与美国行政机构的斗争以及不变的官僚机构，参见 https：//www. realclearpolitics. com/2018/01/19/trumping_ the_ administrative_ state_ 431887. html.

② Kenneth R Weinstein, "Trump knows more about Central Europe than he's given credit", *Aspen Review*, 2017/2, https：//www. aspenreview. com/article/2017/trump-knows-more-about-central-europe/.

以及克里米亚危机后对俄罗斯的经济制裁上的双重标准。中欧受到制裁的影响更大，如匈牙利政府几次提到制裁的影响，却只引起西方的批评，而德国或法国甚至在战略部门与俄罗斯保持密切的经济联系。

北约的成立意味着中欧将在历史上首次成为美国的亲密盟友。因此，中欧的外交政策取向比北约内部的其他西方盟国更亲美。尽管西欧国家有时对美国提出严厉的批评，但该地区的国家仍然支持美国从阿富汗到伊拉克以及今天在打击 ISIS 中的超越自身力量的地区外军事行动。中欧的地位是通过改善与美国的关系来预估的，因为很明显，由于若干因素（最重要的是 20 世纪 90 年代西巴尔干地区的地缘政治现实），华盛顿也需要新的可靠盟友。

尽管中欧一直在努力与美国保持密切关系，但华盛顿并不总是赞赏这些最新的盟友，并在其他更为重要的战略考虑下牺牲他们，比如与俄罗斯重启关系，或转向亚洲。尽管中欧做出了努力，并参加了大多数行动，但由于除波兰外的其他国家国防开支低，批评仍然普遍存在。一方面，这并不令人惊讶，因为在过去几十年里，分担负担一直是北约内部的普遍争论。如今在唐纳德·特朗普当选美国总统后，这个问题变得更加严重和复杂。他在竞选期间就已经表示，他不会容忍北约内部的任何搭便车行为，所有成员国都需要尽快实现占 GDP 2% 的国防支出。另一方面，特朗普也承诺对中欧的问题给予更多的理解和关注。

虽然特朗普的理解非常受欢迎，但中欧也不应高估这一点。过去几年，匈牙利和美国的关系并不好，华盛顿一直在干涉匈牙利的国内政治。这对解决匈牙利在沉重的"自由主义"狂风中难以表达自身立场的问题没有帮助。

美国最严厉的批评之一是匈牙利与普京的友谊，但这是毫无根据且非常片面的。在克里米亚危机后，匈牙利的外交政策可能会像其他中欧国家一样，更加直言不讳地谴责俄罗斯。可能匈牙利也没有很好地传达出这样的信息，即尽管匈牙利有许多不同的利害关系，而且在经济上匈牙利与俄罗斯的关系更密切、更依赖俄罗斯，但匈牙利从未否决对俄罗斯的制裁。此外，欧盟其他一些成员国也与俄罗斯保持着密切的战略关系。尽管对匈牙利来说，俄罗斯不是直接的安全威胁，但北约是防范俄罗斯任何意外行动的非常重要的安全保障。

自 2017 年 1 月以来，美国新一届政府承诺将更加务实，更加关注中欧和东欧。美国国务院还任命了一位新的领导人负责这一地区。尽管在 A. 韦斯·米切尔（Wess Mitchell）被任命为负责欧洲和欧亚事务的助理国务卿后，有些人认为获得了胜利，但战略性现实不可能很快地改变。那些了解美国和美国战略与政治思维的人是清醒的，他们不相信只靠米切尔一个人就能够（或想要）在两周内改变美匈政治关系。过于乐观的人很可能没有读过米切尔关于俄罗斯的新书，也不认识他。他们的期望很高，只是因为米切尔是由共和党政府提名的，而且米切尔的博士论文是关于哈布斯堡帝国的，所以他对中欧非常了解。然而，意识形态主导的外交政策似乎已经消失，可能只有那些确实努力满足美国国防支出要求的盟友，或者在地缘战略上非常重要的盟友，才不会受到那么多批评。

参考文献：

1046/2012. （Ⅱ.29.） Korm. határozata a honvédelmi kiadások és a hosszú távú tervezés feltételeinek megteremtését szolgáló költségvetési források biztosításáról, *Honvédelmi Közlöny*, http：//www.kozlonyok.hu/kozlonyok/Kozlonyok/13/PDF/2012/4.pdf.

Rettman, Andrew, "The EU and US in the age of Trump", *EUObserver*, 2017 December 28, https：//euobserver.com/europe-in-review/139870.

Haddad, Benjamin, "New Appointments Give Clues on Trump's European Policy: Wess Mitchell nominated for Assistant Secretary of State for European and Eurasian Affairs", *Chroniques Americaines*, https：//www.ifri.org/en/publications/editoriaux-de-lifri/chroniques-americaines/new-appointments-give-clues-trumps-european.

CEPA, *Frontline Allies: War and Change in Central Europe*, CEPA, Washington, 2015.

Kalan, Dariusz, "Central Europe's Uncertain Future", *Foreign Affairs*, 2016 November 21, https：//www.foreignaffairs.com/articles/europe/2016-11-21/central-europe-s-uncertain-future.

Zakaria, Fareed, "The Post-American World", *The New York Times*, New York, 2011.

Kissinger, Henry, *Diplomácia*, Panem, Budapest.

Bremmer, Ian, "The Only 5 Countries That Meet NATO's Defense Spending Requirements", *Time*, 2017 February 14, http://time.com/4680885/nato-defense-spending-budget-trump/.

Weinstein, Kenneth R., "Trump knows more about Central Europe than he's given credit", *Aspen Review*, 2017/2, https://www.aspenreview.com/article/2017/trump-knows-more-about-central-europe/.

Magyarics, Tamás, "A globális hegemón", In: *Új világrend? Nemzetközi kapcsolatok a hidegháború utáni világban*. Ed.: Rada, Péter. CKKE, Grotius Könyvtár, Budapest, 2007

Magyarics, Tamás, "A kapcsolatok 'normalizálása' vagy jóindulatú közömbösség? Az Egyesült államok Közép-Európa-politikája", *Külügyi Szemle*, 2010/nyár, pp. 52 – 69.

Magyarics, Tamás, "An Unsentimental Look at the Geopolitics of Central Europe", *Hungarian Review*, 2015/3, http://www.hungarianreview.com/article/20150514_an_unsentimental_look_at_the_geopolitics_of_central_europe_part.

Zaborowski, Marcin, "What President Trump means for Central and Eastern Europe", *CEPA-Europe's Edge*, 2016, http://cepa.org/Europes-Edge/Trump-Central-Europe.

Nézőpont Intézet, *NATO-és USA-pártiak a közép-európaiak, de többet várnak Trumptól*, 2017 November 9, http://nezopontintezet.hu/analysis/trump/.

Rada, Péter-Bartha, Dániel, "The Role of the Visegrád Countries in the Transatlantic Future", *BiztPol Affairs*, 2014/1, pp. 14 – 22, http://epa.oszk.hu/02400/02475/00002/pdf/EPA02475_ BiztpolAffairs_ 2014_ 01. pdf.

Rada, Péter-Marton, Péter-Balogh, István, "The V4 – US relationship and the Western Balkans in light of the U. S. pivot to Asia", *BiztPol Affairs*, 2013/1, http://epa.oszk.hu/02400/02475/00001/pdf/EPA02475 _ BiztpolAffairs _ 2013 _ 09 – 11. pdf.

Kagan, Robert, *Dangerous Nation*, Knopf, New York, 2006.

Szenes, Zoltán, *Honvédelem-védelempolitika*, Nemzeti Közszolgálati Egyetem, Budapest, 2017.

Carothers, Thomas, *US Democracy Promotion during and after Bush*, Carnegie Endowment for International Peace, Washington DC, 2007.

Valasek, Thomas-Jires, Jan-Lorenz, Wojciech-Rada Péter, "Missiles and misgivings: the US and Central Europe's security", *CEPI Policy Briefs*, 2013, http://www.cepolicy.org/publications/missiles-and-misgivings-us-and-central-europes-security.

Shanker, Tom, "Defense Secretary Warns NATO of Dim Future", *The New York Times*, 2011 June 11, https://www.nytimes.com/2011/06/11/world/europe/11gates.html.

Mitchell, Wes ed. et al. , *The Ties that Bind: U. S. -Central European Relations 25 Years after the Transition*, CEPA, Washington, 2013.

Mitchell, Wess-Grygiel, Jakub, *The Unquiet Frontier: Rising Rivals, Vulnerable Allies, and the Crisis of American Power.* Princeton University Press, Princeton, 2017. (See also *Nyugtalan határvidék. Felemelkedő riválisok, sebezhető szövetségesek és az amerikai hatalom válsága.* The Hungarian edition was published by Antall József Knowledge Centre, Budapest, 2017.)

Brzezinski, Zbigniew, *Strategic Vision*, Basic Books, New York, 2012. (See also *Stratégiai vízió*. The Hungarian edition was published by Antall József Knowledge Centre, Budapest, 2013.)

Miller, Zeke J., "Obama Won't Meet With Netanyahu During Washington Visit", *Time*, http://time.com/3678657/obama-netanyahu-washington/.

第十九章 能源多元化：V4与美国的能源关系

阿德拉·登科维奇（Adéla Denková）

一 以能源政策为重点介绍V4与美国的关系

（一）欧盟—美国能源关系

在过去十年中，能源安全在欧盟的外交政策中变得越来越重要。这主要是由于对进口的高度依赖性以及对俄罗斯天然气供应可靠性的担忧，但欧盟的决策也受到其他外部因素的影响：非常规石油和天然气革命、全球液化天然气（LNG）贸易增加、核能前途未卜、气候变化以及可再生能源的竞争力日益增强。[1]

针对2009年俄罗斯和乌克兰之间的天然气争端，欧盟委员会于2014年5月发布了"能源安全战略"（Energy Security Strategy）。[2] 几个月后，欧盟发布了"能源联盟战略"，其中总结了关于未来欧盟能源和气候政策的整体策略，该战略有助于解决与能源问题有关的安全和环境问题，并提高欧盟能源部门的竞争力。[3] 该战略还认识到能源

---

[1] Woertz Eckart et al., "The EU's energy diplomacy: Transatlantic and foreign policy implications", European Parliament, Brussels, 2016.10.

[2] "Energy Security Strategy", European Commission, ec. europa. eu/energy/en/topics/energy-strategy-and-energy-union/energysecurity-strategy.

[3] "Energy Strategy and Energy Union", European Commission, ec. europa. eu/energy/en/topics/energy-strategy-and-energyunion.

联盟外部层面的重要性,并要求更多地开展能源外交。①

跨大西洋关系起着重要的作用。2009年,欧美双方建立了高级别双边定期对话平台,讨论共同的能源挑战。该平台被称为欧盟—美国能源理事会(EU—US Energy Council),并在2009—2016年举行了年度会议,其结论②为更广泛的欧盟—美国峰会提供了依据。

迄今,欧盟与美国的能源贸易主要集中在煤炭和精炼石油产品上,而美国的原油出口禁令并未涵盖这些产品。目前,美国供应的煤炭占欧盟煤炭进口需求的五分之一以上,另外随着美国国内产业日益转向天然气发电,过去10年美国煤炭出口增长了3倍。③ 不过,美国最近崛起为主要的天然气生产国以及美国天然气出口量的增加,也被一些人视为保障欧盟天然气供应安全的一个有利的因素。欧盟目前约有三分之二的天然气依赖进口,由于国内产量下降,预计天然气的进口份额将进一步上升。

美国还一直在外交上积极推动通往欧洲的多条天然气供应路线,包括从阿塞拜疆的里海气田输送天然气的南部走廊(the Southern Corridor)。④

(二)对美国作为维谢格拉德集团国家合作伙伴的认知

2015年对维谢格拉德集团国家外交政策专业人士进行的一项调查显示⑤,在特朗普政府掌权之前,美国被视为V4第二重要的合作伙伴(继德国之后)。除匈牙利外的其他V4国家与美国的关系被评为良好(good),匈牙利的政策制定者对匈美双边关系的评估为一般

---

① "Energy Diplomacy", European External Action Service, eeas. europa. eu/topics/energy-diplomacy_ en.

② "United States of America", European Commission, ec. europa. eu/energy/en/topics/international-cooperation/united-statesamerica.

③ Alex Benjamin Wilson, "Energy and EU-US relations", European Parliamentary Research Service, Brussels, 2016/December. 3.

④ Wilson, p. 2.

⑤ Vít Dostál, "Trends of Visegrad Foreign Policy", Association for International Affairs (AMO), Prague, 2015, p. 14.

(average mark)。维谢格拉德集团的绝大多数受访者在 2015 年还认为,大西洋两岸在经济和安全领域的关系未来 5 年内将会加强。

唐纳德·特朗普（Donald Trump）当选为美国总统给欧洲盟友带来了不确定性,他们对大西洋两岸未来的关系感到不确定,尽管 V4 成员国似乎比西欧国家更加冷静。匈牙利总理欧尔班是在美国总统大选期间第一个表示支持这位共和党候选人的主要领导人。[1]

V4 国家中,波兰经常被认为是美国及其中欧和东欧政策的最大支持者。在双边关系中,安全保障问题一直是重中之重,而华沙将华盛顿视为对抗莫斯科的主要安全保障。这就是为什么特朗普政府与俄罗斯的关系是波兰的主要关切。[2] 对于所有维谢格拉德集团国家来说,北约的未来是一个重要的问题。正因如此,特朗普总统对北约运作的评论（尤其是就盟国履行财政义务的意愿而言）,引发了人们对北约框架内的合作是否仍将是美国优先事项的担忧。

2015 年的调查显示,安全和国防政策以及与俄罗斯的关系将是主导跨大西洋关系的最重要问题。大多数受访者提到了经贸合作。但是,能源政策或能源安全并没有被外交政策专业人士单独列为一个具体的重大问题。此外值得注意的是,根据受访者的看法,与美国的外交关系不是 V4 作为一个实体应共同应对的问题。[3]

其中一个原因可能是美国的原油和天然气出口禁令,该禁令最近才被解除（见下文）。然而,得益于美国的页岩气革命,从美国到中欧的天然气供应潜力在 V4 的政治议程中占据了一席之地。2013—2014 年担任 V4 轮值主席国的匈牙利和 2014—2015 年担任轮值主席国的斯洛伐克,都将工作重点放在 V4 和美国就能源问题进行的磋商上,特别关注向欧洲输送液化天然气（LNG）的可能性。2015—2016 年捷克担任轮值主席国期间,这些活动得到了跟进,能源安全问题依

---

[1] Zgut Edit—Šimkovic Jakub—Kokoszczynski Krzysztof—Hendrych Lukáš, "Visegrád on Trump: Anxious but optimistic", EurActiv.com, 2017, February 2, www.euractiv.com/section/central-europe/news/visegrad-on-trump-anxious-butoptimistic/.

[2] Zgut—Šimkovic—Kokoszczynski—Hendrych.

[3] Dostál, p. 14.

然存在于 V4 与美国的关系中。"V4 + 美国"能源特使磋商于 2018 年 6 月在华盛顿举行。①

（三） V4 国家的能源政策

尽管欧盟成员国有权决定本国的能源结构，但欧盟立法对各国能源政策的实际影响是相当大的。未来十年，维谢格拉德集团国家和欧盟其他地区的发展将取决于欧盟委员会（European Commission）在 2016 年 11 月提出的一揽子立法提案的最终形式。②

该文件也被称为"冬季套餐"（Winter Package），根据不同地区的实际情况做出了广泛的反应，可再生资源日益增加的部署正在重新定义旧的事实。根据理想的愿景，欧盟的能源结构应该基于能源效率、可再生能源和天然气（人们认为天然气是一种相对清洁的能源，并且足够灵活，能够与太阳能或风能兼容）。具有讽刺意味的是，在目前的市场条件下，经营燃气发电厂是不赚钱的。因此，除了努力促进清洁能源的使用，冬季套餐还试图恢复欧盟电力市场的稳定。

欧洲立法的新原则基于各国元首和政府首脑于 2014 年 10 月达成的协议③，并在 2015 年 12 月《巴黎气候协议》下的联盟承诺中得到重申。④ 根据该文件，到 2030 年欧盟的温室气体排放量将比 1990 年减少 40%。在一些维谢格拉德集团国家（特别是在波兰，以及较低程度上的捷克），将需要对迄今为止以煤炭为基础的能源部门进行实质性的转型。因此，V4 成员国在履行气候承诺的同时，正在寻求确保能源安全的方法。几乎所有国家都认为核能是理想的解决方案，因

---

① 参见 V4 历任轮值主席国的计划，www. visegradgroup. eu/documents/presi dency-programs。

② "Clean Energy for All Europeans"，European Commission，ec. europa. eu/energy/en/topics/energy-strategy-and-energy-union/clean-energy-all-europeans。

③ "2030 Climate & Energy Framework"，European Commission，ec. europa. eu/clima/policies/strategies/2030_ en。

④ "The Paris Agreement"，United Nations，unfccc. int/paris_ agreement/items/9485. php。

为天然气的作用有限。①

二 美国在 V4 能源供应多元化方面的潜在作用

（一）石油

在维谢格拉德集团国家的能源结构中，石油的重要性低于欧盟平均水平（34.4%）。2015 年，石油占捷克和斯洛伐克初级能源产品的 20.6%，占波兰的 25.1%，占匈牙利的 28.8%。② 俄罗斯是所有国家的主要供应国。

尽管美国国会在 2015 年年底取消了原油出口禁令，但根据欧洲议会对外政策总司 2016 年委托进行的一项研究，不能将希望寄托在美国的原油出口上。③ 该研究认为，由于各种原油品种的市场特点和美国炼油行业的实力，美国的石油出口可能会继续以精炼产品而非原油的形式。然而，美国进口的减少对全球油价构成下行压力，并释放了欧洲其他地区的供应。

（二）煤炭

美国拥有世界上最大的可开采煤炭储量，并且是仅次于中国的第二大煤炭生产国和煤炭消费国。然而，煤炭生产和消费都在过去十年中有所下降，其中大部分可归因于煤炭被天然气所取代。④ 近年来，美国煤炭出口量从 2014 年的 11.35 万短吨下降至 2016 年的 9.850 万

---

① Denková Adéla—Zgut Edit—Kokoszczyński Krzysztof—Szalai Pavol, "V4 energy security: The land of nuclear and coal", Euractiv. com, 2017, March 16, www. euractiv. com/section/electricity/news/v4-energy-security-the-land-of-nuclear-and-coal/.
② 除非另有说明，V4 国家的能源混合数据可在欧盟委员会 2017 年制定的各国情况说明书中找到，ec. europa. eu/commission/publications/energy-union-factsheets-eucountries_ en。
③ Woertz, p. 11.
④ Woertz, pp. 33 - 34.

短吨,① 但与 2016 年同期相比,2017 年前五个月猛增超过 60%,特朗普政府的论点是:在美国恢复煤炭工业的努力非常顺利。据专家介绍,出口增加的主要原因是欧洲和亚洲的需求飙升,这可能是暂时的。②

在维谢格拉德集团国家中,从美国进口煤炭主要对匈牙利至关重要。2015 年,匈牙利 48% 的硬煤进口来自美国。对波兰来说,这也可能在随后变得重要。自 2005 年以来,该国的煤炭进口增长了一倍多(主要是硬煤)。波兰公司还可以将进口的煤炭转售给包括 V4 成员国在内的其他欧盟国家,以履行与海外买家签订的合同。③ 值得注意的是,硬煤不仅仅可以用于能源目的,它还是钢铁生产等工业生产过程中不可或缺的原材料。

在能源使用方面,维谢格拉德集团国家煤炭能源的未来将取决于他们完成气候政策的意愿、欧盟能源市场的运作以及新技术的采用。斯洛伐克有望就逐步淘汰煤炭进行一场公开辩论,辩论可能在 2030 年之前进行。根据欧盟统计局(Eurostat)的数据,2015 年斯洛伐克国内能源消费总量中,煤炭占 24%。在捷克,这一比例为 38%,但根据 2015 年实施的国家能源政策,固体燃料占一次能源年消费总量的比重应下降到 11%—17%。④ 根据欧盟统计局的数据,匈牙利能源部门对煤炭的依赖程度并不高,2015 年,煤炭在能源结构中所占比例为 11%。波兰更依赖煤炭,因为 53% 的能源来自煤炭。在电力生产方面,波兰对煤炭的依赖要高得多——超过 80%。到目前为止,面对强大的矿工工会,波兰政府发现很难宣布逐步淘

---

① "U. S. Coal Exports and Imports", U. S. Energy Information Administration, www. eia. gov/coal/production/quarterly/pdf/t4p01p1. pdf.

② Gardner Timothy—Chestney Nina, "U. S. coal exports soar, in boost to Trump energy agenda, data shows", Reuters. com, 2017, July 28, www. reuters. com/article/us-usa-coal-exports/u-s-coal-exports-soar-in-boost-to-trump-energy-agenda-data-shows-idUSKBN1AD0DU.

③ "Polish Exporter to Fill Domestic Coal Hole with US Imports", U. S. Coal Exports. org, www. uscoalexports. org/2017/09/28/polish-exporter-to-fill-coal-hole/#more-1295.

④ "State Energy Policy of the Czech Republic", Ministry of Industry and Trade of the Czech Republic, www. mpo. cz/dokument161030. html.

汰煤炭。但是，人们对波兰煤炭开采的竞争力表示严重关切，而且采矿部门的改组正在进行当中。①

（三）核能

核能可能是波兰减少对煤炭依赖的解决方案之一，但到目前为止，这一选择似乎不太现实。第一座核电站本应在 2024 年投入使用，但却遭遇了许多延误。最近的一次推迟是在 2017 年 9 月，波兰能源部部长宣布，计划在 2029 年之前在波兰建造第一座核电站，之后应该会进行进一步建设。②

选择核能符合维谢格拉德集团其他国家的战略。位于莫霍夫奇（Mochovce）的斯洛伐克发电厂的两个新的核电机组计划在 2018 年和 2019 年相继投入运行③，增加核能在该国电力结构中已经很高的份额（2015 年，欧盟统计局数据为 58%）。匈牙利即将开始建设帕克斯核电站的两个新机组④，由俄罗斯国家原子能公司（Rosatom）提供资金、进行建设和提供服务。因此，预计该项目将加深匈牙利对俄罗斯能源行业的依赖。到目前为止，核能约占该国能源结构的 17%，燃料完全从俄罗斯进口。

捷克不久将为一项新的核合同进行招标，该国将在 2018 年决定在杜科瓦尼（Dukovany）核电站建设一个新机组的融资模式。该核电站应该会在 2037 年投入使用，之后可能会建设另一座核电站。此外，

---

① "Energy Union Factsheet Poland", Commission Staff Working Document, European Commission, 2017, November 23, https://ec.europa.eu/commission/sites/beta-political/files/energy-union-factsheet-poland_en.pdf.

② "Poland may have first nuclear power plant by 2029", Reuters.com, 2017, September 6, www.reuters.com/article/polandnuclear/poland-may-have-first-nuclear-power-plant-by-2029-idUSL8N1LN222.

③ "Mochovce completion follows schedule", The Slovak Spectator, 2017, December 18, spectator.sme.sk/c/20721164/mochovcecompletion-follows-schedule.html.

④ "Putin Tells Hungary's Orban Nuclear Plant Expansion To Start Next Year", Radio Free Europe/Radio Liberty, 2017, August 29, www.rferl.org/a/putin-hungary-orban-judo/28700669.html.

还有一个扩建特马林（Temelín）核电站的计划。① 在 2040 年之前的能源战略中，捷克计划用核能取代煤炭成为发电的主要支柱。在未来的 23 年里，核能的份额将从目前的 33% 上升到 45% 或 50%。② 杜科瓦尼核电站和特马林核电站目前都使用俄罗斯产的燃料，但美国西屋电气公司（Westinghouse）生产的燃料曾于 2000—2010 年和 2018 年在特马林核电站使用，而这家美日合资公司提供的一种新型核燃料的测试将会在 2018 年开始。③

西屋电气公司（Westinghouse Electric Company）是杜科瓦尼核电站扩建项目的潜在竞标者之一。尽管该公司有望满足该项目的技术要求，但在 2017 年 3 月申请破产④后，其成功的概率已经大大降低。西屋电气公司于 2017 年 7 月放弃了南卡罗莱纳（South Carolina）两个尚未完工的核反应堆项目⑤，与世界各地其他供应商的其他项目类似，美国佐治亚州（Georgia）和中国的其他核反应堆建设也被推迟。在大西洋两岸，核能产业都面临着衰退。⑥

（四）天然气

欧盟天然气消费的前景也存在一些问题。2015—2018 年，天然

---

① Adéla Denková, Sobotka and Fico, "Czechs and Slovaks committed to nuclear energy", EurActiv. com, 2017, May 26, www.euractiv.com/section/energy-environment/news/sobotka-and-fico-czechs-and-slovaks-committed-to-nuclear-energy/.

② Denková-Zgut-Kokoszczyński-Szalai.

③ "Westinghouse to supply VVER-1000 fuel assemblies for Temelín nuclear power plant", Westinghouse, 2016, February 29, www.westinghousenuclear.com/About/News/View/Westinghouse-to-Supply-VVER-1000-Fuel-Assemblies-for-TemelinNuclear-Power-Plant.

④ Cardwell Diane-Soble Jonathan, "Westinghouse files for bankruptcy, in blow to nuclear power", New York Times. com, 2017, March 29, www.nytimes.com/2017/03/29/business/westinghouse-toshiba-nuclear-bankruptcy.html.

⑤ Brad Plumer, "U. S. nuclear comeback stalls as two reactors are abandoned", New York Times.com, 2017, July 31, www.nytimes.com/2017/07/31/climate/nuclear-power-project-canceled-in-south-carolina.html.

⑥ Stephen Stapczynski, "Next-generation nuclear reactors stalled by costly delays", Bloomberg.com, 2017, February 2, www.bloomberg.com/news/articles/2017-02-02/costly-delays-upset-reactor-renaissance-keeping-nuclear-at-bay.

气的使用量一直在增加①，欧盟委员会估计，到2050年，天然气在欧盟能源结构中的比重将略高于2015年。另外，其他一些研究预测，到2020年和2040年，经济合作与发展组织（OEDC）中的欧洲成员国对天然气的需求相较于2013年将有所下降。②

波兰是维谢格拉德集团国家中最大的天然气消费国，年消费量近160亿立方米，但天然气仅占其最终能源消耗的16%，主要用于工业生产。不到三分之一的天然气来自国内生产，其余主要从俄罗斯进口。2011—2013年，该国大力开发国内非常规天然气储备，吸引了众多美国投资者。然而事实证明，这些页岩气储备的潜力被严重高估③，利用现有技术开发这些页岩气储备的成本将变得过于高昂，因为该国页岩气储备的埋藏深度比美国的要深得多，因此，非常规天然气钻探项目停止了。然而，2017年4月，时任副总理马特乌斯·莫拉维茨基（Mateusz Morawiecki）表示，得益于技术进步带来的钻探成本下降，波兰未来可能会回到页岩气生产上来。④

匈牙利的能源结构显示其在很大程度上依赖天然气（超过30%）。2015年，斯洛伐克天然气在能源结构中所占份额与欧盟平均水平（22%）相近，而捷克仅为15%。匈牙利和斯洛伐克几乎所有的天然气都是从俄罗斯进口的，而在捷克和波兰，2015年从俄罗斯进口的天然气占天然气进口的70%左右。

根据2017年11月发布的最新《世界能源展望》（*World Energy Outlook*），国际能源机构（IEA）预计，未来25年，欧盟在电力行业使用天然气的潜力将不断增长。⑤ 就V4而言，重点是核能，但天然气也可能发挥重要作用。预计到2020年，由于燃气发电厂的建设，

---

① 数据由捷克天然气协会提供。
② "Energy Perspectives. Long-Term Macro and Market Outlook", 2016, Statoil, www.statoil.com/content/dam/statoil/documents/energy-perspectives/energy-perspectives-2016.pdf.
③ Eva Keller, "The end of Poland's Shale Gas Eldorado", Emerging Europe.com, 2017, December 1, emerging-europe.com/regions/poland/the-end-of-polands-shale-gas-eldorado/.
④ Morawiecki, "Polska nie rezygnuje z gazu łupkowego", BiznesAlert.pl, 2017, April 5, http://biznesalert.pl/morawiecki-polskarezygnuje-gazu-lupkowego/.
⑤ "World Energy Outlook 2017", International Energy Agency, www.iea.org/weo2017/.

波兰的天然气年消费量可能会增长到170亿立方米①；目前，天然气（连同可再生能源）正在覆盖捷克的能源消费增量。② 捷克的能源战略依靠5%—15%的天然气发电。

天然气能源在维谢格拉德集团国家的命运将取决于核项目的成败以及欧盟内部市场的运作。到目前为止，由于电价较低，现代燃气发电厂一直处于成为搁浅资产的危险之中。此外，"最清洁的化石燃料"的公众形象仍然受到2009年天然气危机的损害，尽管自那以来中欧的形势发生了重大变化，如在市场联系和反向流动的可能性方面。一些中欧国家的天然气中心发展得相当好，特别是捷克和斯洛伐克，他们正享受着向液化天然气市场的逐步转变。然而，需要多样化的进口路线和来源仍然是一个重要问题。不足为奇，减轻对俄罗斯天然气的依赖是其主要目标。

目前，欧盟消耗的天然气69%依靠进口。2015年，从俄罗斯和挪威这两个外部供应国的进口占总进口的74.8%。然而，到2050年，随着消费量和不断下降的国内产量之间的差距不断扩大，天然气进口依赖度将增加到86%，预计俄罗斯仍将是主要供应国，市场份额约为40%。③

中欧和东欧国家对俄罗斯天然气的依赖尤其严重。2017年春季，欧盟委员会基于一项为期两年的调查，表示俄罗斯天然气工业股份公司（Gazprom）作为其中一些国家的主要天然气供应商，一直在通过一种划分中欧和东欧天然气市场的策略，违反欧盟的反垄断规定。欧盟委员会表示，俄罗斯天然气工业股份公司在其供应协议中实施了领土限制，在一些国家推行过度定价政策，并利用其市场主导地位，在获取或控制天然气基础设施方面获得优势。④ 由于欧盟的压力，情况

---

① Center for European Policy Analysis, "Thinking Outside of the Russian Box-A way ahead for Poland's gas sector", Center for European Policy Analysis, Washington, D. C., 2016. 3.

② 数据由捷克天然气协会提供。

③ Gawlikowska-Fyk Aleksandra—Godzimirski Jakub M., "Gas Security in the Pipeline—Expectations and Realities", The Polish Institute of International Affairs-Policy Paper no. 2 (155), 2017, August 23.

④ "Commission invites comments on Gazprom commitments concerning Central and Eastern European gas markets", European Commission, 2017, March 13, europa. eu/rapid/press-release_ IP-17-555_ en. htm.

正在逐步改善，但主要是因为当地发生的变化。

维谢格拉德集团国家在欧洲基金的帮助下，已经实施或正在进行若干互联项目，这些项目的特点是在更广泛的视野中建立波罗的海（Baltic Sea）和亚得里亚海（Adriatic Sea）之间的南北互联。波兰和克罗地亚的液化天然气终端是这一设想的重要组成部分。2018年6月，克罗地亚议会通过一项法律，允许在亚得里亚海北部的克尔克岛（Krk）建设液化天然气接收站，该接收站的年处理能力为26亿立方米，将于2020年开始运营。① 波兰斯维诺吉茨(Świnoujście)的液化天然气码头于2015年开始运营而且政府一再提到计划增加其容量（目前每年5亿立方米）或在波罗的海建立另一个接收站。2016年，波兰还决定启动"北方之门"（the Northern Gate）项目，一套天然气互联项目，旨在将波兰天然气市场与挪威大陆架上的天然气储备连接起来，该项目也可以服务于该地区的其他国家。

美国页岩气革命和液化天然气出口能力的逐步发展，被纳入到维谢格拉德集团国家对天然气供应安全的审议中。国际能源署估计，2016—2021年，全球新增液化天然气产量的一半将来自美国。② 这对波兰来说尤其重要，因为波兰的目标是独立于俄罗斯的供应，成为地区天然气中心。斯维诺吉茨的接收站2017年6月首次接受了来自美国的液化天然气供应③，并且波兰主要的天然气公司PGNiG签署了2017年11月从美国运输液化天然气的第一份中期交易合同。④

直到最近，美国天然气出口还受到类似原油出口的限制。过去几

---

① "Croatia's parliament gives go ahead for EU-backed LNG terminal", Reuters. com, 2018, June 14, https://www.reuters.com/article/croatia-energy-lng/croatias-parliament-gives-go-ahead-for-eu-backed-lng-terminal-idUSL5N1SW2AL.

② International Energy Agency, "Global Gas Security Review-How Flexible are LNG Markets in Practice?" International Energy Agency, Paris, 2016. 10.

③ "First ever shipment of LNG from US arrives in Poland", Radio Poland, 2017, July 6, www.thenews.pl/1/10/Artykul/310708, Firstever-shipment-of-LNG-from-US-arrives-in-Poland.

④ "Poland's PGNiG signs first mid-term deal for LNG supplies from U. S.", Reuters. com, 2017, November 21, www.reuters.com/article/pgnig-lng-usa/update-1-polands-pgnig-signs-first-mid-term-deal-for-lng-supplies-from-u-sidUSL8N1NR68Y.

年，这些条件已大大放宽，但欧洲和美国之间液化天然气能源贸易的未来将取决于一些因素。美国的液化天然气不仅要与澳大利亚、卡塔尔和非洲国家等其他重要出口国的供应竞争，这些国家迄今在欧盟市场上一直占据主导地位，而且从商业角度看，进口俄罗斯天然气也有很好的理由，因为通过管道输送的天然气往往比进口液化天然气更具竞争力。① 另一方面，亚洲天然气价格高于欧洲天然气枢纽价格，对美国出口商更具吸引力，这也是欧盟再气化能力利用率较低的主要原因。②

然而，正如欧洲议会对外政策总司委托进行的研究所表明的，美国液化天然气能否进入欧洲市场是次要的。最关键的是天然气市场从管道运输向液化天然气结构性转变的益处。现货市场流动性的增加，意味着欧洲有更多的供应选择，也意味着欧洲对来自俄罗斯或北非的传统供应商拥有更大的影响力。③

（五）可再生能源

在专门讨论能源政策的一章中，必须提到可再生能源，因为从某种意义上说，可再生能源是为没有大量原料储备的国家提供以国内资源为基础的独立性的唯一能源手段。2015年，可再生能源在捷克、匈牙利、斯洛伐克和波兰的最终能源消费中所占比重分别为15.1%、14.5%、12.9%和11.8%，按照欧盟能源和气候政策，未来绿色能源所占比重还将上升。2015年，在发达经济体中，美国仍然拥有全球最大规模的可再生能源个人投资者。④ 虽然在V4—US合作框架下的能源问题中没有"可再生主题"，但未来在研究和创新方面关注新技术可能会在欧盟国家和美国的关系中变得更加重要。

---

① Woertz, p. 11.
② International Energy Agency, p. 92.
③ Woertz, p. 12.
④ Renewable Energy Policy Network for the 21st Century, Renewables 2016 – Global Status Report, REN21, Paris, 2016, p. 102.

三 相关问题

根据上文所述现状和未来可能出现的发展,为了完成整个图景,有几个话题值得提及。

(一) 跨大西洋贸易与投资伙伴关系(TTIP)

欧盟和美国之间的贸易和投资协定谈判始于 2013 年,旨在消除各种各样的贸易壁垒,如关税、繁文缛节和对大西洋两岸投资的限制。① 2017 年年初特朗普政府入主白宫后,关于 TTIP 的谈判陷入停滞,其命运仍不明朗。② 如果谈判能够恢复,能源和原材料领域的合作可能成为双方感兴趣的话题。可以在 TTIP 中专门用一章来讨论这些问题。然而,即便没有这样的条款,欧洲也可以仅仅通过签署一项自由贸易协定就获得相当大的好处,比如改善对美国液化天然气供应的获取。③ 由于亚洲天然气市场的价格水平往往高于欧洲,美国与亚洲国家之间建立跨太平洋伙伴关系(TPP)可能会削弱这种地位。④ 然而,在唐纳德·特朗普上任后不久,TPP 就被放弃了。⑤

美国可能也有兴趣获得欧洲非常规(页岩)天然气资源的市场准入,然而其涉及的水力压裂法从生态角度来看可能是有争议的。欧盟认为关于自然资源及其开发的决定是各成员国的主权问题。只有当他们决定开放一个特殊的能源市场,如非常规天然气,TTIP 才能帮助促进竞争和开放获取。⑥ 然而,人们普遍认为,欧盟非常规天然气资

---

① "Transatlantic Trade and Investment Partnership (TTIP)", European Commission, ec. europa. eu/trade/policy/in-focus/ttip/.

② Andrew Rettman, "The EU and US in the age of Trump", EUobserver. com, 2017, December 28, euobserver. com/europe-in-review/139870.

③ Woertz, p. 12.

④ Ibid. .

⑤ Peter Baker, "Trump abandons Trans-Pacific Partnership, Obama's Signature Trade Deal", New York Times. com, 2017, January 23.

⑥ Woertz, p. 68.

源的潜力远低于美国。

美国和欧盟之间的自由贸易协定，也可能有助于开放可再生能源市场，例如，通过减少当地含量条款或对监管和标准进行协调。这将大大增加可再生能源生产商设备和技术的出口机会。[1]

（二）北溪 2 号（Nord Stream 2）

北溪 2 号是一个扩建现有的从俄罗斯到德国的北溪天然气管道的项目。如果这个由俄罗斯天然气工业股份公司（Gazprom）牵头、5 家西欧公司提供资金支持的项目得到实施，北溪管道目前的产能（550 亿立方米/年）将增加一倍。建设计划受到波兰和其他中东欧国家的严厉批评，欧盟委员会对该项目的态度也很谨慎。2017 年，该委员会努力获得成员国的正式授权，与俄罗斯就"北溪 2 号"的法律地位进行谈判。[2]

该项目也属于俄罗斯因乌克兰、叙利亚问题和美国总统大选而受到新制裁的项目之一。2017 年 6 月，美国国会通过制裁法案并由特朗普总统签署成为法律。尽管这并不是新措施的主要目标，但这一进程助长了欧盟内"北溪 2 号"的反对者和支持者之间的争议。虽然美国的制裁给波兰及其盟友带来了希望，但也给其他国家提供了理由，即美国的目的只是损害其向欧洲出口液化天然气的竞争对手的利益。[3]

（三）V4 天然气市场整合

各国之间的相互联系有助于避免能源依赖产生的问题，前提是他们可以利用多种能源和进口途径。人们还认为，各国输电系统的实际互联应通过市场一体化的补充，从而使天然气能够更自由地在整个欧洲大陆流动。除此之外，创建一个使用液化天然气的巨大的欧洲市

---

[1] Woertz, p. 12.

[2] Pavol Szalai, "Ristori: 'With Poland, we have an extremely positive energy dialogue'", EurActiv.com, 2017, December 6.

[3] Gawlikowska-Fyk Aleksandra—Wiśniewski Bartosz, "US sanctions and Nord Stream 2: Every dog has its day?", EurActiv.com, 2017, August 8.

场，可能会提高欧洲对包括美国在内的液化天然气出口国的吸引力。[1]

维谢格拉德集团国家几年来一直在讨论整合他们的天然气市场。这一想法出现在 2009 年俄乌天然气危机之后，并于 2012—2013 年在波兰 V4 轮值主席国任期内启动了一体化项目。然而，到目前为止还没有取得重大进展。[2] 事实上，位于布尔诺的马萨里克大学（Masaryk University）的一项研究表明，V4 天然气市场整合的一个显著特征是，各方对这个词的实际含义缺乏共同的理解。[3] 研究表明，市场整合往往与市场互联相混淆。对于许多利益相关者来说，基础设施自然而然地代表了供应的安全性。在利益相关者看来，市场一体化的好处是值得怀疑的。该研究称，整合被广泛视为一项消耗利益相关者资源的政治任务。

（四）"三海倡议"（TSI）

除了维谢格拉德集团外，中欧和东欧也有其他国家集团，例如"斯拉夫科夫三角"（Slavkov Triangle）。最近的一个是 2016 年 8 月在波兰和克罗地亚领导下建立的"三海倡议"（TSI）。位于亚得里亚海、波罗的海和黑海之间的 12 个国家参与了这个非正式组织，包括了 V4 的所有成员国。在首份宣言[4]中，"三海"国家承诺推动能源、交通和数字技术领域的区域合作项目。

2016 年 7 月，"三海"国家第二次会议在波兰华沙举行，美国总统唐纳德·特朗普出席。这引发了一些专家和外交官的担忧，他们担心新倡议可能被外部势力滥用，在欧盟成员国之间制造不和，其中一

---

[1] Douglas Hengel, "The next phase of U. S. -EU energy cooperation", The German Marshall Fund of the United States, 2017, April 10, www.gmfus.org/blog/2017/04/10/next-phase-us-eu-energy-cooperation.

[2] "Road map towards a regional gas market among the V4 countries", www.visegradgroup.eu/calendar/2013/v4-road-map-eng.

[3] Osička Jan—Lehotsky Lukáš—Zapletalová Veronika—Černoch Filip, "Natural gas market integration in the V4 countries", Ministry of Foreign Affairs of the Czech Republic, Prague, 2016.

[4] "The Dubrovnik Statement", predsjednica. hr/files/The%20Joint%20Statement%20on%20The%20Three%20Seas%20Initiative（1）.pdf.

些国家对特朗普政府不那么友好，而另一些国家对特朗普政府更友好。当时的捷克外交部长也对波兰和匈牙利表示保留意见，这两个国家最近强调了欧盟的东西分裂。也有人担心"三海倡议"可能会削弱 V4 的合作。①

然而，如果"三海倡议"保持在基础设施合作的定义框架内，它实际上可能有助于发展维谢格拉德集团长期以来以"V4 +"模式实现的理念。② 在能源政策领域，"三海倡议"重点放在各国之间的相互联系上，这些国家应该建立所谓的南北天然气走廊，核心是波兰和克罗地亚的液化天然气接收站。这在整个欧洲背景下也可能有意义。在具有欧盟共同利益项目（PCI）地位的 80 个天然气项目中，约有 50 个位于"三海"国家。在连接欧洲基金（CEF）为天然气项目提供的资金中，90% 以上流向了"三海"国家。③

四　结　论

尽管美国与欧盟之间的能源贸易迄今主要集中在煤炭和成品油领域，但液化天然气在美国页岩气革命后变得重要起来。欧盟目前约三分之二的天然气依赖进口，由于国内产量下降，预计进口份额还将进一步上升。因此，美国作为一个重要的全球天然气出口国的崛起，为大西洋两岸的能源安全合作开辟了新的空间。

近年来，美国向欧洲供应天然气的潜力也在维谢格拉德集团成员国的政治议程上占据了一席之地。这尤其适用于致力于成为区域天然

---

① Przybylski Wojciech, "New initiative could trump the Visegrad Group", Visegrad Insight, 2017, June 27, visegradinsight. eu/new-initiative-could-trump-the-visegrad-group/.

② Octavian Milewski, "Mateusz Gniazdowski: Central European states do not need rivalry, they need joint efforts", Visegrad Insight, 2017, June 29, visegradinsight. eu/central-european-states-do-not-need-rivalry-they-need-joint-efforts/.

③ PCI 地位加快了获得许可的速度，并允许组织者向 CEF 申请财政支持。Bartosz Bieliszczuk, "Three Seas Initiative: Benefits for Regional Gas Markets and the EU", The Polish Institute of International Affairs-Bulletin, No. 63 (1003), 30 June 2017, www. pism. pl/files/? id_plik = 23344.

气枢纽的波兰，波兰利用位于其斯维诺吉茨的液化天然气接收站与邻国互联。在欧洲基金的帮助下，维谢格拉德集团国家已经实施或正在开展几个互联项目，这些项目的目的是通过斯维诺吉茨和计划中的克罗地亚克尔克岛的液化天然气终端在波罗的海和亚得里亚海之间建立互联互通，这是南北天然气走廊"皇冠上的宝石"。

然而，V4 的天然气消费水平仍然值得怀疑。除其他事项外，这将取决于核能事业的成功或失败，维谢格拉德集团国家认为核能是解决气候和安全问题的理想办法。在这方面，欧盟内部市场的运作是另一个问题。到目前为止，由于电价较低，现代燃气发电厂一直处于成为搁浅资产的危险之中。

向中欧出口液化天然气的经济合理性也将影响该地区与美国的合作。美国的液化天然气与卡塔尔、阿尔及利亚或尼日利亚等其他出口国的天然气供应存在竞争，进口俄罗斯天然气也有很好的商业理由，因为通过管道输送的天然气价格往往比进口液化天然气更具竞争力。另外，亚洲天然气价格高于欧洲天然气枢纽价格，对美国出口商更具吸引力，也是欧盟再气化能力利用率较低的主要原因。

核电站新机组的建设为美国和 V4 国家之间的合作提供了另一种选择。预计捷克将开始为杜科瓦尼核电站的至少一个机组寻找技术供应商，波兰也宣布了自己的核计划。但在西屋电气公司于 2017 年申请破产后，该公司参与这些项目的可能性有所降低。

对于波兰和匈牙利等一些中欧国家来说，从美国进口硬煤也是重要的能源来源之一。然而，由于对清洁能源生产和气候行动的重视，预计煤炭在欧洲国家未来能源结构中的比重将会下降。

参考文献：

Baker, Peter, "Trump abandons Trans-Pacific Partnership, Obama's Signature Trade Deal", New York Times. com, 2017, January 23.

Bieliszczuk, Bartosz, "Three Seas Initiative: Benefits for Regional Gas Markets and the EU", The Polish Institute of International Affairs-Bulletin, 2017/63, www. pism. pl/files/? id_ plik = 23344.

Cardwell, Diane-Soble, Jonathan, "Westinghouse files for bankruptcy, in blow to nuclear power", New York Times. com, 2017, March 29, www. nytimes. com/2017/03/29/business/westinghouse-toshiba-nuclear-bankruptcy. html.

Center for European Policy Analysis, "Thinking Outside of the Russian Box-A way ahead for Poland's gas sector", Center for European Policy Analysis, Washington, DC, 2016.

"Commission invites comments on Gazprom commitments concerning Central and Eastern European gas markets", European Commission, 2017, March 13, europa. eu/rapid/press-release_ IP-17-555_ en. htm.

"Croatia's parliament gives go ahead for EU-backed LNG terminal", Reuters. com, 2018, June 14, https://www.reuters.com/article/croatia-energy-lng/croatias-parliament-gives-go-ahead-for-eu-backed-lng-terminal-idUSL5N1SW2AL.

Denková, Adéla, "Sobotka and Fico: Czechs and Slovaks committed to nuclear energy", EurActiv. com, 2017, May 26, www. euractiv. com/section/energy-environment/news/sobotka-and-fico-czechs-and-slovaks-committed-to-nuclear-energy/.

Denková, Adéla-Zgut, Edit-Kokoszczyński, Krzysztof-Szalai, Pavol, "V4 energy security: The land of nuclear and coal", Euractiv. com, 2017, March 16, www. euractiv. com/section/electricity/news/v4-energy-security-the-land-of-nuclear-and-coal/.

Dostál, Vít, "Trends of Visegrad Foreign Policy", Association for International Affairs (AMO), Prague, 2015.

Energy Diplomacy, European External Action Service, eeas. europa. eu/topics/energy-diplomacy_ en.

Energy Perspectives, Long-Term Macro and Market Outlook, 2016, Statoil, www. statoil. com/content/dam/statoil/documents/energy-perspectives/energy-perspectives-2016. pdf.

Energy Security Strategy, European Commission, ec. europa. eu/energy/en/topics/energy-strategy-and-energy-union/energy-security-strategy.

Energy Strategy and Energy Union, European Commission, ec. europa. eu/energy/en/topics/energy-strategy-and-energy-union.

Energy Union Factsheet Poland, Commission Staff Working Document, European Commission, 2017, November 23, https://ec.europa.eu/commission/sites/beta-political/files/energy-union-factsheet-poland_ en. pdf.

Energy Union factsheets for EU countries, European Commission, ec. europa. eu/commission/publications/energy-union-factsheets-eu-countries_ en.

"First ever shipment of LNG from US arrives in Poland", Radio Poland, 2017, July 6, www. thenews. pl/1/10/Artykul/310708, First-ever-shipment-of-LNG-from-US-arrives-in-Poland.

Gardner, Timothy-Chestney, Nina, "U. S. coal exports soar, in boost to Trump energy agenda, data shows", Reuters. com, 2017, July 28, www. reuters. com/article/us-usa-coal-exports/u-s-coal-exports-soar-in-boost-to-trump-energy-agenda-data-shows-idUSKBN1AD0DU.

Gawlikowska-Fyk, Aleksandra-Godzimirski, Jakub M., "Gas Security in the Pipeline—Expectations and Realities", The Polish Institute of International Affairs-Policy Paper 2017/2.

Gawlikowska-Fyk, Aleksandra-Wiśniewski, Bartosz, "US sanctions and Nord Stream 2: Every dog has its day?", EurActiv. com, 2017, August 8.

Hengel, Douglas, "The next phase of U. S. -EU energy cooperation", The German Marshall Fund of the United States, 2017, April 10, www. gmfus. org/blog/2017/04/10/next-phase-us-eu-energy-cooperation.

International Energy Agency, "Global Gas Security Review-How Flexible are LNG Markets in Practice?", International Energy Agency, Paris, 2016.

Keller, Eva, "The end of Poland's Shale Gas Eldorado", Emerging Europe. com, 2017, December 1, emerging-europe. com/regions/poland/the-end-of-polands-shale-gas-eldorado/.

Milewski, Octavian, "Mateusz Gniazdowski: Central European states do not need rivalry, they need joint efforts", *Visegrad Insight*, 2017, June 29, visegradinsight. eu/central-european-states-do-not-need-rivalry-they-need-joint-efforts/.

Mochovce completion follows schedule, *The Slovak Spectator*, 2017, December 18, spectator. sme. sk/c/20721164/mochovce-completion-follows-schedule. html.

Morawiecki, "Polska nie rezygnuje z gazu łupkowego", BiznesAlert. pl, 2017, April 5, http: //biznesalert. pl/morawiecki-polska-rezygnuje-gazu-lupkowego/.

Osička, Jan-Lehotsky, Lukáš-Zapletalová, Veronika-Černoch, Filip, "Natural gas market integration in the V4 countries", Ministry of Foreign Affairs of the Czech Republic, Prague, 2016.

Plumer, Brad, "U. S. nuclear comeback stalls as two reactors are abandoned", New York Times. com, 2017, July 31, www. nytimes. com/2017/07/31/climate/nuclear-power-project-canceled-in-south-carolina. html.

"Poland may have first nuclear power plant by 2029", Reuters. com, 2017, September 6, www. reuters. com/article/poland-nuclear/poland-may-have-first-nuclear-power-plant-by-2029-idUSL8N1LN222.

"Poland's PGNiG signs first mid-term deal for LNG supplies from U. S", Reuters. com, 2017, November 21, www. reuters. com/article/pgnig-lng-usa/update-1-polands-pgnig-signs-first-mid-term-deal-for-lng-supplies-from-u-s-idUSL8N1NR68Y.

"Polish Exporter to Fill Domestic Coal Hole with US Imports", U. S. Coal Exports. org, www. uscoalexports. org/2017/09/28/polish-exporter-to-fill-coal-hole/#more-1295.

Przybylski, Wojciech, "New initiative could trump the Visegrad Group", *Visegrad Insight*, 2017, June 27, visegradinsight. eu/new-initiative-could-trump-the-visegrad-group/.

"Putin Tells Hungary's Orban Nuclear Plant Expansion To Start Next Year", Radio Free Europe/Radio Liberty, 2017, August 29, www. rferl. org/a/putin-hungary-orban-judo/28700669. html.

Renewable Energy Policy Network for the 21st Century, *Renewables 2016 – Global Status Report*, REN21, Paris, 2016.

Rettman, Andrew, "The EU and US in the age of Trump", EUobserver. com, 2017, December 28, euobserver. com/europe-in-review/139870.

Stapczynski, Stephen, "Next-generation nuclear reactors stalled by costly delays", Bloomberg. com, 2017, February 2, www. bloomberg. com/news/articles/2017-02-02/costly-delays-upset-reactor-renaissance-keeping-nuclear-at-bay.

State Energy Policy of the Czech Republic, Ministry of Industry and Trade of the Czech Republic, www. mpo. cz/dokument161030. html.

Szalai, Pavol, "Ristori: 'With Poland, we have an extremely positive energy dialogue'", EurActiv. com, 2017, December 6.

Transatlantic Trade and Investment Partnership (TTIP), European Commission, ec. europa. eu/trade/policy/in-focus/ttip/.

United States of America, European Commission, ec. europa. eu/energy/en/top ics/international-cooperation/united-states-america.

U. S. Coal Exports and Imports, U. S. Energy Information Administration, www. eia. gov/coal/production/quarterly/pdf/t4p01p1. pdf.

"Westinghouse to supply VVER-1000 fuel assemblies for Temelín nuclear power plant", Westinghouse, 2016, February 29, www. westinghousenuclear. com/About/News/View/Westinghouse-to-Supply-VVER-1000-Fuel-Assemblies-for-Temelin-Nuclear-Power-Plant.

Wilson, Alex Benjamin, "Energy and EU-US relations", European Parliamentary Research Service, Brussels, 2016/December.

Woertz, Eckart et al. , *The EU's energy diplomacy: Transatlantic and foreign policy implications*, European Parliament, Brussels, 2016.

World Energy Outlook 2017, International Energy Agency, www. iea. org/weo2017/.

Zgut, Edit-Šimkovic, Jakub-Kokoszczynski, Krzysztof-Hendrych, Lukáš, "Visegrád on Trump: Anxious but optimistic", EurActiv. com, 2017, February 2, www. euractiv. com/section/central-europe/news/visegrad-on-trump-anxious-but-optimistic/.

作者简介

安塔尔·雅罗勒姆（ANTAL, Jarolím）——布拉格经济大学欧洲研究中心主任

安塔尔-霍韦斯·维罗妮卡（ANTALL-HORVÁTH, Veronika）——安塔尔·约瑟夫知识中心（Antall József Knowledge Centre）副主任

塔梅斯·佩特·巴拉尼（BARANYI, Tamás Péter）——安塔尔·约瑟夫知识中心（Antall József Knowledge Centre）研究主管

格盖利·贝什尔梅尼-纳吉（BÖSZÖRMÉNYI-NAGY, Gergely）——匈牙利 Design Terminal 公司执行总监

阿德拉·登科维奇（DENKOVÁ, Adéla）——布拉格国际事务协会（Association for International Affairs, Prague）研究员

佩特·多布罗维耶基（DOBROWIECKI, Péter）——安塔尔·约瑟夫知识中心（Antall József Knowledge Centre）欧盟—维谢格拉德集团办公室主任

加尔·菲乔夫（GYÁRFÁŠOVÁ, Ol'ga）——布拉迪斯拉发公共事务研究所（Institute for Public Affairs, Bratislava）高级研究员

多米尼克·扬科夫斯基（JANKOWSKI, Dominik P.）——波兰外交部欧安组织和东部安全部门负责人

维罗尼卡·约维亚（JÓŹWIAK, Veronika）——波兰国际事务研究所（Polish Institute of International Affairs）研究员

贾娜·朱兹（JUZOVÁ, Jana）——布拉格欧洲研究院（Europeum, Prague）研究员

吕泽尔·安德烈斯·梅特（LÁZÁR, András Máté）——匈牙利外交

和贸易部维谢格拉德集团国家协调员

罗兰·梅耶斯（MENYES, Roland）——安塔尔·约瑟夫知识中心（Antall József Knowledge Centre）研究员

马丁·米歇洛特（MICHELOT, Martin）——布拉格欧洲政策研究所（EUROPEUM Institute for European Policy, Prague）副所长

默顿·穆拉（MURA, Márton）——匈牙利Design Terminal公司初级业务开发经理

祖扎纳·内哈约维奇（NEHAJOVÁ, Zuzana）——布拉格安永（Ernst & Young, Prague）创新中心主任

安德烈·奥斯科（NOSKO, Andrej）——能源政策研究组（CEU Energy Policy Research Group）研究员

托马斯·奥索夫斯基（OTŁOWSKI, Tomasz）——波兰卡西米尔·普拉斯基基金会（Casimir Pulaski Foundation）高级研究员

普尔泽米斯瓦夫·帕丘尼亚（PACUŁA, Przemysław）——波兰国家安全局战略分析部盟国安全部门负责人

彼得·特雷克（RADA, Péter）——匈牙利国家公共服务大学（National University of Public Service）科学与国际事务副院长

安德泽·萨迪克（SADECKI, Andrzej）——波兰东方研究中心（Centre for Eastern Studies, Poland）研究员

佩尔·佩特·施密特（SCHMITT, Pál Péter）——匈牙利总理办公室负责欧盟事务的国家副部长

安纳梅里亚·施泰纳-伊斯基（STEINER-ISKY, Annamária）——匈牙利总理办公室欧盟协调、机构和法律事务部政策顾问

托马·斯特罗萨伊（STRÁŽAY, Tomáš）——斯洛伐克外交政策协会（Slovak Foreign Policy Association）高级研究员

萨博尔茨·塔奇（TAKÁCS, Szabolcs）——匈牙利总理办公室欧盟事务国务专员

支持单位
Supporters

该项目由捷克、匈牙利、波兰和斯洛伐克政府通过国际维谢格拉德基金的战略补助金共同资助。国际维谢格拉德基金的使命是促进在中欧开展可持续区域合作的理念。

The project is co-financed by the Governments of Czechia, Hungary, Poland and Slovakia through Strategic Grants from International Visegrad Fund. The mission of the fund is to advance ideas for sustainable regional cooperation in Central Europe.

Visegrad Fund

合作伙伴
Partners

SFPA — Slovak Foreign Policy Association

CASIMIR PULASKI FOUNDATION

EUROPEUM — INSTITUT PRO EVROPSKOU POLITIKU / INSTITUTE FOR EUROPEAN POLICY